謹將本書獻給

香港中國神學研究院

全體同學及校友

舊約先知書要領

黃嘉樑、梁國權、雷建華著

基道出版社

▼

聖經通識叢書

舊約先知書要領

The Essentials of the Bible
Old Testament Prophetic Books

作者

黃嘉樑 Wong, Ka-Leung

梁國權 Leung, Kwok-Kuen

雷建華 Louie, Wallace

舊約系列主編

蔡定邦 Tsoi, Jonathan Ting-Pong

責任編輯

許寶瑩

內文設計

莫可雅

封面設計

ALPHA Creation

■

出版／發行

基道出版社

香港沙田火炭坳背灣街 26 號富騰工業中心 10 樓 1011 室

LOGOS PUBLISHERS

Unit 1011, 10/F, Fo Tan Ind. Centre, 26 Au Pui Wan St., Shatin, Hong Kong

電話：(852) 2687-0331　傳真：(852) 2687-0281

網址：https://www.logos.com.hk

承印

陽光 (彩美) 印刷有限公司

●

6/2007 初版

Cat. No. LP164B

ISBN: 978-962-457-328-2

Printed in Hong Kong

鳴謝：承蒙真理華人文字事工提供資源，支持許寶瑩審閱、編輯、校對工作。謹此致謝。

刷次	13	12	11	10	9	8	7	6	5	
年份	2029	2028	2027	2026	2025	2024	2023	2022	2021	2020

聖經書卷要領——舊約系列

出版研經工具書的主要目的，是要將上帝的話語向現代人闡明，讓一群愛好研讀聖經的信徒得到適切的指引。近代聖經研究無疑對於這項工作提供莫大的幫助，可惜學者採用的語言往往晦澀難明，令平信徒望而卻步。「聖經通識叢書」的出版，試圖作為兩者的橋樑，將那些看來深奧的學術理論，化成顯淺的文字，兼且提供生活應用的思考問題，讓上帝再次藉著聖經向我們説話。

「聖經書卷要領」是「聖經通識叢書」的進階課程，將新舊約聖經不同書卷分類，每類別各出版一本，舊約包括：五經、歷史書、詩歌智慧書、先知書共4本；新約則為：耶穌生平與福音書、使徒行傳與保羅書信、普通書信(包括啟示錄)等共3本。這個系列有別於屬基礎性的「聖經鳥瞰」(包括「基礎篇」和「進深篇」)，以及對每卷書作專門探討的「聖經書卷析讀」。前者介紹整體聖經的史地、文化、正典形成，以至譯本等背景資料，後者則近乎一本釋經書，對有關書卷進行逐段解釋。但中間仍然需要一個中間層次的著作，針對每一書卷類別，按其文學格式、歷史背景，與及神學主題作出提綱挈領的分析，又從每書卷中挑選一些課題作較深入的討論。編者期望藉著這一系列聖經書卷的介紹，讓平信徒能跨過學術的門檻，得以認識近代華人學者對聖經不同類別書卷整體的研究，成為他們掌握這些書卷的入門。

最後還須一提的是本書所採用的聖經經文。除特別標明外，本書所引的經文，均參自「新標點和合本」，並且凡有經文出現的地方，無論是一段或其中的片語，皆以「標楷體」標示。

序言

本書內容分為四部分，分別是先知現象的探討、先知書卷的形成及解釋、先知書卷內容簡介，以及先知書卷主題綜覽。首兩部分的內容主要是建基在梁國權及黃嘉樑在中國神學研究院的延伸課程「先知書概覽」的授課內容之上。後再加上第三及四部分，使本書的內容更為完整。本書的特點之一在於我們用了較長的篇幅在第一至第五章的討論中。這個編排是因為我們確信要準確理解先知書的信息內容，須首先正確知道何謂先知，同時也要明白先知書是怎麼樣的一本書。我們希望這個編排更能全面地展示以色列先知與其作品的關係及先知書的內容。在撰寫方面，梁國權負責一至三章，以及第六至七章「先知書信息」中的耶利米書、但以理書及西番雅書；黃嘉樑則負責四至五及八至十章，並六至七章「先知書信息」中的以賽亞書、以西結書、約珥書、彌迦書、哈該書、撒迦利亞書及瑪拉基書，而雷建華則在以上兩位作者在艱苦努力的寫作過程中挺身幫助，撰寫其餘小先知書及耶利米哀歌。此書最後由黃嘉樑整理。在撰寫過程中，我們經歷到彼此的支持和鼓勵，這實在是難得的合作經驗。在此多謝黃錫木博士邀請我們撰寫此書，否則就沒有這本書的誕生。也要多謝本叢書的主編蔡定邦博士的審閱及對內容提出寶貴的意見，豐富本書內容，多謝許寶瑩的編輯、校對及文稿的潤飾，提高本書的可讀性。此外，還要多謝一位姊妹校對全書的聖經經文，提高所引經文的準確性。謹將此書獻給香港中國神學研究院的同學及校友，盼望他們成為現今社會中上帝的代言人，宣告「耶和華如此說」的信息。

黃嘉樑、梁國權、雷建華

2007年1月10日

目錄

專欄目錄

第一部分

先知現象的探討

第一章
古代近東的問卜文化

- 人類學家對「中介角色」的研究
- 古代近東的「中介」現象
- 聖經的記載與古代近東問卜文化

1.1. 人類學家對「中介角色」的研究

若要認識「先知」，必先由了解先知這「中介角色」作為出發點。從社會現象來說，「先知」可被理解為一些在社羣當中聲稱可以與神明溝通，並把神明的信息傳達給人的中介人物或中介角色(intermediary)。其實這類中介人物在不同時代，不同社會都存在。

近代有一位巫師八木永澤(Tyagi Nagasiva)利用互聯網把玄祕結構、占卜系統、宗教儀式拼湊成一種稱為「混雜的魔法」(chaotic magic)。參與者可在線上舉行自製的宗教儀式，他們往往有一些駭人的經歷。

在21世紀的今天，雖然人類已經到了科學探索宇宙的時代，而人造衛星早已能夠將月球、火星等的圖片傳至我們面前，兼且人類細胞的基因圖譜也已經被科學家拆解，甚至複製這些基因。即使科學如此昌明，中介人物仍在不同的社羣中存在著。從東方到西方，從虛擬世界到現實世界，這些**中介人物**均沒有因著科學的發展及社會文明的進步而消失。不同的文化、宗教和部族，因著不同的理由，對這些中介人物有不同的稱呼，其中包括：先知、祭司、巫(女)、覡(男)、術士、占卜者、靈媒……等。作為一個基督徒，當看見舊約先知這身分和名字，跟巫術和靈媒這類名詞放在一起，也許會感到不好受；然而從社會學現象來看，他們確實是一羣聲稱可以溝通神人兩界的人物。

當研究舊約先知的時候，大家都面對一個很明顯的問題，就是我們只有舊約先知的作品，而沒有先知這類活生生的人物供我們研究。那麼我們是怎樣研究那些先知呢？當然，要認識這些人物，他們的著作是一個很重要的研究材料。但除此以外，人類學家對這些中介角色的研究，其實對我們也算是一種幫助。

人類雖然已經踏進太空紀元，但是整個人類的文明發展並不是完全與它同步的。當我們在城市享受各種各樣科技文明產品的同時，世界的另一邊還有好些落後的部族存在著。基於相信人類文明發展的步伐是相近的，因此對這些現存、但仍處落後階段的部族作出研究，可以在某程度上幫助我們了解我們過去的情況。

當人類學家在研究這些落後部族之時，往往發現有中介角色的出現，而當他們在社會中出現時，這個社會必須同時具備下面4方面的條件：

- 他們必須相信超自然力量的存在；
- 他們必須相信這超自然力量能介入自然界，同時又受自然界所影響；
- 中介角色的功能和行為會受社會正面的評價或包容；
- 社會需要這些中介角色提供的服務。

你相信有超自然力量的存在嗎？你有沒有曾經聽過或接觸過這些人物？你的反應如何？

在社會中出現的中介人物須具備以上條件，它的理由是簡單：首先，若一個社會根本不相信有超自然力量的存在，那些聲稱可以與神人兩界溝通的中介人物就成了騙子神棍了。其次，若社會相信有超自然力量的存在，卻不相信這超自然力量能夠與自然界溝通，則這些中介人物的宣稱仍是騙人的。此外，若社會不能夠接納或容忍這些中介人物的行為，則他們生存的空間必然受到打壓。最後，若果社會不單接納這些人的行為，並且重視他們所提供的服務，則他們在社會中的地位就會被提高。換言之，社會對他們所採取的態度，是直接影響他們在社會中的地位，他們的存在和存在的形態。他們可以出現在建制的階層中，也可以因著被排擠而存在於社會裏某些邊緣化或隱祕的地方。

有關這方面的詳細討論，可參 Robert R. Wilson, Prophecy and Society in Ancient Israel (Philadelphia: Fortress Press, 1980)。

能夠使神人兩界溝通，這絕對不是一般人可擁有的技能。在一個相信**神人兩界可以溝通的社會**中，若每一個人都可以與神明直接溝通，則中介人物就沒有存在的需要。他們的出現，正是因為獨有他們具備溝通神人兩界的能力，可以成為神人之間的橋樑。但他們是怎樣獲得這種能力？他們要怎樣才能夠在社羣中成為中介人物？

在成為一個中介人物的過程中，有兩個因素是必須考慮的，就是被神明揀選和社羣的認同。被神明揀選這一方面，我們能夠說的不多。一般而言，中介人物會宣稱擁有某種神祕的、不尋常的或特殊的宗教經驗，隨之而來的是他們具有某些異常的表現和行為，叫人相信他們是神明所揀選的人，因而具有和神明溝通的能力。不過，單單擁有這些宣稱和這些異常行為的人，都不是全都可成為被社羣接納的中介人物。他們所從屬的社羣會藉著一些程序來辨認或考驗他們，藉以確認或否認他們的宣稱，從而接納或不接納他們成為中介人物。若他們得到社羣中大多數人的接納和確認，他們在社會上的地位自然被提升，他們也多屬於建制階層的人。反過來說，若他們只得到社羣中少數人的接納和確認，他們在社會上的地位相對地自然降低，他們也多屬於建制階層之外，甚或屬於社會上的邊緣羣體。而在那些被社羣確認為神明揀選的中介人物中，他們的異常行為往往被解釋為神明附體(possession)，或因為他們的靈魂離開了身體所引致。

1.2. 古代近東的「中介」現象

從考古學發現中，埃及、敍利亞、美索不達米亞等地區，都有中介角色存在的證據。他們的出現和工作，在當時社會而言，已是十分普遍。

1.2.1. 古代近東的問卜方法

在美索不達米亞的古巴比倫時期(公元前1894～1595年)，已有文士彙集整理可供問卜之用的徵兆(omens)。由於人們相信看得見的世界與看不見的世界之間是有關連的，因此歷史事件或日常發生的事情，均可成為了解諸神祇旨意的途徑。其中一個彙集名為《若城建造在山上》(*šumma ālu*，名稱來自這彙集的首句)，它所用的泥板超過100塊。它是以**亞甲文**(Akkadian)寫成，

亞甲文是所知古代東北閃族最古老的語言，它所採用的是楔形文字。經證實這語言盛行及流傳超過2,600年，直至大概公元前5世紀才被亞蘭文取代。

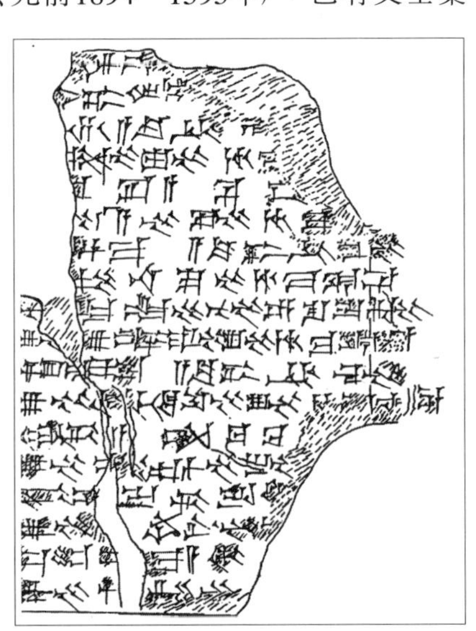
圖示一塊刻上楔形文字的泥板

其引申出來的徵兆所涉及的範圍甚廣，包括：城市、房屋、昆蟲、蛇、驢、狗、火……等事物。另一個彙集名為《若一隻動物生下來》(*šumma izbu*)，亦是以亞甲文寫成，內容主要涉及生下的畸形動物和人所引申出來的徵兆。

除了藉徵兆解釋事物來問卜外，人也藉著一些器皿或他們想像出來的方法去求問神明，例如：觀察煙上升的形態；把油滴在水裏，然後觀察油在水中的形態；解剖祭牲，然後觀察其肝臟的形狀等。類似問卜的方法在今日華人的社會也有出現，如：數算花瓣的數目問姻緣；有人喝茶後觀茶葉的形態或形狀來斷定事情的結局；「紫微斗數」的起源其實是一種透過觀察星體來問卜的方法。論到透過觀察天文現象來問卜，若追溯其根源，普遍人都認為開始有歷史記載這事的，最早莫過於巴比倫的占星術。在巴比倫，那些從事問卜的人是稱為*bārû*(意即「祭司」)。他們多是建制中的人物，服事君王，尤其當國家面臨重大決定的時候(如戰爭)，他們的意見均具有重大影響力。

能否數出今日的華人是以何種方法問卜的？你信主之前曾否試過這些方法？是否靈驗？

1.2.2. 巴比倫占星術的發展

談到占星術，巴比倫可算是最負盛名，而且多不勝數。穹蒼成為巴比倫人想像神話的園地。對他們而言，世界上一切事物都是反映天神的活動，日月的運行成為國家及人民前景的預兆，是與人民生活息息相關。巴比倫於公元前約16世紀曾被亞述統治，建立了將近千年的亞述王國。約公元前669年亞述巴尼帕王(Ashurbanipal，公元前669～627年)登基，他對占星術頗為熱衷，將歷來觀察天象的預言並收藏在宮廷圖書館中的徵兆文集，結合成徵兆彙集，是以史詩體裁寫成，稱之為〈安奴恩尼史詩〉(“Enuma Anu Enlil”)。這史詩名稱源自一塊鑄有安奴(Anu)和恩尼(Enlil)二神的泥板，意即呼叫巴比倫天上之神，祈求他們保佑，並祈求他們揭示天象內含的意思。〈安奴恩尼史詩〉所記載的徵兆預言，幾乎都圍繞在國家大事上，但當中亦不乏有為求吉利及具有擇日占星術(electional astrology)基本概念的徵兆。

公元前612年亞述被迦勒底人(Chaldean)建立的新巴比倫王國及瑪代

黃道十二宮按出生年月將人類平均分為12等份，每份30度。從春分點起有白羊座、金牛座、雙子座、巨蟹座、獅子座、處女座、天秤座、天蠍座、人馬座、山羊座、水瓶座和雙魚座。

聯軍所征服，迦勒底人將占星術發揚光大，這時期正式奠定了現今占星術的基本雛型。後迦勒底王朝被波斯所滅，其占星術便向周邊國家擴展，結合了波斯、埃及的宇宙觀念，然後再作整合。一般相信**黃道十二宮**(Zodiac)，大約是在這時期(即公元前5世紀)確立的。

約公元前4世紀亞歷山大大帝(Alexander the Great)勢力橫掃歐洲、中東、亞細亞，建立希臘帝國，由此形成的希臘文化時期約有800年。這段時期亦是占星術成型後第一次的黃金時期，所帶出的影響一直延續至現代的西方國家，今天歐洲人的迷信習慣多來自這時期的發展。從而可觀，巴比倫的占星術對今天社會仍具有影響力。

1.2.3. 古城馬里的中介人物

此外，認識古城馬里(Mari)的中介人物亦有助於我們了解舊約先知的工作。考古學家在敍利亞東南面發現一座著名的古城馬里遺址(即今天的雅哈里里廢丘〔Tell el-hariri〕)，並發掘出約25,000塊以楔形文字寫成的泥板，其中有部分是記載這城的宗教及中介人物的事迹。馬里人信奉多神，他們的國教有一個規條，就是要求君主每天上廟、主持禮儀、獻祭牲，並向神明稟告，但君主是不能直接與神明溝通，必須透過一些中介人物才可。

雅哈里里廢丘，即古時的馬里

談到中介人物，基本上是沒有特定的，當中**有男有女**、有年長年輕的、有國家委任，也有低下階層的宗教人員(*muhhû*)，還有一些稱為「發言人」(*qabbātum*)的。這些中介人物有像社羣般的聚集一起工作，亦有各自附屬於某一神明或廟宇。他們藉著夢、異象、占卜、巫術，以及狂喜來替神明傳遞信息，亦有被神明

男的中介人稱為 āpilu (即「男性答話者」)，女的中介人 āpiltu (即「女性答話者」)。

附身，以第一身替神明發言；在廟宇中的職員(*assinnu*)間中也會在宗教儀式進行時，突然宣告說：「神明說……」，甚至普通信眾間中亦會發出宣告，或宣稱看見異象。他們得信息的途徑五花百門、各式其式。若君主要驗證發信息的人或信息內容的真確或權威，就須由君主御用的問卜者檢視所獻上祭牲內臟的形貌來作判斷。

綜合這些資料，大概可說馬里這城有許多不同階層的中介人物，他們有來自建制範圍的，亦有是平民百姓的，這些中介人物領受信息的方式和途徑亦多方面的，其中有部分與舊約時代的先知相類似。

神諭的一個例子

從馬里發掘出來的泥板，有這樣的一個記載：有一次伊托阿斯都(Itur-Asdu)向馬里王心利琳(Zimri Lim)報告他在特卡(Terqa)的大袞(Dagan)廟中所得的夢中啟示。那不是一個好消息，因為王沒有經常稟告他的神，這君主於禮是不對的，因為他們國教規定君主要每天到神明面前上奏。那信息說：「他若是如此行【筆者按：「如此行」指君主稟告神明】，我便把便雅憫人的族長交在心利琳王的手中。」伊托阿斯都又用同樣方法告訴君主當獻上的祭物是甚麼。

另外，還有一位先知似乎曾經預言某城的陷落。這些活動主要是依賴占卜或法術的技巧、夢、觀察祭牲的內臟，和觀天象等方法。

除了上述的美索不達米亞和馬里外，在埃及、巴勒斯坦及敍利亞一帶，考古學家都發現古代中介人物及問卜文化存在的證據。那麼聖經的記錄與這些發現彼此之間有沒有互相印證之處呢？

1.3. 聖經的記載與古代近東問卜文化

1.3.1. 舊約聖經提及的問卜文化

舊約聖經時代，問卜或行巫術是非常盛行，可說是與當時人的生活息息相關。希伯來文聖經經常出現兩個與問卜有關的詞，第一個是動詞*nḥš*(意即「占卜」、「說徵兆」、「說預言」)，「和合本」將它譯作「算定」(創三十27)、「占卜」(創四十四5、15)、「法術」(民二十三23，二十四1)等；

按原文計算，這詞共出現10多次。另一個與這詞同義的名詞或動詞，是*qsm*（意即「施法術」、「說預言」、「尋求神諭」），「和合本」將它譯作「卦金」（民二十二7）、「行邪術」（代下三十三6）、「行法術」（王下十七17）、「謊詐的占卜」（結二十一29）等；按原文計算，這詞共出現約30多次。從這些詞出現的次數，多少反映出這一類的事在舊約聖經時代出現的情況也不少。

此外，聖經亦記載以色列人中間盛行的占卜，它不但發生在民間，在以色列君王中甚至四周國家的宮廷也出現。耶利米書二十七、二十八章曾這樣記錄：西底家在位的第四年（參二十八1），以東、摩押、亞捫、推羅、西頓王的使臣聚集於耶路撒冷要見猶大王西底家。諸國使臣這次聚集於耶路撒冷的目的，是為商討如何結盟對抗巴比倫。耶利米此時奉耶和華之命，既作繩與軛加在自己的頸項上，也作同樣的物件給那些來到耶路撒冷的使臣，由他們送到他們的君王，並把耶和華的話傳給他們，吩咐他們要服事巴比倫王尼布甲尼撒。這段經文其中一段這樣說：「[9]至於你們，不可聽從你們的先知和占卜的、圓夢的、觀兆的，以及行邪術的；他們告訴你們說：『你們不致服事巴比倫王。』[10]他們向你們說假預言……。」（參二十七9～10）耶利米書這段記載提醒我們，除了埃及和美索不達米亞外，在以色列四周的諸國中，先知以外還有占卜的、圓夢的、觀兆的、行邪術的中介人物存在。

這種問卜的方式與中國社會所盛行的「問米」方式相似。

「現代中文譯本」有時譯作「家族神像」或索性譯作「偶像」，「呂振中譯本」則譯作「家神像」（參士十七5，十八14、17、18、20；撒上十五23，十九13、16；王下二十三24、何三4；亞十2）。

問卜文化在舊約時代不但盛行，且非常多樣化。在此略略提及聖經有出現過的幾種占卜方法。第一種是：**交鬼**。這是巫術的一種（申十八11；撒上二十八8；王下二十一6）。求問鬼神的人先去尋找一位中介人物——靈媒，替他招一個鬼魂出來，然後向它問卜。這些靈媒擁有超自然的能力，可以通靈。以色列第一位君王掃羅亦曾透過一位交鬼的婦人招撒母耳的亡魂，為要問及自己與非利士人爭戰的結局，以及他的命運（撒上二十八3～20）。

第二種在聖經出現的占卜術是拜「**神像**」（創三十一19、30、34、35；希伯來文：*tərāpîm*）。這神像是雅各的岳父拉班在美索不達米亞居住時所供奉的神祇（創三十一19；書二十四14），後由雅各的妻子拉結帶入雅各家中。它形狀像人，體積不大，足以放在駱駝鞍的袋子裏（參創三十一19～35）。此外，大衛的妻子米甲曾將一個家族神像放在被單之下來隱瞞父親掃羅，幫助大衛逃亡（撒上十九11～17）。這神像是放在家中，作為家中一切的守護神。它亦可作問卜之用（結二十一21；亞十2），所問卜的內容多涉及一個家庭將來的命運，也可用作祈福。在士師時代，以色列人鑄造家神，並把它看作與上帝同等位置，甚至聘請中介人物利未人，為這神祇進行宗教儀式（士十七章）。

第三種是「搖箭」問卜（「和合本」譯作「搖籤」；參結二十一21）。古代近東的人當遇到一些難以決定的事情之時，或在行軍時迷失路向，便會以此方法來一種問卜。問卜的人首先將箭袋搖勻，然後將箭袋的箭投在空中，跌在地上的第一支箭的箭頭所指之處，就是決定事情的方向。

為何列王時代的君王往往較易接受占卜或巫師的説話，而不是先知的説話？他們之間的預言有何分別？

1.3.2. 聖經對問卜文化的回應

從以上所提的事例中可見，聖經已指出當古以色列人面對這林林總總的占卜方法時，不自覺溶入這些文化中。他們已習慣「**占卜的、觀兆的、用法術的、行邪術的、用迷術的、交鬼的、行巫術的、過陰的**」（申十八10～11）等事情，亦一直參與這等事（參王下十六15；賽三2，四十四25；耶二十七9；結十二24），甚至把自己的兒女放在祭壇上焚燒，獻給鬼神（利十八21；申十八10；王下十七17）。

學者大都認為現時申命記的版本與在約西亞宗教改革時，在聖殿中尋找到的那版本相類似（參王下二十二、二十三章），所以這卷書在列王時代是作過修訂。故此申命記所描述問卜，與列王時代的相近。

聖經亦都確實的指出上帝一直都不喜悦用法術的、觀兆的、行巫術（利十九26、31，二十1～6）。上帝藉著先知以賽亞向以色列人發言，勸告以色列人當聽從上帝的教誨與律法，而不是隨從那些巫師和算命的，更不應去求問死人（賽八19～20）。以色列人被擄歸回

用其他各式各樣的方法來求問上帝的旨意與占卜相同嗎？這是否屬異教的行為？

後，上帝要洗淨以色列人的心靈，藉著先知瑪拉基嚴責要審判那些行巫術的中介人物（瑪三5）。按照摩西律法，招鬼問卜的中介人物甚至要被處死（出二十二18；利二十27）。

關於這方面深入的探討，可參 Bruce K. Waltke, Finding the Will of God: A Pagan Notion? (Grand Rapids: Eerdmans, 2002)。

但從另一個角度看，**上帝又使用一些類似古代近東占卜的方式來啟示祂的諭令或祂向以色列人所定的旨意**，其中最突出的就是上帝使用解夢的人來向人顯明祂的計劃，其中的表表者有約瑟和但以理。約瑟因著幫助法老解夢，而令整個國家逃過一場大飢荒（創四十一章）；但以理藉著替巴比倫王尼布甲尼撒解夢，預言巴比倫國將來的命運。此外，先知和祭司又以烏陵與土明來尋求上帝的心意（出二十八30；利八8；民二十七21；申三十三8；撒上二十八6）。除上文所提的，以色列人亦以外邦人所沿用的「抽籤」方式來尋求上帝的心意。他們以此方法來決定贖罪日所獻上的羊（利十六5～10），尋查犯案的人（書七14～19；撒上十四36～42），分地（書十八～十九章），以及分配在聖殿中工作的祭司的班次（代上二十四5）。聖經最後一次提到用抽籤來尋求上帝旨意的，是在揀選馬提亞代替猶大使徒職分這事上（徒一15～26）。

烏陵和土明

烏陵（希伯來文：*ʾûrîm*，意即「光明」）和土明（希伯來文：*tummîm*，意即「完全」）在聖經中只出現7次（出二十八30；民二十七21；申三十三8；撒上二十八6；拉二63；尼七65）。最早出現這東西是在摩西時代。大部分學者都猜它的樣子像一塊石子。按聖經記載，它是放在大祭司的胸牌裏（出二十八30）。這兩塊石子是用來尋求上帝指引的一種方法；至於如何使用這兩塊石子，聖經卻沒有詳細的記述，但提過這兩塊石子是表示「是／真」或「非／假」的答案，看來它與掣籤的方法相似。這兩塊石子可能有兩面，當祭司擲出石子，它的不同面表達了一個信息，讓祭司知道答案的是與否，或者沒有答案。

在掃羅作王之時，烏陵和土明曾被使用，當猶太人被擄歸回後，烏陵和土明再復現，用以驗證歸回的祭司的名單（拉二63；尼七65）。這可能反映當時因為沒有任何可以成為上帝與猶太人之間的中介人物，故此他們需要烏陵和土明來尋求上帝的旨意。及至新約時代，烏陵和土明已完全失傳。

這些事例或許會產生一種混亂，以為上帝與其他崇拜偶像的宗教相同，事實又並非如此。上帝或許會使用一些類似問卜的方法，但祂不容許人行邪術，因為這是危害以色列人，他們甚至為了行邪術，將自己的兒女獻給偶像；而且聖經不斷強調這些占卜是虛假的，他們背後的靈不是屬於上帝。這些中介人物引導以色列人敬拜偶像，背棄上帝，更重要的是上帝要祂的子民知道，上帝是獨一的真神，祂的權能比一切的偶像與邪靈都大(參摩西與埃及的術士；出七10～13)。況且，那些中介人物當中有欺哄成分的(結十二24；亞十2)。

除了約瑟之外，在十災裏摩西也挑戰當時埃及的巫師(參出八18)，而且得勝了。你認為當時代的巫師與屬上帝的人所行的有何不同？

這些事實亦顯示，中介人物——以色列的先知——絕不是以色列民族獨有的人物。在古代近東普遍的問卜文化中，以色列的先知只是其中一種中介人物，而我們也必須在這種問卜文化的觀照下，才能真正的認識他們實際的工作情況。

溫習問題

1. 為何我們需要認識古代近東的中介人物，來幫助我們認識舊約的先知？
2. 一個社會必須具備哪幾方面條件，才會有中介人物的出現？在成為中介人物的過程中，有哪兩方面的因素是必須考慮的？
3. 古巴比倫時期的人是以甚麼方法問卜的？
4. 巴比倫的觀星術如何形成？怎樣延展成為現代的占星術？
5. 試從本章的內容找出聖經提到兩至三個問卜的例子。

第二章
先知現象的出現與發展

- 先知現象的出現
- 先知活動的發展

2.1. 先知現象的出現

2.1.1. 先知的興起

從古代近東問卜文化的現象看，以色列人中間有先知出現絕不希奇，也沒有其獨特之處，這只可看為同一文化背景出現類同的事而已。除了從聖經記載之外，是難以從其他古代文獻追溯先知這種活動的起源，以及這制度在以色列人中間被確立的情況。

昔日上帝透過先知與以色列人溝通。今天我們可以怎樣的方式與祂溝通？你珍惜這關係嗎？

耶和華上帝鄭重吩咐以色列人將那些占卜的、觀兆的、用法術的、行邪術的、用迷術的、交鬼的、行巫術的、過陰的趕離他們居住的境內，因為這一切的事都是上帝所憎惡的(申十八9)。以色列人一如其他民族，希望可與上帝溝通，聽到祂的聲音(話語)。但上帝不許他們中間有人以上文所提可憎惡的方式來尋求祂的旨意；那麼，以色列人以甚麼途徑聽上帝的話呢？當時惟一的方法，就是上帝從以色列同胞中間，興起「一位先知」，而以色列民要去聽從他(申十八15)。

談到「一位先知」，讀者自會追問這「一位」先知到底是指誰人？是約書亞？抑或另有其人？若這「一位」先知去世之後，誰又接續他的位？以色列人又怎樣繼續聽到上帝的話呢？按照希伯來文文法，「一位」其實大可被省略。聖經經文所指的，不是接續摩西之後的某一位接班人，而是關於一種制度：上帝會透過祂所興起的先知，向以色列人傳講祂的話。以色列人不可再聽信觀兆的和占卜的，而要聽先知奉上帝的名所說的話。換言之，這是上帝選擇與以色列人溝通的方式，是以色列人社會中容許存在並正面評價的一種中介行為。

申命記十八章15節「一位」的意思

大部分中文聖經譯本在翻譯申命記十八章15節時，都在先知這名詞之前加上「一位」，這是原文沒有的。從文法的角度來說這翻譯不能說是錯，因為希伯來文文法中，與名詞關係密切的冠詞，只有定冠詞，而沒有不定冠詞。若希伯來文的名詞之前沒有定冠詞的出現，在翻譯上往往都會加上一個不定冠詞。例如*melek̲*(君王)便要譯成「一位君王」(參「現代中文譯本」賽三十三17)。但這樣的翻譯又未必要一概而論，例如在創世記的創造記錄中：「上帝說：『地要發生青草和結種子的菜蔬，並結果子的樹木，各從其類，果子都包著核。』」（一11）這裏「青草、結種子的菜蔬和結果子的樹木」原文都是不帶定冠詞的單數名詞，但它不會被譯為「一棵青草、一束結種子的菜蔬和一棵結果子的樹木」，因為原文的意思肯定不是說地要生出一棵青草、一束結種子的菜蔬和一棵結果子的樹木。雖然希伯來文裏，這3個名詞都是以不帶定冠詞的單數形式出現，但在意思上它們都是集合名詞。所以無論中文或英文譯本都沒有加上量詞，反而將它譯為複數名詞。故此，它正確的意思是指有「青草、結種子的菜蔬和結果子的樹木」的這3類別的東西。因此，申命記十八章15節「一位先知」的意思是集合名詞。

根據舊約聖經，除了先知以外，祭司也是被以色列人接納擔當中介角色的人（關於先知與祭司兩者之間的分別，參3.2.「先知與祭司」）。除先知和祭司外，以色列社會是不容許其他類別的中介角色的活動。這類人或許匿伏在社會某些階層，甚或仍從事相關的活動，但他們始終被主流社會所排斥，聖經亦曾記載相類似的事（撒上二十八章）。掃羅因受非利士人的威脅，他向上帝求問解決事情的方法，但上帝並沒有藉著夢、烏陵，以及先知回答他，於是他去找靈媒幫他召撒母耳出來，為他解決事情。掃羅喬裝，夜間去了隱．多珥造訪一位交鬼的婦人。他喬裝的原因是他怕婦人知道他的身分，因他曾「在國內不容有交鬼的和行巫術的人」（3節）。那婦人也曾說掃羅想陷害她，使她喪命（9節）。因為於當時而言，從事交鬼這種中介活動是死罪。

雖然從古代近東問卜文化的現象看，以色列人中間有先知的出現，但這只反映在同一社會文化中出現相類同的事而已，並不表示以色列的先知和其他民族的先知沒有兩樣。他們彼此間不同之處可分以下3方面：

- 以色列先知的作品，一直是以色列人歷世歷代所保存和備受重視的經典，是他們時常誦讀的神聖典籍；其他民族的先知著作，大多埋藏或湮沒於黃土之中。
- 從先知著作的內容而言，以色列先知的著作，絕非記載一些求神問卜的方法或預言，而是宣告或預言

以色列的先知和其他民族的先知是有分別的。試想當時代的先知在這處境之下會遇到甚麼困難。

以色列甚至列國的安危；此外，亦有指斥社會道德敗壞的現象，呼喚人民悔改離罪的言論。其他民族的先知所記錄的只關注於問卜和靈驗之事情。

- 從以色列人的歷史來看，先知極為關注國家和民族的事。他們是站在時代破口之上。當國家面對因內憂外患所引來的緊急關頭，而鄰國局勢又在變幻動盪之時，先知便會向以色列(或猶大)國的君王進言。須留意的是，不是所有君王都聽從先知的話。正因如此，以色列國淪為亡國，甚至被擄；然而先知們說話的記錄，在以色列人國破家亡後，仍得以收集保存，視之為民族的神聖典籍，可見以色列民至終都十分重視先知的信息。以色列人的先知在國家民族中的地位和影響力，是其他民族的先知所難以較量的。

2.1.2. 先知與西奈

論到上帝會在以色列人中間興起先知來為祂傳話，申命記接著便論及這些事情：

> 16正如你在何烈山大會的日子求耶和華——你上帝一切的話，說：「求你不再叫我聽見耶和華——我上帝的聲音，也不再叫我看見這大火，免得我死亡。」17耶和華就對我說：「他們所說的是。18我必在他們弟兄中間給他們興起一位先知，像你。我要將當說的話傳給他；他要將我一切所吩咐的都傳給他們。」(申十八16～18)

聚集在何烈山的這一次大會，是記錄在出埃及記二十章。以色列人正月(即以色列人的亞筆月；參出十二1，十三4)十四日出埃及，三個月後到了西奈的曠野(十九1)。上帝吩咐他們自潔3天，然後祂親自臨到西奈山，並召摩西上山，親口向他宣布十誡。山下的眾百姓當聽到雷轟和號角聲音，又看見閃電和山上冒出的煙，甚是懼怕，故此他們要求摩西將上帝的話轉告給他們聽，而不願直接聽上帝的聲音(二十18～19；參申五22～31)。當日百姓怎樣要求摩西傳話，上帝也照樣在日後興起像摩西般的先知，把祂要向以色列人所說的話傳給他們。

從經文看，以色列先知的制度可說是源自上帝與以色列人在西奈立約的一刻。然而，先知與西奈的關係，並不僅是制度的根源，而西奈立約的精神，對日後先知們所傳遞的信息影響深遠。

今天上帝與我們所立的約與昔日的是否有分別？我們當如何守約？

上帝在西奈與以色列人所立的約，乃仿照古代近東「宗主條約」(suzerainty treaty) 的格式來訂立。上帝既以宗主條約的格式與以色列確立彼此的關係，就是說明祂與以色列雙方的關係一如宗主國與附庸國的關係。以色列人必須向上帝盡忠，而且只可以單單向祂效忠。除了耶和華上帝之外，他們不可有別的神明，或有其他效忠的對象。此條約的精神解釋了以色列人在宗教上何以不得敬拜別的神明，也不能在敬拜耶和華上帝以外，同時敬拜其他的神明。所以，當以色列人在敬拜這事上離棄耶和華，去敬拜事奉別神，先知們必然提出譴責。再者，當以色列的君王在面對列國政治勢力脅迫時，選擇與別國結盟，成為別國的附庸國，以圖解決困局之時，先知們對此亦紛紛提出譴責，因為這種結盟也違反了西奈條約的精神。

昔日的「宗主條約」與今天我們與上帝那主僕關係有沒有直接關係？

宗主條約

宗主條約乃是用來確立制訂條約的兩方國家的關係。這條約並非以兩個勢力對等的國家，在同等位置的情況下，而是兩個勢力不對等的國家所訂定的條約。條約的一方是宗主國，另一方則是附庸國。簽署這條約之時，宗主國對附庸國是要有恩惠，而附庸國亦必須效忠宗主國，務必履行條約所列明的種種條目，如有違約，必遭懲罰。在這種不對等的條約下，宗主國因著自己國力強大，可以擁有一個以上的附庸國，但附庸國則只可以有一個宗主國，否則就會出現雙重效忠的問題。這是宗主國所不能接受的。

西奈條約除包括十誡這綱領的準則外，還有具體的細節條文及典章，並要求以色列人在日常生活中嚴嚴謹守。因此，當先知見他們「起假誓，不踐前言，殺害，偷盜，姦淫，行強暴，殺人流血，接連不斷」(何四2)

的時候，先知就責備他們。而先知責備他們的原因，並非純粹因他們行了不道德的事，也因為這些行為有違西奈條約。換言之，先知可以說是西奈條約的「護法使者」。他們批評社會上的不公義和種種罪惡，主要不是因為他們是道德的監察者。他們因國家政治而發言，主要不是因為他們是政治評論員；他們抗議本國與外邦結盟，更不是因為他們對當代列國的局勢有透徹而獨到的見解。這全因為他們是從西奈盟約的角度看所發生的事，傳遞立這條約之主——耶和華——所發出的信息。

2.2. 先知活動的發展

2.2.1. 先知與王國

參 C. H. Bullock, An Introduction to the Old Testament Prophetic Books (Chicago: Moody Press, 1986), 15。

*「代言人」希伯來文是**nāḇîʾ**，意即「先知」。「新譯本」將它譯作「先知」。*

雖然「和合本」曾稱巴蘭為「先知」(彼後二15)，但原文卻沒有「先知」(希臘文：prophētēs)這詞的意思。

舊約學者**卜洛克**(C. H. Bullock)在其論先知的著作中曾說：「依舊約文獻而言，一直以來先知在(以色列的)宗教歷史中並沒有舉足輕重的角色，直至王國的建立開始……。」若翻開聖經看看，此說話不無道理。

摩西五經明言稱之為先知的，有亞伯拉罕(創二十7)、摩西(申十八15)、米利暗(出十五20)。亞倫也曾被稱為先知(「**替你說話的**」；參出七1)，不過從經文：「是替你【指摩西】說話的」看，嚴格來說，亞倫只是摩西的先知(代言人)，不是上帝的先知。但據民數記的記載，亞倫曾向米利暗這樣說：「難道耶和華單與摩西說話，不也與我們說話嗎？」(民十二2)換言之，亞倫也許可以被列入先知之中。五經並沒有稱被摩押王巴勒召來咒詛以色列人的**巴蘭**為先知，約書亞記稱他為術士(十三22)。

聖經亦有提到上帝把降在摩西身上的靈分賜予70個長老，「靈停在他們身上的時候，他們就受感說話，以後就沒有再說」(民十一25)。「新譯本」將「受感說話」譯作「說預言」。「他們說預言」(希伯來文：***wayyiṯnabbəʾû***)這動詞其實是由一個名詞「先知」(希伯來文：***nāḇîʾ***)衍生出來的「名動詞」

(denominative verb)，這動詞之意思是「行先知所行之事」，故此它譯作「受感說話」或「說預言」。不過，從上文下理看，即使這70位長老受感說話，但並不表示他們也是先知。受感說話的行動只表明上帝的靈在他們身上工作，而且聖經也註明只此一次，他們日後也再沒有這樣說話了。

在以色列人入迦南後至王國時期之前，聖經提及的先知有：底波拉(士四4)，一個不具名的先知(士六8)，一位神人(撒上二27)，撒母耳(撒上三20)及一羣從邱壇下來，鼓瑟、擊鼓、吹笛、彈琴的先知們(十5)。掃羅雖然兩次受感說話(十10，十九23)，但他並沒有被列入先知中；同樣，被掃羅差遣捉拿大衛的人中，也有受感說話(十九19～21)，但都不是先知。掃羅和那些被他差遣的使者的情況，只表達了上帝當時在他們身上的工作而已。這樣看來，在王國建立之前，聖經內所記的先知數目可說寥寥可數。

舊約時代常有以色列人受感說話。這種情況有沒有出現在現今的教會中？

在王國建立以後，先知的數目和名字突然增多，他們的活動也顯得十分頻繁。在撒母耳記和列王紀出現的先知有：迦得(撒上二十二5)、拿單(撒下七2)、亞希雅(王上十一29)、耶戶(王上十六7)、以利亞(王上十七章)、米該雅(王上二十二章)、以利沙(王下三章)、約拿(王下十四25)、以賽亞(王下十九章)、女先知戶勒大(王下二十二14)等，還有一些不具名的先知和先知的門徒，歷代志甚至出現更多先知(或先見)的名字。此外，耶利米、以西結、但以理，以及十二小先知書中的何西阿、阿摩司、彌迦、那鴻、哈巴谷、西番雅等，都是活躍於王國時期的先知。

你對這段落所列出先知認識有多少？試簡述其中一兩位的生平事迹。你認為他們如何影響當時代的君王？

當以色列人被擄回歸時期，除了哈該、撒迦利亞和瑪拉基外，我們只能找到女先知挪亞底和一些不具名的先知們(尼六14)，但他們的數目明顯比王國時期的少。影響力也不如王國時期。

從上文所列的先知名單之中，我們可以作出一個簡單的結論，就是王國時期是以色列的先知最活躍的時期。

2.2.2. 王國時期先知活躍的原因

先知在王國時期轉趨活躍，與以色列人從王國前的神權政治模式轉變為君主治國有很大的關係。當百姓要求立王的時候，耶和華曾對撒母耳說：「百姓向你說的一切話，你只管依從；因為他們不是厭棄你，乃是厭棄我，不要我作他們的王。」(撒上八7) 這段話已反映以色列人在王國之前，雖然沒像列國般，有具體可見的王治理他們，統領他們，為他們爭戰，但跟據上帝在西奈和他們所訂立的條約，以及出埃及的歷史中，上帝實在是以色列民族的大君王，祂一直帥領著以色列人。在王國前的領袖像摩西、約書亞，以及士師中的俄陀聶、以笏、巴拉、基甸、耶弗他、參孫、撒母耳等，都是上帝所任命替祂管理以色列人的結果。摩西是上帝親自呼召的，約書亞是上帝親自任命的，俄陀聶與以笏是上帝所興起的拯救者。耶和華的靈降在俄陀聶身上(士三章)；巴拉得到從女先知底波拉而來的神諭，叫他拯救以色列人(五6～7)；基甸作士師是上帝的使者親自向他顯現的結果(六章)；耶和華的靈降在耶弗他身上(十一29)。上帝的靈也大大感動參孫(十三24～25)，也召喚了撒母耳(撒上三章)。

> *為何以色列人不接受撒母耳的兩個兒子約珥和亞比亞作以色列的士師？因著找不到繼承人，以色列人要求了一個怎樣形式的管治方法？*

基甸死後，他的兒子亞比米勒雖曾自立為王，但這情況只維持了3年。撒母耳也曾立他兩個兒子約珥和亞比亞作以色列的士師，但兩人卻不為以色列人所接受(撒上八1～5)。在這些士師中，底波拉、珊迦、陀拉、睚珥、以比讚、以倫、押頓和以利等人，是如何被立為士師，聖經則沒有任何記述。

大體而言，在以色列人進入王國制度之前，領袖與領袖之間並沒有血緣的關係。當以色列人立王治國後，爭權奪位的問題繼而產生。掃羅怕大衛奪了他的王位，因而追殺大衛，其間曾對約拿單說：「耶西的兒子若在世間活著，你和你的國位必站立不住……他是該死的。」(撒上二十31)。按此而言，若非大衛出現，接續掃羅作王的人應該是約拿單。可惜掃羅因為沒有聽從上帝的話而遭廢棄(撒上十五章)，上帝便差撒母耳膏大衛為王，取代掃羅，「[13]從這日起，耶和華的靈就大大感動大衛。……[14]耶和華的靈離開掃羅……」(撒上十六13～14)。不過當時的大衛仍未能作王，及至掃羅死後，大衛才被人民膏立，成為南方猶大家的王（撒下二1～4），後又被膏立為北方以色列眾支派的王（撒下五1～5），一統江山。

在撒母耳記下第七章，上帝藉先知拿單向大衛所傳的話中，進一步確立了大衛王朝的地位。上帝不但應許賜福大衛在世的日子，更對他有這樣的應許：

大衛的出現如何改變以色列人選立領袖的制度？上帝為何要如此恩待大衛，而不恩待掃羅？

「[12]你壽數滿足、與你列祖同睡的時候，我必使你的後裔接續你的位；我也必堅定他的國……[14]我要作他的父，他要作我的子；他若犯了罪，我必用人的杖責打他，用人的鞭責罰他。[15]但我的的慈愛仍不離開他，像離開在你面前所廢棄的掃羅一樣。[16]你的家和你的國必在我面前永遠堅立。你的國位也必堅定，直到永遠。」（撒下七12～16）

這應許特別之處不在於大衛的後人可以接續他的國位，而是他們可以世世代代作以色列的君王。縱使大衛的後人中有「犯了罪」的，祂也不會像離開掃羅般，把國轉賜其他家，祂只會「責罰他」，祂的慈愛絕不離開他們。大衛王朝是因上帝的應許而得以確立。從此君王的出現，將會是父子相傳，而不再是上帝直接揀選的結果。

摩西、約書亞，或撒母耳等領袖，兼任以色列人當中政治、軍事和宗教上的事務，他們乃是奉上帝的諭令來領導國家，而上帝是直接向他們傳達旨意。到了王國時期，當君王不再由上帝直接揀選，便不能直接與上帝溝通；在這情況下，先知傳遞神諭的活動就自然比從前的頻繁。這是先知在王國時期轉趨活躍的其中一個原因。先知與王國的另一關係，是兩者在權力上是此消彼長。隨著王國的發展，國家在政治組織架構上日見規模。掃羅在位時的官員名單只提及元帥押尼珥（撒上十四50），到了大衛執政，他先後建都於希伯崙和耶路撒冷，他的首份官員名單中有：約押作元帥、約沙法作史官、亞希米勒作祭司、西萊雅作書記、比拿雅管轄基利提人和比利提人，大衛的眾子也都作了**領袖**

「現代中文譯本」譯作「祭司」（即原文意思）。若參考歷代志上十八章17節，大衛的兒子是「擔任要職」（「和合本」譯作「領袖」，與原文意思相同）。若比較這兩節經文，「祭司」是指王屬下最高之官職，而不是指處理宗教事務的祭司。

(撒下八15～18，二十23～26)。到了所羅門時期，國家的制度和管治更見規模(王上四1～7)。

除了政治和軍事的漸次發展，宗教事務亦受到政府的影響。大衛起意為耶和華建殿(撒下七1～16)，後由他的兒子所羅門執行，這殿建造在耶布斯人阿珥楠的打麥場(代下三1)，是大衛從前用錢買下的(代上二十一24～25)。換言之，聖殿其實是建造在王室的土地上。同時，按歷代志的記載，大衛也制訂了利未人的職任(代上二十三～二十六章)。在這情形下，宗教事務受著王室的人支配是在所難免的。這情況後來在大衛王朝分裂成南北兩國後更趨明顯。北國以色列開國元首耶羅波安因怕百姓經常上耶路撒冷獻祭，久而久之便歸服猶大，故在但和伯特利這兩座城設立金牛犢，誤導百姓說這是帶領他們出埃及的神。他又立利未支派以外的人為祭司，更將以色列一向守住棚節的日期從七月十五日(參利二十三34)改為八月十五日。他又建邱壇，親自向它獻祭(王上十二25～33)。這歷史事實說明了君王已直接管轄當時的宗教事務。

當政治、軍事及宗教等領域都受到政府的控制和影響，先知作為傳上帝諭旨的人，某程度扮演了制衡君王權力的角色。當君王犯罪，他們須敢於指斥，不怕犯上。然而，當君王權力愈來愈穩固，先知的權力相對便下滑。在王國初期，從撒母耳作先知之時，是由他立王廢王。但在王國末期作先知的耶利米，卻因為向君王傳達上帝的話語而吃盡了苦頭。先知與君王彼此角力，在權力上的此消彼長，由此可見。

2.2.3. 公元前 8 世紀的發展

先知的宣講從口傳轉至以文字的方式記錄下來。你認為這兩種宣講帶來哪些不同的效果。它們如何影響著聽眾？

公元前8世紀，先知運動的發展也踏上一個新的階段：先知的宣講從口傳轉至以文字記錄下來。在這時期以前，先知為數不少，當中也有極具影響力的，如撒母耳、以利亞、以利沙等。撒母耳記和列王紀有記載他們的生平事迹，但卻甚少記載他們的宣講，除了撒母耳的臨別贈言較長外(撒上十二章)，大部分都十分簡短(參王上十七1)。聖經這樣的記載，重點在於以事迹陳述先知的工作，這有別於後來以言論為主的先知，而信息的篇幅也較長，如以賽亞、耶利米等。公元前8世紀的先知，如：阿摩司、何西阿、彌迦等，直至瑪拉基，所遺留下來的就只有他們的宣講，而甚少記載他們的生平事迹。有學者稱這時期的先知為「著作先知」(writing prophets)。

以「著作先知」一詞作為區別公元前8世紀前後的先知這説法雖可接受，但必須補充一些説明，不然會產生誤解。首先，這些先知們雖被稱為「著作先知」，但他們的工作仍沒有離開宣講，其中有以賽亞。他走到「上池的水溝頭，在漂布地的大路上」迎接亞哈斯王，向他傳達上帝的説話(賽七3)；阿摩司從南國猶大走到北國以色列的伯特利宣告「耶羅波安必被刀殺；以色列民定被擄去離開本地。」結果伯特利的祭司亞瑪謝趕他回去猶大，而阿摩司卻向亞瑪謝宣告上帝對他的審判(摩七10～17)。在巴比倫被擄的人當中作先知的以西結，以不同的象徵性行為和説話來傳達上帝的話；上帝吩咐他要「拍手頓足」地説話(結六11)，他又以異常的行為來引起百姓的注意。當他們問：「你做甚麼呢？」(十二9)、「為何歎息呢？」(結二十一7)、「你這樣行與我們有甚麼關係呢？」(二十四19)、「這是甚麼意思？」(三十七18)以西結就向他們宣講上帝的諭令。約雅敬在位的第四年，上帝指示耶利米「取一書卷，將我【指耶和華】對你說攻擊以色列和猶大，並各國的一切話，從我對你說話的那日，就是從約西亞的日子起直到今日，都寫在其上。」(耶三十六2)。從這話可見，耶利米先去宣講，然後才將那些宣講記錄下來，再集結成書。聖殿常常是耶利米宣講的地方(耶七1)。此外，先知也呼籲：「以色列人哪，你們當聽耶和華的話……」(何四1)；「老年人哪，當聽我的話；國中的居民哪，都要側耳而聽。」(珥一2)；「萬民啊，你們都要聽！」(彌一2)。他們的呼籲是「聽」，而不是「讀」，他們的主要工作仍是「説」，而不是「寫」。

另一方面，即使先知的著作多出現在公元前8世紀以後，但這也不能表示之前的先知只有宣講而沒有著作，只是他們所寫的內容較偏重與君王有關的歷史。歷代志曾記述大衛的事迹是記載在先見撒母耳的書、拿單先知並先見迦得的史冊上(代上二十九29)；羅波安的事迹和他的家譜都寫在先知示瑪雅和先見易多的史記上(代下十二15)；約沙法的部分事歷代志下三十三章19節「和合本」將「先見」譯作「何賽」是希伯來文的音譯字（希伯來文：*ḥôzāy*），即「先見」）。

迹記載在哈拿尼的兒子耶戶的書上（代下二十34）；希西家的事記載在以賽亞的默示書上（代下三十二32）；接著希西家作王的瑪拿西，他的事迹記載在以色列諸王記和**何賽**的書上（代下三十三18～19）。由此可見，公元前8世紀以前的先知，也不是「述而不作」，只是難以尋找他們的作品而已。因著這歷史的發展，或許令人不期然會問：「為何先知會把他們所宣講的信息記錄下來呢？」

耶利米書多次描述先知把信息寫下來。耶利米曾寫信給被擄到巴比倫的猶太人，告訴他們被擄要經過70年，滿70年以後，他們必返回故土（二十九1～20）。當約雅敬作王第四年，上帝吩咐耶利米把祂自約西亞的日子直到當日，攻擊以色列和猶大的話都寫在書上。耶利米就召了他的書記巴錄把他的話寫在書上。耶利米吩咐巴錄說：

> [5]……我被拘管，不能進耶和華的殿。[6]所以你要去趁禁食的日子，在耶和華殿中將耶和華的話，就是你從我口中所寫在書卷上的話，念給百姓和一切從猶大城邑出來的人聽。[7]或者他們在耶和華面前懇求各人回頭，離開惡道，因為耶和華向這百姓所說要發的怒氣和忿怒是大的。（三十六1～7）

西底家在位第四年，耶利米曾把巴比倫將來會遭遇的災難和有關巴比倫的一切事都寫在書卷上。當西萊雅隨同王一同到巴比倫，耶利米便將此書卷交給西萊雅，要求他到了巴比倫之後，「務要念這書上的話」（五十一59～64）。從耶利米對巴錄及西萊雅的要求中，反映出當先知不能到某一地方去，但他有信息要傳給該地的人，他就會把信息寫下來，讓另一個人帶到該處宣讀。

以賽亞書也曾記載以賽亞把所傳的信息寫下來。耶和華對他說：「取一個大牌，拿人所用的筆，寫上『瑪黑珥．沙拉勒．哈施．罷斯』。」（八1）以賽亞又曾這樣記載：「現今你【指以賽亞】去，在他們面前將這話刻在版上，寫在書上，以便傳留後世，直到永永遠遠。」（三十8）當先知的話應驗的時候，這些寫下來的話，就成了證據，證明上帝早已藉先知的口向以色列人預告一切將要發生的事。

先知哈巴谷亦奉上帝的命令把信息記錄下來：「使讀的人容易讀」(哈二2) 這句原文可直譯為「使讀的人可以帶著它(默示)奔跑」。若我們參照耶利米書「我沒有打發那些先知，他們竟自奔跑；我沒有對他們說話，他們竟自預言」(二十三21)，「奔跑」與「預言」意思相關。這樣，哈巴谷把默示寫下來的目的，是叫人可以把寫下來的信息準確地傳開。

然而上述所說的情況，都不能完全解釋為何在公元前8世紀開始，先知的信息會陸續結集成書。聖經學者荷奈狄(J. S. Holladay)從他發表的**一篇文章**"Assyrian Statecraft and the Prophets of Israel"嘗試從古代的條約和國家函件的角度，提出他對先知的宣講被記錄下來的一種看法。荷奈狄觀察到公元前9世紀前的條約內容，主要是以宗主國君王對附庸國君王對話方式來表達，例如一份來自公元前2000年中期的**條約**中說：「願眾神明的詛咒一同拆毀杜比特蘇(Duppi-Tessub)本人、他的妻子、兒子、孫子、房屋、地土，以及他所擁有的一切。」但到了後期，條約中警告的說話卻不單對附庸國的君主，也包括他的臣民，例如一份來自公元前9世紀的條約中有這樣的記載：「願偉大的主瑪爾杜克(Marduk)……降下疾病給你，又驅散你的子民……藉著疾病和飢荒來壓迫你的子民。」(亞述尼拉利斯四世〔Assurniraris VI〕與比茲．阿古斯族〔Bit-Agusi〕的馬提爾路〔Mati'ilu〕所立之約) 這現象甚至也出現在國與國之間，以及君與民之間的的函件。在發現的350封〈亞瑪拿書簡〉(Armana Tablets；公元前14世紀) 中，法老所寫的全都沒有給平民百姓的，但在亞述王以撒哈頓(統治期：公元前681～669年) 的信件中，60封信裏有15封是由王寫給不同城鎮的人民。荷奈狄從這些資料推論公元前8世紀以色列先知信息是受到當時亞述帝國國策轉變的影響，收信函的對象由單單是君王，而發展至百姓。

J. S. Holladay, "Assyrian Statecraft and the Prophets of Israel," HTR 63 (1970): 29～51.

這條約是指〈穆西里斯與杜比特蘇的條約〉(Mursilis's Treaty with Duppi-Tessub)，是古代近東的一份文獻，屬赫人的一份杜比特蘇臣服於穆西里斯的條約。

> 先知的宣講從君王發展至向著百姓，甚至外邦人。這樣的轉變對於以色列人在認識上帝這事上，帶來怎樣的轉變？

要證明以色列先知們所傳的信息是受亞述國策轉變的影響，並不是一件容易的事。但以色列先知所傳的信息由針對君王轉移至百姓，是一個可以從聖經的記載中求證的事實。撒母耳記及列王紀記載許多這類事情。先知撒母耳宣講信息的對象主要是掃羅（撒上十五10～31）和大衛（撒上十六1～13），先知迦得對大衛說話（撒下二十四12～19），拿單也曾向大衛（撒下十二1～15）和所羅門說話（王上一22～27），亞希雅對南北分國時的耶羅波安說話（王上十一29～39），示瑪雅對羅波安說話（王上十二21～24）、耶戶對巴沙說話（王上十六1～7）、以利亞對亞哈、耶洗別說話（王上十七章），而米該亞對亞哈（代下十八8～22），以利亞對亞哈謝（王下一章），以利沙對以色列王約蘭（王下三13～20）、耶戶（王下九1～13）、耶戶的兒子約阿施（十三14～19）及猶大王約沙法（王下三13～14），他也預言哈薛作亞蘭王（王下八11～15），約拿論耶羅波安二世（王下十四23～25）。但到了公元前8世紀，先知的宣講對象除了君王外，確實也包括不同的羣體。阿摩司書、何西阿書、彌迦書、以賽亞書等，信息內容不乏針對以色列民和外邦人，而不單單針對君王。他們向百姓宣告耶和華審判的信息，勸告他們悔改，否則必遭致滅亡。

當中的轉變也可以從列王紀的記載中發現。先知宣講的對象由君王甚至於百姓這轉捩點，約在公元前8世紀北國耶羅波安在位的時候開始。列王紀下十四章23節記述了耶羅波安二世在位的事迹。在這記載之前，先知的信息仍是針對君王，而沒有提及百姓。據26至27節，當耶羅波安二世在位初期，耶和華仍未說要將以色列的名從天下塗抹，所以即使犯罪，也要藉耶羅波安二世拯救他們。換言之，若上帝向人民說話，祂對全民審判的信息也即將開始，這時期剛巧是阿摩司宣告信息：「耶羅波安必被刀殺，以色列民定被擄去離開本地」（摩七11），「我民以色列的結局到了」（摩八2）；同時，上帝吩咐何西阿給兒子起名羅．阿米，「因為你們【指以色列人】不作我【指上帝】的子民，我也不作你們的上帝」（何一9）。

在此以後，先知的信息也直接指向百姓。例如：在瑪拿西在位期間，「[10]耶和華藉他僕人眾先知說：[11]『因猶大王瑪拿西行這些可憎的惡事比先前亞摩利人所行的更甚，使猶大人拜他的偶像……[12]所以耶和華——以色列的上帝如此說：我必降禍與耶路撒冷和猶大，叫一切聽見的人無不耳鳴……』」(王下二十一10～12)。又如在約西亞在位期間：「[15]……可以回覆那差遣你們來見我的人說，[16]耶和華如此說：我必照著猶大王所讀那書上的一切話，降禍與這地和其上的居民。[17]因為他們離棄我，向別神燒香，用他們手所做的惹我發怒，所以我的忿怒必向這地發作，總不止息……」(王下二十二15～20)上帝又說：「我必將猶大人從我面前趕出，如同趕出以色列人一般；我必棄掉我從前所選擇的這城——耶路撒冷和我所說立我名的殿。」(王下二十三27)

先知的信息由指向君王發展至百姓，這又怎樣影響到信息轉變為被書寫記錄下來呢？先知向君王傳講信息，是個人對著個人的，但先知向百姓傳信息，是一個人面對羣眾。若信息要準確無誤的傳開，必先把它書寫下來，再由其他人帶著書卷，然後傳開去。這樣的轉變是十分自然，而且是無可避免的。不過，先知作品整個成書的過程，其實又不是這麼簡單，我們在下文先知著作的部分，再作深入解釋(參4.2.「先知書的形式」)。

2.2.4. 先知活動息微

被擄回歸以後，以色列先知的數目和活動大大減少。聖經也甚少提及「先知」這詞。若與王國時期相比，他們在社會上的影響力也大不如前。先知活動息微的原因，一方面由於上帝興起先知的數目減少，這是以色列人不能控制的；另方面由於舊約正典在被擄回歸時期漸次形成，人開始趨向宣讀那以文字記錄下來的宣講，故此減低了以色列人藉先知得聽上帝話語的渴求。在先知瑪拉基以後，以色列人經歷了一段接近400年沒有先知傳講上帝話語的日子，有學者稱這段時期為「寂靜時期」，直至施洗約翰在曠野出現為止。

米高安哲羅(Michelangelo)筆下的撒迦利亞

溫習問題

1. 上帝怎樣向以色列人表達祂是憎惡占卜、觀兆、用法術……的事？(參申十八9) 祂既不許以色人行這事，祂又以哪種方法與他們溝通？
2. 申命記十八章15節的「一位」是甚麼意思？
3. 試列舉經文，指出除先知和祭司外，其他類別的中介角色的活動是受當時以色列主流社會所排斥。
4. 以色列的先知和其他民族的先知彼此有何不同之處？
5. 上帝與以色列人在西奈所立的，是一個甚麼形式的約？它如何確立先知的角色？
6. 先知的活動何以在王國時期蓬勃起來？為何不是凡受感說話的都可被稱為「先知」？
7. 為何王國政制愈趨成熟，先知的角色反而愈被削弱？
8. 先知的宣講如何由口傳發展成以文字方式記錄下來？為何他們要將宣講記錄下來？聖經學者荷奈狄所發表的文章如何使我們更明白先知的信息逐漸結集成書之因？
9. 嚴格而言，「著作先知」一詞是指哪類先知？
10. 為何被擄歸回後，先知活動會息微？

第三章
認識以色列先知

- 先知的名稱
- 先知與祭司
- 真假先知

3.1. 先知的名稱

3.1.1. 先見 (*roʾeʰ*)

聖經曾這樣說：「從前以色列中，若有人去問上帝，就說：『我們問先見去吧！』現在稱為『先知』的，從前稱為『先見』。」(撒上九9)「先見」(希伯來文：***roʾeʰ***) 與「先知」(希伯來文：***nāḇîʾ***) 原文是兩個不同的名詞，因此，在撒母耳和掃羅的時期，以色列人仍未使用「先知」這名詞來稱呼那些與神人兩界溝通的中介人物。

試翻閱roʾeʰ這名詞出現12次的經文，略略了解這些稱為「先見」的人物。

「先見」的希伯來文***roʾeʰ***的字根的意思是「看見」。按詞類分析，***roʾeʰ***是分詞，在經文中它既可以作動詞用(意即「看見」)，也可以作名詞用(意即「能看見的人」)。這詞在聖經出現的次數甚多(超過1,000次)，以動詞為主，而作名詞用的只有12次(撒上九9〔出現2次〕、11、18、19；撒下十五27；代上九22，二十六28，二十九29；代下十六7、10；賽三十10)。在撒母耳記上出現的5次，除了交代先見及先知兩個名稱的先後關係外，其餘3次均指撒母耳一人。在撒母耳記下出現的一次是指祭司撒督，他也是先見。歷代志上出現的3次是指撒母耳，而歷代志下出現的兩次均指哈拿尼，他向猶大王亞撒宣告審判的信息。以賽亞書出現的1次是以複數形式出現，泛指一般的先見。

3.1.2. 先見 (*ḥōzēʰ*)

rōʾîm是roʾeʰ「先見」這詞的複數詞；另一個譯作「先知」的ḥōzîm，是ḥōzēʰ的複數詞，與常用的nāḇîʾ不同。

以賽亞書三十章10節「他們對先見說：不要望見不吉利的事，對先知說：不要向我們講正直的話；要向我們說柔和的話，言虛幻的事。」出現「先見」(希伯來文：***rōʾîm***)，亦有「先知」(希伯來文：***ḥōzîm***) 這名詞。從字根的詞義看，***ḥōzîm***與 *roʾeʰ* 相同，所以原意是「先見」，而不是「先知」。若按詞類分析，這節經文所出現的是分詞，因此，它在句子中可作動詞或名詞用。這詞在聖經中的出現不及 *roʾeʰ* 的多，只有22次，其中18次作名詞用，中文聖經一般譯作「先見」(「現代中文譯本」亦有譯作「先知」；參撒下二十四11；王下十七13；

代上二十一9，二十五5，二十九29；代下九29，十二15，十九2，二十九25、30，三十三18，三十五15；賽二十九10，三十10；摩七12；彌三7）。當中提及的先見名字包括迦得、希幔、易多、亞薩、耶杜頓、耶戶、阿摩司。

ḥōzēh 和*roʾeh*為同義詞，均指「能看見的人」，所以中文聖經譯本均譯作「先見」。但是，在同義之中，我們仍發現兩者之間存著某些差異。歷代志上記載：「大衛王始終的事都寫在先見【*roʾeh*】撒母耳的書上和先知【*nāḇîʾ*】拿單並先見【*ḥōzēh*】迦得的書上。」（代上二十九29）這節經文既出現*roʾeh*，亦出現*ḥōzēh*，分別指撒母耳及迦得兩人。聖經作者一貫稱撒母耳為*roʾeh*，而不是*ḥōzēh*；同樣，迦得也只被稱為*ḥōzēh*。

我們也發現在提及*ḥōzēh* 的經文中，除了以賽亞書四十七章13節和**彌迦書三章7節**明顯指巴比倫的「觀星象的」外，其餘的均與大衛王朝有密切關係。歷代志是一卷以大衛王朝為主要題材的書卷，以賽亞書和彌迦書是論及南國猶大的書卷。先見迦得、希幔、亞薩、耶杜頓、易多、耶戶，均大衛王朝的先見，而最值得注意的是阿摩司書七章的內容。

彌迦書三章7節在「和合本」雖然譯作「先見」，但「現代中文譯本」譯作「巫師」，而「呂振中譯本」則譯作「見異象者」，但所指的仍屬猶大境內的假先知。

先知阿摩司原本是南國猶大提哥亞村的牧人，卻奉耶和華之命到北國宣講審判的信息。當時北國以色列的祭司亞瑪謝對阿摩司說：「[12]亞瑪謝又對阿摩司說：『你這先見【*ḥōzēh*】哪，要逃往猶大地去，在那裏糊口，在那裏說預言，[13]卻不要在伯特利再說預言；因為這裏有王的聖所，有王的宮殿。』」（七12～13）阿摩司回答說：「[14]……我原不是先知【*nāḇîʾ*】，也不是先知的門徒。我是牧人，又是修理桑樹的。[15]耶和華選召我，使我不跟從羊羣，對我說：『你去向我民以色列說預言。』」（14～15節）

亞瑪謝稱阿摩司為先見（*ḥōzēh*），驅趕他回猶大國作宣講，不許他在伯特利再傳上帝的話。在阿摩司的回答中，雖然否認自己是先知（*nāḇîʾ*），也不是先知的門徒，卻從沒否認自己是先見（*ḥōzēh*）這身分。

試細思為何阿摩司沒有否認自己是「先見」？從 ḥōzēh 這名詞的意義反思阿摩西的工作是否合乎這身分？

從這些觀察看來，*ḥōzēh* 這「先見」一詞似是專指在大衛王朝或源自南方的一些中介人物。

3.1.3. 先知(*nāḇîʾ*)

有學者認為「先知」的希伯來文*nāḇîʾ*是源自亞甲文*bārû*，意思是「呼叫、宣告」。若取其主動語態，它的名詞*nāḇîʾ*的意思是「宣講者」，若取其被動語態，它是指「被召的人」。不過，「先知」一詞是否確實源自亞甲文，是一件不能肯定之事。

你對「先知」這詞的不同譯法有何意見？它們如何幫助你更能夠明白聖經？

與其從語源的角度去了解「先知」這詞的意思，不如從聖經看怎樣運用這詞，這樣會更容易了解它。出埃及記七章1節這樣記載：「耶和華對摩西說：『看哪，我使你在法老面前好像上帝一樣；你哥哥亞倫要作你的先知。』」(「新譯本」)「和合本」將「先知」譯作「替你說話」，而「現代中文譯本」則譯作「代言人」，其實這詞原文便是*nāḇîʾ*，「新譯本」和「現代中文譯本」都能夠按原文直譯出來，而「和合本」則把它的意思譯出。摩西在法老面前好像上帝，而亞倫就是摩西的先知，這種關係顯出了上帝與先知的關係；先知其實就是上帝的代言人，是代替上帝向人說話。

按撒母耳記上九章9節「先知」(*nāḇîʾ*)這詞的出現應該較「先見」(*roʾeʰ*或*ḥōzēʰ*)後期一點才被廣泛地運用。「先見」所強調的是他們從上帝那裏得信息的方式，而「先知」所強調的是他們那宣講的任務。

先知既是上帝話語的代言人，他就是上帝的使者。在遠古時代託人去傳話是常見的事，可以發生在平民百姓中間，也可以在王與王、國與國之間的交往之中。當雅各回家見以掃，他預先打發僕人見他哥哥，吩咐他們轉告以掃：「[4]……你們對我主以掃說：『你的僕人雅各這樣說：我在拉班那裏寄居，直到如今。[5]我有牛、驢、羊羣、僕婢，現在打發人來報告我主，為要在你眼前蒙恩。』」(創三十二4～5) 猶大王希西家在位的時候，亞述王西拿基立派遣他其中一位大將拉伯沙基向希西家傳話，「[19]……亞述大王如此說：『你所倚靠的有甚麼可仗賴的呢？[20]你說有打仗的計謀和能力，我看不過是虛話。你到底倚靠誰才背叛我呢？」(參王下十八19～20) 同樣，先知在傳達上帝話語之時，也用了學者稱為「使者公式」(messenger formula) 的片語——「耶和華如此說」或「萬軍之耶和華如此說」。由於他們所傳的乃是上帝的話，他們的身分也有別於俗世的一般使者，他們所肩負的乃是神聖的任務，要把上帝的話傳達給人。

由於先知最基本的任務是代表上帝傳達信息，這樣，只要他忠於所託，就已經履行他的職務了。至於他所傳達的內容，其實沒有任何規限的範圍。學者們目前對先知言論的分析或分類，其實都是因聖經記載將之歸納，而不是先知在傳話之前，已有了他們預設的範圍或格式。信徒常常以為先知所說的主要都是以預言為主，是預告某些事情的發生。這想法與事實不符，因為先知的言論，絕大部分內容與一般人所期望的預言無關。先知的話也不是為了說給將來世代的人聽，而是向與他同時代的人發言，當中不乏包括責備和安慰，既有「審判神諭」(judgement oracles)，也有「拯救神諭」(salvation oracles)，這完全取決於他從上帝那裏所得到信息的內容。不過，這並不是說先知不曾說預言。從聖經的記載看，他們確實可以預告事情的發生或結果，又知道常人所不知曉的事，而這也正正就是他們與別人不同的地方。

先知基本的任務就像使者一般，盡忠的將要說的話講出來。今天，基督徒就是上帝福音使者，我們當如何盡忠的為上帝傳講福音？

3.1.4. 神人 (ʾîš ʾĕlōhîm)

當討論先知的名稱，還有一個要提及的，就是「神人」。被聖經稱為神人的不多，具名的有：摩西 (申三十三1；書十四6)、撒母耳 (撒上九6)、大衛 (代下八14；尼十二24)、示瑪雅 (王上十二22)、以利亞 (王上十七18)、以利沙 (王下四7)、哈難 (耶三十五4)，此外，還有好些不具名的人物 (撒上二27；王上十三1)，甚或天使也被稱為「神人」(參士十三6)。這名稱所強調的是他們與上帝有密切的關係，其中部分的人更具有特殊的能力。當描述先知以利沙是神人，作者便集中記述他所行的神蹟：他使寡婦家中的器皿載滿油 (王下四5～7)；他叫書念的一個婦人懷孕 (四16～17)；他使孩子復活 (四35～37)；他除去鍋中食物的毒 (四40)；他以20塊餅餵飽100人 (四42)；他醫治亞蘭元帥乃縵的大痲瘋

大衛不是先知，而是君王，為何聖經仍稱他為「神人」(代下八14；尼十二24、36)？試從他生平事迹略述之。

（五9～11）；他使沉在水裏的斧頭浮上來（六6）；他把亞蘭軍隊的軍情告訴以色列王（六9）；他使僕人看見遍山火車火馬（六16～18）等。雖然所列事件中大部分都與神蹟有關，不過，這並不表示聖經每次出現「神人」一詞之時，必然涉及神蹟。聖經稱先知為神人，最重要的意義在於他們是傳達上帝的話，而行神蹟只是他們傳達上帝話語的另一種途徑，正如撒母耳記上二章27節所說：「有神人來見以利，對他說：『耶和華如此說……。」是的，以利沙既是先知，也是神人，然而先知當中同時被稱為神人的，其實是寥寥可數的。

3.2. 先知與祭司

談到中介人物，眾所周知先知就是上帝與人溝通的主要中介人物。除此之外，不能不提的便是祭司了。他們同樣擔負這中介人的工作，但方式卻與先知的不一樣。

3.2.1. 作祭司的資格

舊約祭司身分與新約的有何不同（參羅十五16；彼前二9）？

作祭司的必須是亞倫的後裔，故此，祭司身分是世襲的。這是以色列人在西奈的時候由上帝所設立的制度。上帝吩咐「[13]要給亞倫穿上聖衣，又膏他，使他成聖，可以給我供祭司的職分；[14]又要使他兒子來，給他們穿上內袍。[15]怎樣膏他們的父親，也要照樣膏他們，使他們給我供祭司的職分。他們世世代代凡受膏的，就永遠當祭司的職任。」（出四十13～15）設立亞倫及他的後裔為祭司這制度，是曾經受到以色列人的質疑和挑戰。民數記十六章記載利未的曾孫、哥轄的孫子、以斯哈的兒子可拉，聯同呂便支派的大坍和亞比蘭，曾公開挑戰摩西和亞倫。他們真正的目的是要摩西將祭司的職位授予他們。摩西對他們說：「[8]……『利未的子孫哪，你們聽我說！[9]以色列的上帝從以色列會中將你們分別出來，使你們親近他，辦耶和華帳幕的事，並站在會眾面前替他們當差。[10]耶和華又使你和你一切弟兄——利未的子孫——一同親近他，這豈為小事？你們還要求祭司的職任嗎？」（8～10節）上帝懲罰這些不順服的人，使地開口，把可拉一黨的人吞下去；上帝又叫亞倫的杖開花，以證明只有亞倫及其後人才可作祭司，也不能由摩西亞倫兄弟間私相授受，而是上帝親自揀選的。

利未人或祭司們，是受著血緣關係，他們生下來就已經與別人不同，成為特權階層的人；但先知卻不然，完全由上帝個別揀選，他們可以來自社會不同階層，有不同的身分。他們擔當先知的職分，是出於上帝的呼召，是有上帝的話臨到他們。因此，原本作牧人又修理桑樹的阿摩司亦可以成為一位傳上帝話語的使者，而身兼士師、祭司職任的撒母耳也可以同時是一位先知。換言之，祭司可以同時被上帝揀選為先知，但若不是亞倫的後裔，先知是不可以自動成為祭司。

3.2.2. 祭司與上帝溝通的方法

祭司和先知雖然可以與上帝溝通，但溝通的方式各有不同。祭司是藉著烏陵和土明這工具與上帝溝通。在大祭司的服飾中，有一件稱為以弗得的衣服(出二十八6～14)，它是以金線、藍色、紫色、朱紅色線和編織的細麻做成，形狀似圍裙，分前後兩幅，用兩條肩帶把前後兩幅連起來。兩條肩帶各鑲上一塊紅瑪瑙，上面刻有以色列12個兒子的名字(即十二支派)，每塊6個名字，是按他們的出生次序排列，另有一條帶子把這以弗得束在腰間。

和以弗得連在一起的是胸牌(出二十八15～30)。胸牌也是用金線、藍色、紫色、朱紅色線，和編織的細麻做成的一塊布，疊成兩層形成一個像正方形的袋子，上面並排著4行寶石，每行3粒，共12粒，寶石上分別刻有以色列十二支派的名字。這胸牌以金鍊與以弗得相連，成為以弗得前幅的一部分。胸牌的袋子內放了烏陵和土明這兩件聖物(參頁12專欄「烏陵和土明」)。這兩件聖物是祭司求問上帝的時候所用的工具。每當祭司面臨抉擇之時，就可以藉

以色列大祭司的服飾

這兩件聖物求問上帝，以作定奪，故胸牌又稱「決斷的胸牌」。由於烏陵和土明是放在胸牌內，胸牌又和以弗得連在一起，成為以弗得的一部分，因此以弗得一詞後來成為表達祭司求問上帝的工具。大衛在逃避掃羅追殺之時，因為聽說掃羅要下到基伊拉來捉拿他，他便請祭司亞比亞他將以弗得拿給他，以此求問上帝，看看應否離開基伊拉（撒上二十三9～12）。

你認為祭司袍上刻上12個兒子的名字有何特別的意義？在屬靈意義上與我們有何關係？

祭司是藉著一些物件來求問上帝，而先知則不然。上帝或許在異象中、夢中向先知顯現，與他說話（民十二6）。大衛有意為耶和華建殿，當夜耶和華的話便臨到先知拿單，吩咐他向大衛傳達信息（撒下七4）。先知米該雅在回答以色列王亞哈可否出兵基列拉末的時候說：「你要聽耶和華的話！我看見耶和華坐在寶座上……」（王上二十二19）。先知耶利米蒙召的經歷中，他在異象中看見一根杏樹枝子，又看見一個滾沸著的鍋從北方向南倒過來（耶一11～16）。從先知得上帝信息的記載中，並未發現他們需要借助任何物件來求問上帝；不過，聖經亦記述兩件事，提到先知以物件求告上帝。其一是以色列王約蘭、猶大王約沙法聯同以東王合攻摩押的事迹。他們在途中因缺水而求問先知以利沙，以他作中介人來尋求上帝的指引。以利沙吩咐他們安排一個琴師給他，在彈琴的時候，耶和華的靈就降在以利沙上，向列王說出祂的指示（王下三1～17）。與這記載有關的另一件事，是撒母耳告訴掃羅說掃羅將會遇到「一班先知從邱壇下來，前面有鼓瑟的、擊鼓的、吹笛的、彈琴的，他們都受感說話。」（撒上十5）這兩件事迹顯示先知受感說話也許和音樂有關，但這都只是個別事例，故不能作為一般的通則來處理。

從記敘以利亞和巴力先知對陣這事件中，我們可以一窺巴力先知求問上帝的方式：他們在所築的壇的四圍跳舞，又「按著他們的規矩，用刀槍自割、自刺，直到身體流血。」（王上十八26、28）。按民數記二十三和二十四章，聖經3次記載**術士**巴蘭求問上帝的步驟：先築7座壇，再在每座壇上獻一隻公牛和一隻公羊（二十三1～2、13～14、27～30）。只是，這種方式均不見用於以色列的先知。

聖經沒有稱巴蘭為先知，只說他是一位術士（書十三22；參民二十二7）。

3.2.3. 祭司的建制

祭司是在聖殿或官方認可的敬拜地方供職，他們屬於建制階層的成員。耶路撒冷的聖殿建於大衛王國的領土上，大衛王也直接參與制定宗教節儀中供職人員的班次及事務（雖然當時聖殿還未被建；參代上十六37～43）。北國以色列由耶羅波安作王開始，以但和伯特利作為敬拜的地方，不過他們不是敬拜上帝，而是拜金牛犢，他們沒有按上帝的規定，以亞倫的後裔作祭司，而是由君王自立祭司，甚至自訂節期（王上十二28～33）。可見，無論在南國或北國，凡供職的祭司，都必須是國家政權建制下的成員。

> *昔日只有祭司才可在聖殿供職，今天我們可自由的事奉上帝，這是上帝的恩典。你珍惜這身分嗎？*

先知們的情況則不一樣，至於他們的工作何以在王國時期活躍起來的原因，可參2.2.「先知活動的發展」。先知在當時社會可以屬於任何的階層，他們有在建制內，也有在建制外工作，甚至亦有來自草根階層。在君王身邊的，有大衛的拿單、迦得，他們被稱為「宮廷先知」（court prophet），他們主要的工作是作為上帝與君王中的中介人。阿摩司雖曾到北國宣告審判的信息，但他明顯不是一個北國以色列耶羅波安政府建制內的成員。以色列王亞哈宮廷中的先知是巴力眾先知，而不是屬耶和華的，故此以利亞也並非他們中間的一分子。先知以利沙的門徒中不乏來自草根階層。

若從建制的角度看先知，南北兩國的情況截然不同。南國猶大自羅波安與耶羅波安分國，直至公元前587年西底家亡國於巴比倫止，除了亞哈謝的妻子亞她利雅篡位的一段日子外，在政治上始終都屬大衛王朝的延續，政治中心（首都）和宗教中心（聖殿）一直都位於耶路撒冷，這情況有別於北國的以色列。以色列由耶羅波安建國至公元前722年何細亞被亞述亡國止，以色列國曾被19位王管治，歷9個朝代更替。國都也曾數次搬遷，由示劍（王上十二25）、得撒（王上十五33），最後移至撒馬利亞（王上十六23～24）。在宗教上，北國異教敬拜之風極為興盛，尤以亞哈在位期間，巴力敬拜成為國家主流的宗教，耶和華的先知們成為被排擠和殺害的一羣。所以按列王紀及歷代

> *南國的先知多屬建制內，但北國的卻不然。這樣的現象與當時的政治處境和宗教現況有何關連？*

志的記錄，南國耶和華的先知們多來自宮廷或來自聖殿，屬建制內的人物；而北國耶和華的先知們則多屬建制外的。

在建制內的先知，由於服事的對象主要都是君王，有部分先知為取悅君王，不其然會出現「言不由衷」的情況，這亦引申至假先知的出現。

3.3. 真假先知

先知所傳的神諭若真的來自上帝，聽見的人如不聽從，後果自然十分嚴重。同樣，先知所傳的話若不是來自上帝，而是他胡吹亂謅的結果，不但聽見而又跟從的人，後果嚴重，編造謊言的人同樣有嚴重的後果。那麼，怎樣才可分辨真假先知？聖經是有清楚指示的。

按申命記的記載：「[20]若有先知擅敢託我【指耶和華】的名說我所未曾吩咐他說的話，或是奉別神的名說話，那先知就必治死。』[21]你【指以色列人】心裏若說：『耶和華所未曾吩咐的話，我們怎能知道呢？』[22]先知託耶和華的名說話，所說的若不成就，也無效驗，這就是耶和華所未曾吩咐的，是那先知擅自說的，你不要怕他。」（十八20～22）辨別真假先知的方法就是看他所說的話是否應驗。這指引十分清晰，而且道理也顯淺，甚至可以說是不證自明的道理。

然而，讀者可能已經想到這指引在實踐上會面對相當的困難，因為由先知所說的預言開始計算，直至他的話得以應驗，其間必然有一段時間的差距。一個聽到先知說話的人，斷不能等待先知所說的話應驗後，才斷定他所傳的確實是從上帝那裏來的，然後才決定是否聽從，再以行動作出回應。比方說，有人預告3天之後股票市場會出現災難性的下跌，持有股票的人不能待預告確認為真實之後才採取行動。若果在國家面對亡國危機之時，有一位先知宣告平安的信息，指出危機即將成為過去，平安的日子即將來臨；但另一位卻宣布亡國之事無可避免，人民要面對現實，臣服於侵略國土的敵人。在這情況下，聽到信息的人斷不能等待結果出現之後，才作出相應的行動。所以即使申命記有這指引，但在實際情況下卻沒有多大作用。

以上說法看似有理，但事情又不如這般。當一個先知初次傳達上帝話語之時，確實是難以辨別他話語的真偽。但是，論到先知，聖經是有描述先知「蒙召」的經過。這一點某程度是確認那先知的身分；然而「蒙召」的經歷畢竟都只屬先知個人的經驗，其他人若要確認他是否真正的先知，始終仍要確認他所說的話是否應驗，若先知所說的話曾經一一應驗，在接著的日子，他所傳信息的可信性就隨著增加。他的話也愈來愈被受重視。正如聖經所說：「[19]撒母耳長大了，耶和華與他同在，使他所說的話一句都不落空。[20]從但到別是巴所有的以色列人都知道耶和華立撒母耳為先知。」(撒上三19～20) 但若兩個已經被認同為先知的人，竟傳講對立的信息，那麼，又應該以甚麼方法來辨認他們信息的真偽呢？

耶利米書二十七、二十八章有這樣的記載：猶大王西底家在位第四年，以東王、摩押王、亞捫王、泰爾王和西頓王的大使齊集在耶路撒冷，共商背叛巴比倫王事宜。當時，先知耶利米蒙上帝指示，作繩索與軛，加在自己頸項上，又作繩索與軛藉這些使臣之手，將其所要表達的信息傳送到他們的王那裏。他宣告說：

> [4]……萬軍之耶和華——以色列的上帝如此說：[5]我用大能和伸出來的膀臂，創造大地……我看給誰相宜，就把地給誰。[6]現在我將這些地都交給我僕人巴比倫王尼布甲尼撒的手，我也將田野的走獸給他使用。[7]列國都必服事他和他的兒孫，直到他本國遭報的日期來到。那時，多國和大君王要使他作他們的奴僕。[8]無論哪一邦哪一國，不肯服事這巴比倫王尼布甲尼撒，也不把頸項放在巴比倫王的軛下，我必用刀劍、饑荒、瘟疫刑罰那邦，直到我藉巴比倫王的手將他們毀滅。這是耶和華說的。(二十七4～8)

同年五月，另一位先知哈拿尼雅卻奉耶和華上帝的名傳了一個與耶利米完全相反的信息。哈拿尼雅在耶和華的殿中，當著祭司和眾民對耶利米說：

在你的信仰生活中有沒有遇到一些傳虛假信息的傳道人？他們如何影響你的信仰？你如何分辨真假傳道人？

> [2]「萬軍之耶和華—以色列的上帝如此說：我已經折斷巴比倫王的軛。[3]二年之內，我要將巴比倫王

尼布甲尼撒從這地掠到巴比倫的器皿，就是耶和華殿中的一切器皿都帶回此地。[4]我又要將猶大王約雅敬的兒子耶哥尼雅和被擄到巴比倫去的一切猶大人帶回此地，因為我要折斷巴比倫王的軛。這是耶和華說的。」……[10]於是，先知哈拿尼雅將先知耶利米頸項上的軛取下來，折斷了。[11]哈拿尼雅又當著眾民說：「耶和華如此說：二年之內我必照樣從列國人的頸項上折斷巴比倫王尼布甲尼撒的軛。」(二十八1～11)

當耶利米聽到哈拿尼雅的一番話，也不能立刻指出其真偽，直至上帝再向他說話，他才確知哈拿尼雅所說的是謊言。於是耶利米對哈拿尼雅說：「[15]哈拿尼雅啊，你應當聽！耶和華並沒有差遣你，你竟使這百姓倚靠謊言。[16]所以耶和華如此說：『看哪，我要叫你去世，你今年必死，因為你向耶和華說了叛逆的話。』」(二十八15～16) 結果，當年七月哈拿尼雅就死了。從這故事的記述可見，若兩個先知分別傳遞兩個對立的信息，百姓辨別的方法仍是以「預言應驗」為原則：若所說的話涉及較遠的將來，那麼就以一個較近的預言來判別。

米高安哲羅(Michelangelo)筆下的耶利米

當北國耶羅波安王在位的時候，有位神人奉耶和華的命到伯特利的壇前，當著耶羅波安斥責祭壇：「壇哪，壇哪！耶和華如此說：大衛家裏必生一個兒子，名叫約西亞，他必將邱壇的祭司，就是在你上面燒香的，殺在你上面，人的骨頭也必燒在你上面。」(王上十三1～2) 聽見這話的人是不知道神人所說約西亞出生的時間，但神人立時作了一個即時的豫兆：壇必破裂，壇上的灰必傾撒。當耶羅波安王聽見神人的話，就伸出手來命令人捉拿他，但王的手突然枯乾，壇也破裂，壇上的灰也撒在地上，這正應驗了神人所說的。因此，一個關於遙遠未來的預言，可以藉著一個立時的或近期應驗的預言來確立。

先知更可以藉著一些神蹟奇事來佐證他所傳的話確實來自上帝，正如摩西使地開口吞滅可拉黨人(民十六章)；撒母耳求上帝在不是打雷的季節中叫天打雷下雨(撒上十二17～18)等，都是先知證明自己是上帝的僕人的方法。

但是，即使先知話語應驗，亦提供神蹟奇事來佐證，這亦不能表示百姓必須遵從，因為事情的應驗並非驗證真假先知的惟一準則。在此，申命記加上一項更重要的指引：若有先知帶領以色列人去隨從他們素來所不認識的神祇，即使他能顯神蹟奇事，預言亦有應驗，百姓也不應聽從他，因為他是叛逆那領他們出埃及，救贖他們脱離奴役之地的耶和華。上帝還吩咐他們要治死這等先知，把他除掉(申十三1～5)。因此，預言是否應驗，有沒有伴隨著神蹟奇事並不重要，最重要還是先知所傳的話有否叫人離開耶和華，以及祂所吩咐人要遵行的道。

不過，再從另一角度看，縱然已確實證明了一位真先知，而他所傳的信息亦確實從上帝那裏來的，但這也並不能保證以色列人會聽從他的話。以色列王亞哈在位之時，與猶大王約沙法一同計劃出兵攻打基列的拉末，要從亞蘭國手中取回這片地土。在出兵之前，有400個先知異口同聲的贊成攻打這地方，並聲言上帝會將那城交給他們。猶大王約沙法提議要先求問耶和華的先知，但亞哈王反對此事，認為這位先知經常説凶言，約沙法堅持要這樣，於是他們召了音拉的兒子先知米該雅來。米該雅果然説出凶言，告訴王在此戰必敗，甚至亞哈要戰死陣中(王上二十二1～17)。

先知米該雅雖已奉耶和華的名説出真話，但亞哈始終沒有改變初衷，堅持出兵攻取基列的拉末。雖然猶大王約沙法曾堅持要先求問耶和華的先知，但他選擇了與亞哈一同出戰。結果，一如米該雅所預言的，南北國聯軍戰敗，亞哈亦戰死陣中(29～38節)。

你是否都像其他人般，不願意聽一些真話，而是要聽容易入耳的話？上帝的話如何使你的靈甦醒過來？

談到假先知，曾有一位學者這樣説：「假先知之所以有存在的空間，是因為他們明白到，人總是喜歡聽一些令自己開心的說話，他們要吉語，不要凶言。」但真先知卻要說真的話，是凶是吉，都是真實從上帝而來的話。

溫習問題

1. 「先見」(*roʾeʰ*) 這詞希伯來文的意思是指甚麼？它的意義在動詞和名詞上有何分別？
2. 「先見」(*roʾeʰ*) 與「先見」(*ḥōzēʰ*) 這兩個名詞在意義上是否有分別？聖經如何運用這兩個詞？
3. 「先知」(*nāḇîʾ*) 這名詞的意義是甚麼？聖經如何運用這詞？它的意義與「先見」(*roʾeʰ* / *ḥōzēʰ*) 這詞有何分別？
4. 試從本章所引用的經文例子中，闡述「神人」這詞的意義。
5. 先知與祭司的身分怎樣被認可的？他們與上帝的溝通方法有何不同？祭司的建制與先知的有何不同？
6. 聖經教導我們如何分辨真假先知？

第二部分

先知書卷的形成及解釋

第四章
先知書的本質

- 先知著作簡介
- 先知書的形成

簡單介紹以色列先知之後，接著便論述先知的著作。本章分為兩大部分，第一部分略為介紹先知著作的一些基本知識，包括先知書的類別，排列次序和準則，以及先知書的名稱與作者的關係等。第二部分闡釋有關先知書的形成。這部分首先透過探討先知書的內容，以及不同版本(如希伯來文的「馬所拉文本」及希臘文「七十士譯本」)的異同，指出先知書呈現出來的編輯痕迹，亦討論如何從先知書的內容(或從不同版本)得見先知書形成過程中數個不同的階段。

4.1. 先知著作簡介

4.1.1. 先知書的名單

希伯來文正典共有24卷書，有別於基督新教舊約的39卷。這些書卷的分類和編排方式是與不同的信仰傳統有關。猶太人傳統將希伯來文聖經分為3部分：「妥拉」(*tôrāʰ*)、「先知書」(*nəḇîʾîm*)和「聖卷」(*kətûḇîm*)。

「妥拉」希伯來文意即「教導」；中文聖經譯本一般譯作「律法」，這譯詞未能完全準確表達它原本的意思。

「妥拉」包括希伯來文聖經首5卷，即創世記、出埃及記、利未記、民數記及申命記。「先知書」分為前先知書及後先知書兩類。前先知書包括約書亞記、士師記、撒母耳記(上下)和列王紀(上下)4卷；後先知書則包括以賽亞書、耶利米書、以西結書和十二(小)先知(由何西阿書至瑪拉基書)4卷書。因此，前先知書與後先知書各有4卷，在數目上互相對應。「聖卷」則包括其餘的書卷，依次為詩篇、約伯記、箴言、路得記、雅歌、傳道書、耶利米哀歌、以斯帖記、但以理書、以斯拉—尼希米記及歷代志(上下)等共11卷。其中路得記至以斯帖記則稱為「五小卷」(*Megillot*)。所以，依照猶太傳統的分類法，只有8卷先知書。

將約書亞記、士師記、撒母耳記(上下)、列王紀(上下)這4卷書歸類為「先知書」的原因，是與傳統上認為這是與書卷的作者有關。按猶太人著作《巴比倫他勒目》之〈論最後一道門〉(*Baba Batra* 14b～15a)，認為猶太人傳統看約書亞記的作者是約書亞，士師記及撒母耳記的作者是撒母耳，而耶利米則為列王紀的作者。因此，這4卷書被列入前先知書，是基於考慮到作者的身分，而不是基於書卷的內容。此外，歷代志（上下）提出一個有關先知職事的觀點。此書曾說明「大衛王始終的事都寫在先見撒母耳的書上和先知拿單並先見迦得的書上。」（代上二十九29），而歷代志下也提過「所羅門其餘的事，自始至終，不都寫在先知拿單的書上和示羅人亞希雅的預言書上，並先見易多論尼八兒子耶羅波安的默示書上嗎？」（九29）所以，歷代志的作者視先知為歷史編撰者，寫下以色列君王的年鑒。

希伯來文聖經書目

妥拉	先知書		聖卷	
	前先知書	後先知書		
創世記 出埃及記 利未記 民數記 申命記	約書亞記 士師記 撒母耳記 列王紀	以賽亞書 耶利米書 以西結書 十二小先知書	詩篇 約伯記 箴言 路得記 雅歌 傳道書	耶利米哀歌 以斯帖記 但以理書 以斯拉－尼希米記 歷代志
5	4	4	11	

希伯來文聖經共有24卷書。

基督新教舊約聖經與猶太希伯來文聖經完全相同，但卻因採用不同的分類方式，故書卷的排列次序各有不同。新教的舊約聖經基本上是依照「七十士譯本」的編排及分類，全書共分4部分：「五經」、「歷史書」、「詩歌智慧書」及「先知書」。

「五經」與猶太人的希伯來文聖經排列相同。歷史書則由約書亞記至以斯帖記共12卷。詩歌智慧書由約伯記至雅歌共5卷。先知書則有所謂大先知書及小先知書兩類。前者有以賽亞書、耶利米書、耶利米哀歌、以西結書、但以理書，而後者則包括何西阿書、約珥書、阿摩司書、俄巴底亞書、約拿書、彌迦書、那鴻書、哈巴谷書、西番雅書、哈該書、撒迦利亞書、瑪拉基書12卷較短的先知書，兩者合共17卷。

新教舊約聖經書目					
五經	歷史書		詩歌智慧書	先知書	
				大先知書	小先知書
創世記 出埃及記 利未記 民數記 申命記	約書亞記 士師記 路得記 撒母耳記上 撒母耳記下	列王紀上 列王紀下 歷代志上 歷代志下 以斯拉記 尼希米記 以斯帖記	約伯記 詩篇 箴言 傳道書 雅歌	以賽亞書 耶利米書 耶利米哀歌 以西結書 但以理書	何西阿書 約珥書 阿摩司書 俄巴底亞書 約拿書 彌迦書 那鴻書 哈巴谷書 西番雅書 哈該書 撒迦利亞書 瑪拉基書
5	12		5	5	12

天主教聖經中的後典包括：多俾亞傳、友弟德傳、瑪加伯上下、智慧篇、德訓篇和巴路克書。此外，艾斯德爾傳亦加上補篇，耶肋米亞加插耶肋米亞書信，達尼爾內亦加插了三青年之歌、蘇撒拿傳和彼勒與大龍等各章。

至於天主教採用的舊約聖經(參「思高譯本」)，基本上與基督新教聖經的分類方式和排列次序相同，不過，兩者的中文譯名卻不同，其中厄斯德拉上、下，分別是指以斯拉記及尼希米記。此外，書卷數目也有少許差別，因為它加插了數卷書卷，基督新教一般稱這些書卷為「次經」(天主教則稱它們為「**後典**」；若讀者想多了解「次經」這課題，可參本系列《聖經鳥瞰：進深篇》第二章「聖經的形成」)。次經的「巴路克書」是列在耶利米哀歌之後。所以，天主教聖經共有18卷先知書(參右表)。

本書所討論的「先知書」，是以基督新教舊約聖經的分類及編排作為出發點。

不同的信仰傳統有不同的聖經排列方法，你對此有何意見？有否影響你看聖經的權威嗎？

4.1.2. 先知書的排列

如上文所言，基督新教的先知書目將先知書分為大小兩類。這分類

天主教舊約聖經書目					
五經	歷史書		詩歌智慧書	先知書	
創世紀	若蘇厄書	編年紀上	約伯傳	依撒意亞	甌瑟亞
出谷紀	民長紀	編年紀下	聖詠集	耶肋米亞	岳厄爾
肋未紀	盧德紀	厄斯德拉上	箴言	耶肋米亞哀歌	亞毛斯
戶籍紀	撒慕爾紀上	厄斯德拉下	訓道篇	*巴路克	亞北底亞
申命紀	撒慕爾記下	*多俾亞傳	雅歌	厄則克爾	約納
	列王紀上	*友弟德傳	*智慧篇	達尼爾	米該亞
	列王紀下	艾斯德爾傳	*德訓篇		納鴻
		*瑪加伯上			哈巴谷
		*瑪加伯下			索福尼亞
					哈蓋
					匝加利亞
					瑪拉基亞
5	16		7	5/6	12

凡*是後典書卷。整個書目共45或46卷，視乎有沒有將耶肋米亞和耶肋米亞哀歌合併為一卷。

基本上是以書卷內容的長短來區分，與先知個人的身分或工作無關。所以，本質上大先知書中的以賽亞書並不比只寫了短短一章的俄巴底亞書更為重要。不過，因著以賽亞書篇幅甚長，故其內容相應地也比俄巴底亞書的內容豐富，所以更受歷代信徒研究閱讀。

大先知書排列的次序主要是依據書中所展示歷史背景的先後來編排。以賽亞是在亞述時期的南國猶大作先知的(約公元前740年)。耶利米則較為後期，他蒙召時亞述帝國已是強弩之末，當時列國中最強的莫過於巴比倫。後來巴比倫攻陷猶大國首都耶路撒冷，把城中居民擄至巴比倫(公元前587年)，而耶利米卻被帶到埃及，耶利米書的內容便在此終止。以西結與耶利米是同時期的先知，但較耶利米稍遲出道。按書中記載，以西結工作的時期約在公元前593至573年間。論到但以理書，它所記載但以理的生平，是由巴比倫王尼布甲尼撒攻陷耶路撒冷，將他擄至巴比倫開始，直到波斯王塞魯士時期為止。

小先知書的編排基本上也是順著歷史時序的。何西阿、阿摩司及彌迦是亞述時期在以色列或猶大國作先知的；巴比倫興盛時期則有哈巴谷、西番雅及那鴻作先知；而哈該、撒迦利亞及瑪拉基是在波斯管治時期作先知的。餘下的約珥書、俄巴底亞書及約拿書的寫作日期並不如上列9卷書那麼清楚。下文將詳細討論這個課題。

4.1.3. 先知書的名稱

所有先知書的名稱都是以一位先知的名字去命名的，如：耶利米書是以先知耶利米命名。這種現象反映了一個傳統的看法：以哪一位先知的名稱作為書卷的名稱，他就是該卷書的作者，正如先知耶利米一直都被視為是耶利米書的作者。

你對「先知書的作者不是一人著作」這講法有何意見？這是否都是你過往一向的看法？

不過，這傳統的看法似乎將作者的身分過於簡單化。無可否認，當耶利米說：「耶和華的話臨到我說：『你去向耶路撒冷人的耳中喊叫說……』」(耶二1～2)，明顯指出作者是以第一人稱的方式記錄到耶和華正向他說話，吩咐他去向耶路撒冷的人傳講信息；讀者亦能夠分辨出耶利米便是這句說話的作者。然而，耶利米書有不少內容都不是以第一人稱的方法寫下來的。耶利米書曾記載「祭司音麥的兒子巴施戶珥作耶和華殿的總管，聽見耶利米預言這些事，他就打先知耶利米，用耶和華殿裏便雅憫高門內的枷，將他枷在那裏。」(二十1～2) 這段經文是以第三人稱的方式將耶利米的事迹記錄下來。這種表達方式已顯示這段內容不是由耶利米自己，而是由另一位旁觀者將所看見或知道的記錄下來。若是如此，則耶利米書最少包含兩類型的內容。第一類是耶利米以第一人稱記下自己的經歷，第二類則由另一個人將發生在耶利米身上的事記錄下來。第一類型的內容可說是由耶利米寫的，但第二類型內容就較難這樣說了。所以，雖然傳統看法認為耶利米書是由耶利米所寫，但更可能是其中有部分內容是由另一位(或多於一位)作者寫成的。這樣的說法或許較為合理。

基於以上的論點，一卷先知書的作者不能再簡單以書名來斷定其身分。故此，更準確的說法應該是，書卷的內容與書卷名稱的那位先知有關，是一本從那位先知的言行衍生出來的作品，正如耶利米書是從耶利米的說話和他的事迹衍生出來的作品。近一個世紀那備受聖經學者所採用的**歷史鑑別學**（historical criticism）將上述觀點作出許多更嚴格的分析和討論。

以歷史角度來處理書卷的內容。其處理方法包括根據歷史文獻和考古發現所得的證據，再加上書卷內容所提及作者的生平和當時的歷史與社會環境。

溫習問題（4.1.）在頁80。

4.2. 先知書的形成

上一部分的討論指出單憑先知書的名稱，是不能完全提供先知書的作者的資料，書中部分內容很可能不是出於先知自己的手筆。雖然如此，但所寫的內容仍與那位先知有關係。接著將會較深入討論這課題，目的是指出先知書形成的過程確實十分複雜，多是經過一段很長的時間才形成到今日的模樣。

4.2.1. 編修的痕迹

4.2.1.1. 先知書的標題

每一卷先知書開首都有一個標題。一般而言，這標題提供了與這卷書有關的作者、寫作時期及書卷的內容的初步資料。試看以賽亞書一章1節：「當烏西雅、約坦、亞哈斯、希西家作猶大王的時候，亞摩斯的兒子以賽亞得默示，論到猶大和耶路撒冷。」這段經文指出以賽亞書所記載的事是發生在烏西雅、約坦、亞哈斯及希西家這4位猶大王管治的時期，可見它的內容是與猶大和耶路撒冷有關，又與以賽亞有關，因為它提到以賽亞得了默示。「新譯本」將「得默示」（希伯來文：*ḥāzôn*，意即「異象」）譯作「**看見異象**」，這是較貼近原文。所以，這標題同時也指出以賽亞是透過「看見異象」來認知這些內容。強調得了異象來宣講信息的，除了以賽亞書以外，還有俄巴底亞書（一1）和那鴻書（一1）。

除了「新譯本」之外，「呂振中譯本」也將「得默示」譯作「異象」。

有別於「看見異象」，亦有另一種形式表達的標題。它強調從「耶和華的話語」（希伯來文：***dəḇar-yhwh***）來得到信息。例如：何西阿書一章1節：「當烏西雅、約坦、亞哈斯、希西家作猶大王，約阿施的兒子耶羅波安作以色列王的時候，耶和華的話臨到備利的兒子何西阿。」這節經文可直譯為：「耶和華的話：就是在烏西雅、約坦、亞哈斯、希西家作猶大王，約阿施的兒子耶羅波安作以色列王的時候臨到備利的兒子何西阿的。」這標題同樣有指出事件發生的時代背景和與哪位先知有關，但與以賽亞書的標題不同的地方，在於何西阿書強調整卷書是耶和華的話語。以強調「上帝的話語」來表達他信息的書卷有：耶利米書（一1～3）、約珥書（一1）、約拿書（一1）、西番雅書（一1）、哈該書（一1）、撒迦利亞書（一1）及**瑪拉基書**（一1）。

瑪拉基書一章1節「耶和華藉瑪拉基傳給以色列的默示」中的「默示」原文是「話語」。參「現代中文譯本」、「呂振中譯本」、「新譯本」的譯文。

此外，也有一些書卷的標題同時出現「看見」和「話語」。阿摩司書是其中一個例子：「當猶大王烏西雅，以色列王約阿施的兒子耶羅波安在位的時候，大地震前二年，提哥亞牧人中的阿摩司得默示論以色列。」（一1）這節經文可直譯為「提哥亞牧人中的阿摩司的話，是他在猶大王烏西雅，以色列王約阿施的兒子耶羅波安在位的時候，大地震前二年，所看見有關以色列的。」經文指出阿摩司看見有關以色列的話，但沒有解釋他以甚麼途徑看見話語。彌迦書一章1節亦可直譯為「耶和華的話，就是在猶大王約坦、亞哈斯、希西家的時期臨到摩利沙人彌迦的，是他看見有關撒瑪利亞和耶路撒冷的。」它也表達先知彌迦是看見上帝的話語。最後，哈巴谷書也有類似的說法：「先知哈巴谷所得的默示」（一1），原文應為「先知哈巴谷所看到的**神諭**」。

*哈巴谷書一章1節的「得默示」（希伯來文：**maśśā᾽**，意即「上帝的諭令」）有「上帝的話」的含意。*

上文提及的3種標題形式都是以第三人稱的方式提及先知。因此，這些標題很可能不是先知自己加上去的，而是後來將先知的話及事迹編修在一起的人附加的。單從書卷的標題，已能反映先知書的內容是包含著編修的工作。這種現象在以西結書的標題尤為明顯。

> [1]當三十年四月初五日，以西結【原文是「我」】在迦巴魯河邊被擄的人中，天就開了，得見上帝的異象。[2]正是約雅斤王被擄去第五年四月初五日，[3]在迦勒底人之地、迦巴魯河邊，耶和華的話特特臨到布西的兒子祭司以西結；耶和華的靈【原文是「手」】降在他身上。（一1～3）

這段經文是由兩個標題組成：第一個是以第一人稱表達（1節），第二個則以第三人稱表達（2～3節）。若只有1節，讀者就無從知道這個「我」是指誰，所以2至3節是補充1節所需的資料，指出那個「我」原來是指布西的兒子祭司以西結。縱觀整卷以西結書，它是以第一人稱的表達形式出現。所以一章2至3節以第三人稱去指涉以西結的經文就很可能不是以西結所寫的，而是經過後人編修過的，他作如此的改動，是為了清楚說明書中那位「我」就是指以西結。

總括而言，先知書的標題足以反映先知書的內容，除了由作者本身寫成，亦有加上後人的編修工作，目的是要更清楚的說明整卷先知書的作者和內容所涉及的是哪位先知，他又身處哪個時代。

4.2.1.2. 先知書的眾多編輯

接續上一段落的討論，我們可以簡單說第一人稱的用法是反映「自傳式」的表達形式，而第三人稱則是「傳記式」的表達形式。前者是先知親身記載，後者則由其他人去記載先知的言行。這種觀察除了指出先知書的內容不一定全出自先知個人的手筆，還帶出另外一個含義，就是書卷中的自傳式及傳記式的內容，曾被後人作編輯和整合。這個（或多個）後人可以說是擔當著書卷的編修工作。

你對「先知書是經過眾多的編輯」這觀點有何看法？從不同人稱的表達方式，已反映編輯的過程是很仔細的。這對你讀經的態度有何啟發？

以耶利米書為例，書中有不少內容是敍事性的，二十八至四十五章是其中較長的一段。這些敍事很可能是他的書記巴錄的作品（參四十五1）。耶利米書也有自傳式的記載，這可見於十二至十三章、十五至十七章等。留意第五十一章64節最後一句是「耶利米的話到此為止」。若是如此，耶利米書五十二章的內容又是誰人所寫的呢？五十二章的內容基本上是與列王紀下二十四章18節至二十五章30節相同。所以耶利米書五十二章可能是一段「歷史補篇」，記載西底家如何背叛巴比倫王，巴比倫王如何攻陷耶城，擄去城中部分居民，以及掠去聖殿中的器皿，殺戮祭司長官，及後來約雅斤被釋放，並在巴比倫受到禮遇為止。這一章的內容應該不是由耶利米所寫，而是後人在收集耶利米的宣講後所補充的一些資料。這個補篇的目的是指出所補充的歷史事件的重要性（參五十二2～3）及對猶大羣體的影響。因此，耶利米書包括敍事、自傳及歷史補篇。這些不同類型的內容能夠結合成為一本書，是反映著當中有一個或多個編者曾對全書作過整理和編修。

4.2.1.3. 耶利米書的兩個版本：「馬所拉文本」和「七十士譯本」

耶利米書有兩個非常不相同的版本在流傳，這兩個版本就是「馬所拉文本」和「七十士譯本」。首先，在內容上「七十士譯本」比「馬所拉文本」較短七分之一。有學者統計「馬所拉文本」有3,097個字是在「七十士譯本」」的原文文本（*Vorlage*）中沒有出現，而「七十士譯本」也有307個字不是與「馬所拉文本」中的希伯來文對應。因著這歧異，它們彼此都有不同類型的差異。如：

你對於「馬所拉文本」和「七十士譯本」的背景認識有多少？嘗試從一些聖經詞典中了解它們多一點。

1. 詞彙上的不同。「馬所拉文本」有30多次稱呼耶利米為先知，但「**七十士譯本**」只有5次（一5，四十二2，四十三6，四十五1，五十一59）。
2. 在「馬所拉文本」重複出現的經文是沒有在「七十士譯本」中對應存在。例如：六章13至15節在內容上是與八章10節下至12節相同，但「七十士譯本」卻沒有將八章10節下至12節對應譯出來。
3. 還有一個較少的情況，就是在「**七十士譯本**」出現的詞，卻沒有在「馬所拉文本」中對應地出現，*pseudoprophētēs*（「假先知」）就是其中一個例子。這詞在「七十士譯本」共出現9次（六13，二十六7、8、11、16，二十七9，二十八1，二十九1、8；「七十士譯本」將「先知」譯作「假先知」），但在「馬所拉文本」卻從沒有出現這詞。

因「馬所拉文本」與「七十士譯本」經文編排次序有差異，「七十士譯本」的經文是：一5，四十九2，五十6，五十一31，二十八59。

「七十士譯本」與「馬所拉文本」對應的經文是：六13，三十三7、8、11、16，三十四9，三十五1，三十六1、8。

除內容外，兩者的差異也可見於經文的編排方面。這現象最明顯是在針對列國的神諭中。在「馬所拉文本」中，審判列國的神諭是在四十六至五十一章；不過，在「七十士譯本」這段審判列國的神諭則出現在二十五章13節上之後，即二十五章14節至三十一章44節。不但如此，列國出現的次序在「馬所拉文本」及「七十士譯本」中也是不同的。詳情參下表：

「馬所拉文本」經文	國家	「七十士譯本」經文
四十六1～28	埃及	二十六2～28
四十七1～7	非利士	二十九1～7
四十八1～47	摩押	三十一1～44
四十九1～6	亞捫	三十17～22
四十九7～22	以東	三十1～16
四十九23～27	大馬士革	三十29～33
四十九28～33	基達和夏瑣	三十23～28
四十九34～39	以攔	二十五14～20
五十1～五十一64	巴比倫	二十七1～二十八64

有學者認為「七十士譯本」的編排較為早期（約公元前3～1世紀譯成），而「馬所拉文本」（約公元6～10世紀編修而成）相對較後期。因此，「七十士譯本」採用了比「馬所拉文本」更為早期的希伯來文版本作翻譯。若果是這樣的話，「馬所拉文本」某部分的內容，如：審判列國的神諭，可能是曾經被編修過，所以它的文本極可能是來自編修早期文本的版本。換言之，耶利米書的「馬所拉文本」及「七十士譯本」編排上的差異可指出耶利米書是經過編修的工作，才以現存的形式流傳到今日。

除了「馬所拉文本」及「七十士譯本」外，死海古卷中也發現有耶利米書的抄本。不過，這些古卷只含有耶利米書部分內容。其中備受關注的是**4QJer^{b}**（耶九22～十18）和**4QJer^{d}**（耶四十三3～9）。它們之所以重要在於它們的內容與「七十士譯本」的相近，但與「馬所拉文本」的卻有頗大相距。有學者認為死海古卷的發現，能提供資料證明「七十士譯本」的耶利米書是譯自一份比現存「馬所拉文本」更早期的希伯來文文本。

這是古卷的編號。它由3個符號組成，4代表文獻被發現的洞穴編號，Q是指昆蘭（Qumran），Jer是該文獻名稱的縮寫和編號。所以4QJer^{b}和4QJer^{d}是指藏在昆蘭第四個洞的耶利米書卷b和d。

4.2.1.4. 十二小先知書的排列

十二小先知書其中有9卷的次序排列是依著歷史時序的(參4.1.2.「先知書的排列」),只有約珥書、俄巴底亞書及約拿書卻未必是按這原因編排,因其寫作日期不詳。然而,從現存不同的文本,發現傳統上有3種的排列方式。首先,是「馬所拉文本」的排列方式。它就是現時普遍被使用的聖經的排列方式,也是華人教會最熟悉的。其次,是「七十士譯本」。它與「馬所拉文本」不同的地方正就是約珥書、俄巴底亞書及約拿書的位置。最後,是死海古卷。在古卷發現中,第四個洞穴有7卷小先知書卷。其中最古老的是4QXII[a],大概是在公元前2世紀完成的。由於這些書卷未能完全被解開,所以只能知道它最後3卷書的次序。而這個次序與以上兩個截然不同。這3份文本對小先知排列次序詳列於下:

4QXII[a]	「七十士譯本」	「馬所拉文本」
	何西阿書	何西阿書
	阿摩司書	*約珥書
	彌迦書	阿摩司書
	*約珥書	*俄巴底亞書
	*俄巴底亞書	*約拿書
	*約拿書	彌迦書
	那鴻書	那鴻書
	哈巴谷書	哈巴谷書
	西番雅書	西番雅書
撒迦利亞書	哈該書	哈該書
瑪拉基書	撒迦利亞書	撒迦利亞書
*約拿書	瑪拉基書	瑪拉基書

凡*顯示書卷排列上的分別。

從上表可以明顯看到主要的差異在於約珥書、俄巴底亞書及約拿書的位置。4QXII[a]以約拿書作為小先知書的結束,「七十士譯本」則將這3卷書一併排在彌迦書之後;「馬所拉文本」雖然保留這3卷書的次序,但將它們放置在何西阿書、阿摩司書及彌迦書中間。值得注意的是「七十士譯本」及「馬所拉文本」的最後6卷小先知書的次序是完全一樣的。

這3個不同的編排方式帶來一個問題:究竟12卷先知書孰先孰後?要

解答這問題並不容易。我們必先關注每卷小先知書的標題、內容、體裁及各卷書的編輯歷史；然後就是處理書卷之間內容上相同和相似的地方；最後就是處理「七十士譯本」的翻譯問題。本書不會全面討論這課題，但會提出一些學者所討論出來的結論。有些學者認為在這3個次序中，最早出現的排列應該出自4QXII[a]，接著發展至「七十士譯本」，最後才是「馬所拉文本」的次序。這結論與耶利米書經文編排的情況相似(參4.2.1.3.「耶利米書的兩個版本：『馬所拉文本』和『七十士譯本』)，就是「七十士譯本」採用一份比「馬所拉文本」較早期的希伯來文版本，而「馬所拉文本」現存的文本形式是因後人編修而成的。

4.2.1.5. 小結

上文所討論的分別就著先知書的標題，書卷中以不同人稱的身分來記事，耶利米書的「馬所拉文本」及「七十士譯本」之差異，以及3個不同的十二小先知書的排列次序的傳統，初步探討先知書所呈現編修的痕迹。這些編修工作不但包括標題上的附加，或已有的內容作組織連繫，也會對過去的傳統作出修改。下文將會對這種編修方式的觀點作出更詳細的討論，並指出先知書成書過程中的複雜情況。

4.2.2. 成書過程

我們在4.2.1.「編修的痕迹」談及從兩個角度去看先知書的編修痕迹。第一是書卷的標題及不同形式的內容，即以第一人稱或第三人稱出發，來指出書卷中編修工作的存在。第二是比較「馬所拉文本」及「七十士譯本」這兩個版本的差異，再參考死海古卷的發現，來肯定現存的先知書並非由作者一次過寫下來，而是經過改寫、修訂、增刪和潤飾的過程才成型。本段落就著這個過程再作詳細的分析討論。這種從文本的歷史角度作出的研究分析，並不是要拆解先知書，而是正視先知書的本質，從而幫助讀者正確理解先知書的內容。

接著是討論先知書成書過程中的4個步驟：先知言論的記錄；後人的增刪改寫；先知作品由數卷書卷組合而成，以及排列與修訂。在這裏必

基於接著的內容會引用許多先知書的經文。在此建議你同時也花一點時間略讀先知書卷，以便更了解此書所討論的內容。

須指出的是，雖然接著的內容會按這次序討論這4個步驟，但這並不表示每一卷先知書都必然經過這4個步驟，因為某些書卷未必與其他的書卷並列在一起作編修；而且，這4個步驟是後來的學者經過研究，再綜合而成的。故此這不能顯示每一卷書成書的過程都必須依據這次序。這些步驟只能顯示先知書成書過程中較為可能經歷過的階段；即使如此，這些書卷也未必完全按照這4步驟的先後次序，甚至可以多次重複這些步驟而成的。

4.2.2.1. 先知言論的記錄

雖然有些先知書的標題說明那卷書是某位先知的話，例如耶利米書一章1節提及「耶利米的話」，但這是否表示先知書就像一部錄音機般，把先知所說的話逐字逐句錄下來，抑或它只是將先知實際所說的話作撮寫？下表是將耶利米書七章1至15節與二十六章作對比，嘗試處理這方面的問題：

耶七1～15	耶二十六1～6、9、13
	1猶大王約西亞的兒子約雅敬登基的時候，
1耶和華的話臨到耶利米說： 2「你當站在耶和華殿的門口，在那裏宣傳這話說：你們進這些門敬拜耶和華的一切猶大人，當聽耶和華的話。	有這話從耶和華臨到耶利米說： 2「耶和華如此說：你站在耶和華殿的院內，對猶大眾城邑的人，就是到耶和華殿來禮拜的，說我所吩咐你的一切話，一字不可刪減。3或者他們肯聽從，各人回頭離開惡道，使我後悔不將我因他們所行的惡，想要施行的災禍降與他們。
3萬軍之耶和華—以色列的上帝如此說：你們改正行動作為，我就使你們在這地方仍然居住。 4你們不要倚靠虛謊的話，說：『這些是耶和華的殿，是耶和華的殿，是耶和華的殿！』	4你要對他們說，耶和華如此說：…… 13現在要改正你們的行動作為……
5你們若實在改正行動作為，在人和鄰舍中間誠然施行公平，6不欺壓寄居的和孤兒寡婦，在這地方不流無辜人的血，也不隨從別神陷害自己，7我就使你們在這地方仍然	4……『你們若不聽從我，不遵行我設立在你們面前的律法，5不聽我從早起來差遣到你們那裏去我僕人眾先知的話(你們還是沒有聽從)，

居住，就是我古時所賜給你們列祖的地，直到永遠。[8]看哪，你們倚靠虛謊無益的話。[9]你們偷盜，殺害，姦淫，起假誓，向巴力燒香，並隨從素不認識的別神，[10]且來到這稱為我名下的殿，在我面前敬拜；又說：『我們可以自由了。』你們這樣的舉動是要行那些可憎的事嗎？[11]這稱為我名下的殿在你們眼中豈可看為賊窩嗎？我都看見了。這是耶和華說的。[12]你們且往示羅去，就是我先前立為我名的居所，察看我因這百姓以色列的罪惡向那地所行的如何。」[13]耶和華說：「現在因你們行了這一切的事，我也從早起來警戒你們，你們卻不聽從；呼喚你們，你們卻不答應。	[6]我就必使這殿如示羅，使這城為地上萬國所咒詛的。』」
[14]所以我要向這稱我為名下、你們所倚靠的殿，與我所賜給你們和你們列祖的地施行，照我從前向示羅所行的一樣。[15]我必將你們從我眼前趕出，正如趕出你們的眾弟兄，就是以法蓮的一切後裔。」	[9]你為何託耶和華的名預言，說這殿必如示羅，這城必變為荒場無人居住呢？」……

七章1至15節被稱為「聖殿講章」(Temple Sermon)，內容似乎與二十六章1至19節有關。

1. 兩段經文都將示羅與聖殿連在一起而論(七14，二十六6、9)，而且在耶利米書裏只有這兩段經文出現這情況(另參四十一5)。
2. 七章1至2節與二十六章1至2節的內容十分相似，都是指出上帝的話臨到耶利米，並差他到殿前宣講。
3. 七章3節、5節的「改正行動作為」也出現在二十六章13節。
4. 二十六章4節的「律法」這詞似乎代表七章5至6節中提及的各項立約規條。

那麼，七章1至15節與二十六章1至6節彼此間有何關係？首先，七章4節說了3次「是耶和華的殿」，這明顯是一種在實際講話時會採用的加強語氣的說話方式。其次，七章5至10節舉了不少具體例子說明聽眾所犯的罪，這更像一段說話的模式，而且是有對象的。最後，若仔細研讀，必定發現七章1至15節的內容信息比二十六章1至6節更詳細及更多發揮。相對而言，二十六章1至6節就較為精簡。不少學者因此認為二十六章1至6節其實是綜合七章1至15節的信息內容。七章1至15節似乎是耶利米一段未經刪改的宣講，而二十六章1至6節則將前者撮要的記錄下來。故此，二十六章的內容重點在於記載耶利米的「聖殿講章」所帶來的結果，就是他的講話帶來眾人的不滿，他們甚至想將他置諸死地。只是後來經過審訊後，耶利米才倖免於難。因此，二十六章1至6節將耶利米的宣講重點說明出來，然後再論及其後來引發出來的事。

先知書卷「所記錄的並非完全把先知曾經在具體歷史場境中所宣講過的每一句話。」你對這觀點有何看法？

雖然先知書卷的標題甚至內容，經常提到所記載的是先知的話語，又或是上帝差派先知去宣講的話語，但所記載的內容不一定是將先知的講話，逐字逐句的完全記錄下來。有些記載較為接近宣講的內容（參耶七1～15），但亦有些只是講話內容的撮要（參耶二十六1～6）。因此，先知書卷的形成雖然以先知言論的記錄作為開始，但所記錄的並非完全把先知曾經在具體歷史場境中所宣講過的每一句話。

4.2.2.2. 後人的增刪和改寫

你如何詮釋「人不能隨意修改上帝的話語」這句話？若聖經真的經過修改，你會以甚麼觀點來接納這事實？

在先知話語的流傳過程中，後人會對這些話語作出增刪和改寫。不過，有人認為這是不可能發生的，也不應該發生的事，他們的立論在於：人不能隨意修改上帝的話語。然而，正因為傳遞這些話語的人明白到上帝透過先知所宣講的話語是重要的，這些話語不但對先知當代的人是適切的，甚至對後來的人的處境及時代也有其適切性。所以，他們認為他們有責任將先知的話語以嶄新的方式表達出來，或者將之修改，為要令它能夠切合新的處境。下文會以多個例子去闡明這個現象。

在耶利米書二十五章15至29節，上帝藉先知宣告列國都要喝上帝憤怒的酒，這是指祂會使刀劍臨到這些國家（16節）。「使刀劍臨到」這短句意思是指「帶來戰爭」。上帝使用巴比倫作為向列國爭戰的工具。然而，奇怪的是，

26節下提及「萬國喝了，以後示沙克王也要喝」。學者一般都同意「**示沙克**」(希伯來文：*šēšak̲*) 是「巴比倫」的一個代碼；而且，五十一章41節也將示沙克與巴比倫平行對應。所以這節經文的意思是指巴比倫是上帝用來攻擊列國的工具，這就是上帝使列國喝下的憤怒的杯。作者使用「示沙克」這個代碼不是因為懼怕巴比倫人報復，若是如此，他們不會公開宣告巴比倫的受罰(二十五12)。這可能只因當時的猶太人慣用這代號來指巴比倫，又或這是作者的一種修辭用法。不過，若將「示沙克」指涉巴比倫，亦會出現另一個問題，就是如何解釋巴比倫「以後也要喝」這片語。巴比倫自己怎能喝這杯，成為攻擊自己的工具呢？這似乎是不恰當的。值得留意的是「七十士譯本」並沒有「以後示沙克王也要喝」這句；此外，在五十一章41節也沒有「示沙克」這詞。所以，早期的文本很可能沒有「以後示沙克王也要喝」這短句，而它亦與上下文不一致。因此，有足夠理由指出這短語是後人加上去的，為要讓當代的讀者知道上帝對列國的刑罰也同樣會臨到巴比倫，亦再次說明巴比倫也會受上帝的審判。我們甚至可以大膽假設，當編者加插這句子時，巴比倫已經覆亡。

「現代中文譯本」及「呂振中譯本」索性將它譯作「巴比倫」，但「呂振中譯本」加上註解：「原文：『示沙克』，巴比倫的暗號」。

再引用耶利米書二十七章16至22節來解說後人增刪內文的情況。下表(見後頁)將這段經文的「馬所拉文本」與「七十士譯本」作平行對比。「馬所拉文本」這一欄的中譯本採自「和合本」，「七十士譯本」的是修改自「和合本」；而「七十士譯本」的三十四章即「馬所拉文本」的二十七章。

這段經文反映出「馬所拉文本」明顯比「七十士譯本」長。除了一些細微的差異外，兩段經文最不同的地方是在於論及殿中器皿的命運(18～19節)。「馬所拉文本」提及的，是那些在巴比倫擄去約雅敬的兒子耶哥尼雅(即約雅斤)時所沒有帶去的殿中的器皿，也將會被帶去巴比倫。只是到了後來上帝眷顧以色列人的日子，這些器皿才會被帶回耶路撒冷。所以，當那些先知宣告殿的器皿將「快要」被帶回耶城，耶利米便呼籲人民不要聽從他們的話(16節)。然而，「七十士譯本」只提及這些器皿被掠去，而沒有提及上帝眷顧以色列人的日子，也沒有提及這些器皿將會歸回耶城。因此，「七十士譯本」內容的重點不是在器皿會否「快要」帶回耶城，只針

「馬所拉文本」耶二十七16～22	「七十士譯本」耶三十四16～22
16我又對祭司和這眾民說：「耶和華如此說：你們不可聽那先知對你們所說的預言。他們說：『耶和華殿中的器皿快要從巴比倫帶回來』；其實他們向你們說假預言。	16我又對這眾民和祭司說：「耶和華如此說：你們不可聽那先知對你們所說的預言。他們說：『耶和華殿中的器皿要從巴比倫帶回來』；其實他們向你們說假預言。
17不可聽從他們，只管服事巴比倫王便得存活。這城何致變為荒場呢？	17我沒有差他們，
18他們若果是先知，有耶和華的話臨到他們，讓他們祈求萬軍之耶和華，使那在耶和華殿中和猶大王宮內，並耶路撒冷剩下的器皿，不被帶到巴比倫去。	18他們若果是先知，有耶和華的話臨到他們，讓他們祈求我，
19(因為萬軍之耶和華論到柱子、銅海、盆座，並剩在這城裏的器皿，	因為萬軍之耶和華說。 19並剩在這城裏的器皿，
20就是巴比倫王尼布甲尼撒擄掠猶大王約雅敬的兒子耶哥尼雅，和猶大、耶路撒冷一切貴胄的時候所沒有掠去的器皿。)	20就是巴比倫王 擄掠 耶哥尼雅 的時候所沒有掠去的器皿。
21論到那在耶和華殿中和猶大王宮內，並耶路撒冷剩下的器皿，萬軍之耶和華—以色列的上帝如此說：	21
22必被帶到巴比倫存在那裏，直到我眷顧以色列人的日子。那時，我必將這器皿帶回來，交還此地。這是耶和華說的。」	22必被帶到巴比倫。 這是耶和華說的。」

凡「馬所拉文本」加插底線的是「七十士譯本」所沒有的內容；凡「七十士譯本」不同字體的則是與「馬所拉文本」不同之處。

對那些宣講殿內器皿會回歸耶城的先知。從兩個文本的比較，可見「馬所拉文本」比「七十士譯本」多出來的經文，較有可能是後加的，目的是將原本負面的信息加上正面的元素，指出殿中的器皿雖然曾被掠去至巴比倫，但將來某個日子，上帝的恩典會使這些器皿歸回原處。在當時的情況，耶利米勸告以色列人要臣服於巴比倫王，也不要以為他們很快就能脫離巴比倫王的軛（參耶利米書二十八章「耶利米及哈拿尼雅的爭論」）。所以，耶利米當時不可能一方面責備先知，同時又宣告殿的器皿會回歸這個正面的信息。只是到了後期，有人加上這個正面信息，目的是期望這樣能鼓勵後來的讀者，堅固他們的信心，使他們知道上帝是不會離棄他們的。終有一天，上帝會再次眷顧以色列人，使器皿回歸聖所。

第三個例子也出自耶利米書十章4至10節，它同樣有兩個版本。第一個是「馬所拉文本」，另一個是「七十士譯本」，死海古卷4QJer^{b}的內容則與「七十士譯本」相近。現將經文並列於下表：

「馬所拉文本」(引自「新譯本」)	「七十士譯本」(試譯)
4「他們用金銀把它【指偶像】修飾，用釘子和鎚子把它釘牢，使它不能搖動。5它們像瓜田裏的稻草人，不能說話；它們必須要人抬著走，因為它們不能走路。你們不要害怕它們，因它們不能降禍，也不能降福。」6耶和華啊！沒有可以跟你相比的；你是偉大的，你的名大有能力。7萬國的王啊！誰敢不敬畏你呢？這是你應得的。因為在列國所有的智慧人中，以及在他們的全國裏，沒有可以跟你相比的。8他們全是頑梗愚昧，他們所領受的教導是來自那些虛無、木做的偶像。9那些偶像鑲有經過錘煉的銀片，銀子是從他施運來的，也有從烏法運來的金子，都是匠人和金匠手作的產品。它們穿著藍色和紫色的衣服，全都是巧匠的作品。10只有耶和華是真神；祂是永活的上帝，是永遠的君王。他一發怒，大地就震動，萬國都不能抵受他的忿怒。	4它們【指偶像】是以金銀裝飾，他們用鎚子和釘子釘牢它們；5他們豎起它們以致它們不能移動。以銀造成，它們不能行走；有銀子打成片，9那些銀是從他施帶來，金是從烏法帶來，由金匠和銀匠巧手鑄造。它們穿上藍色和紫色的衣服，這全都是由巧工縫製。5它們必須被抬著，因為它們不能走路。你們不用怕它們，因為它們不能降禍，它們中間也沒有好處。

左邊欄加上底線的字是「七十士譯本」沒有的。

兩個版本最重要的差異在於「七十士譯本」沒有「馬所拉文本」的6至8節、10節這4節經文；此外，它又將第9節的經文放在第5節之間。學者對「馬所拉文本」及「七十士譯本」之間的關係有不同的意見。不過，值得留意的是「馬所拉文本」多出來的內容基本上與耶和華上帝有關。這些經文強調祂無可比擬的屬性，指出不單偶像不能與祂相比，即使是列國中的智者在祂面前也只不過如畜類般愚昧。

這兩個版本有如此的差異，基本上有兩個可能性。第一、「七十士譯本」比「馬所拉文本」較早完成，而「馬所拉文本」多了的經文是後加的。第

二、「七十士譯本」將原本的內容作了撮要的翻譯。這兩個可能性中，後者發生的機會較低，因為從上下文看，我們找不到原因令到「七十士譯本」的譯者作如此的撮寫，特別是這段經文是涉及描述耶和華上帝的屬性的。所以，我們有理由相信額外的內容確實是後加的。這段經文是強化原本只是針對列國風俗所發出的警告，為要讓讀者看到先知不單批評列國的偶像敬拜行為，更從其中帶出並強化耶和華上帝無可比擬的屬性，並與無能的偶像作對比，顯出耶和華是大能的。

上文所列舉的例子，是從同一段經文在「馬所拉文本」與「七十士譯本」這兩個版本中出現的差異，來證明有些經文是經後人增刪改寫的。

接著是提出一些在同一卷書中出現類似重復的經文，來指出其中一段經文是改寫另一段經文的。耶利米書六章22至24節及五十章41至43節便是其中一個例子：

耶六22～24	耶五十41～43
[22]耶和華如此說：看哪，有一種民從北方而來，並有一大國　被激動，從地極來到。 [23]他們拿弓和槍，性情殘忍，不施憐憫；他們的聲音像海浪匉訇。錫安城啊，他們騎馬都擺隊伍，如上戰場的人要攻擊你。 [24]我們聽見　他們的風聲，手就發軟；痛苦將我們抓住，疼痛彷彿產難的婦人。	[41]看哪，有一種民從北方而來，並有一大國和許多君王被激動，從地極來到。 [42]他們拿弓和槍，性情殘忍，不施憐憫；他們的聲音像海浪匉訇。巴比倫城啊，他們騎馬，都擺隊伍如上戰場的人，要攻擊你。 [43]巴比倫王聽見他們的風聲，手就發軟，痛苦將他抓住，疼痛彷彿產難的婦人。

凡下加線的位置顯示兩段經文最不相同的地方。

耶利米書六章22至24節的神諭是針對耶路撒冷，對象是「錫安城」(23節)。上帝使用了從北方而來的民作為審判耶路撒冷的工具。這民所指的當然是巴比倫(參耶五15)。面對這樣的敵人，耶城的人沒有能力對抗，他們有如產難的婦人般被疼痛抓著，不能自救。五十章41至43節雖與六章22至24節甚為相似，但審判的對象卻不再是耶城，而是巴比倫。

若要了解這兩段經文的關係，必須先留意五十至五十一章是一系列審判巴比倫的神諭。五十章39至46節是由3篇神諭組成(39～40、41～43、

44～46節），而這3篇神諭各自有它們的平行經文：39～40節 // 賽十三19～22（這段經文是審判巴比倫）// 耶四十九18（這段經文是審判以東）；41～43節 // 耶六22～24（後者是審判耶路撒冷）；44～46節 // 耶四十九19～21（後者是審判以東）。所以，很可能後人將原本位於不同地方的3段經文結集，再修改其原本宣講的對象，然後整合成為一篇針對巴比倫的神諭。後人將一篇神諭修改，然後再應用在不同時代的對象身上。這可以說是將先知神諭「循環再用」呢！在這裏再舉多一個例子：耶利米書二十一章11至12節與二十二章1至5節的比較。

耶二十一11～12	耶二十二1～5
11「至於猶大王的家， 你們當聽耶和華的話。 12大衛家啊，耶和華如此說： 你們每早晨要施行公平，拯救被搶奪的脫離欺壓人的手，恐怕我的忿怒因你們的惡行發作，如火著起，甚至無人能以熄滅。	1耶和華如此說：「你下到猶大王的宮中，在那裏說這話， 2說：『坐大衛寶座的猶大王啊，你和你的臣僕，並進入城門的百姓，都當聽耶和華的話。 3耶和華如此說： 你們要施行公平和公義，拯救被搶奪的脫離欺壓人的手，不可虧負寄居的和孤兒寡婦，不可以強暴待他們，在這地方也不可流無辜人的血。4你們若認真行這事，就必有坐大衛寶座的君王和他的臣僕百姓，或坐車或騎馬，從這城的各門進入。5你們若不聽這些話，耶和華說：我指著自己起誓，這城必變為荒場。』」

凡下加線的詞或片語表示兩段經文裏相同的用字。

這兩段經文明顯有不少相同的用字，其中包括「猶大王的家／宮」（「家」與「宮」的希伯來文是同一個詞：*bêṯ*）、「當聽耶和華的話」、「耶和華如此說」、「公平」、「拯救被搶奪的脫離欺壓人的手」。當然，這些用詞或片語也出現於書卷裏其他地方，但在短短兩三節經文中有這麼多相同的用語，就更足以表明這兩段經文是有關連的。在耶利米書二十一章11至12節，耶利米向猶大國王室裏的人說話，提醒他們每早晨要判定公平，幫助被欺壓的人。每早晨王室的人有責任在城門口施行審判及判斷是非（參撒下十五1～6），若果他們不這樣做，上帝的憤怒就會臨到他們。經文似乎將王室人員應作而沒有作的罪（sin of omission）視為不應作而作的「惡行」（sin of commission）。這樣的宣判看來實在是有點兒過重。二十二章1至5節同樣是一篇針對猶大王室的神諭，並清楚說明猶大王的家就是指坐大衛寶座的猶大王，他的臣僕及百姓（2節）。這段內容是上帝向耶利米所說的話，然後由耶利米再向猶大王宣講，而不是耶利米在之前已向猶大王的家宣講過的話。二十二章所指猶大王室人員的行為，分為兩類（3節）：第一類與二十一章12節列出的相同，就是正面指出猶大王室應當作的事：判定是非，為被欺壓者伸冤。第二類就是反面地指出他們不應當行的事：以強暴待人及流人血。因著後者的行為，他們會遭受上帝嚴厲的刑罰（5節）。將兩段經文作對比後，便發現二十二章1至5節是解釋二十一章11至12節中提到上帝要徹底刑罰猶大王室的原因。因此，二十二章1至5節極有可能是後人加插的，它可說是二十一章11至12節的註釋。二十一11至12節這原本的經文所記載的刑罰是過重的，而二十二章1至5節就加上更多罪行，令這個刑罰看起來合理得多，讓人更能接受這個信息。

大部分英文及中文譯本都將「馬所拉文本」和「七十士譯本」二章1至2節的經文當作一章9至10節。故此二章16至20節在原文聖經是二章18至22節。這種情況的出現是因不同傳統對分章節的不同理解。

除了上文所提的情況外，甚至亦有一些情況，就是只須仔細觀察一段經文的內容，而不需要透過兩段經文的比較，也可以判斷這段經文是經後人改寫的。其中一個例子是**何西阿書二章16至20節**（「新譯本」）：

16耶和華說：「到那天，你必稱呼我『伊施』【「伊施」
意即「夫」】，不再稱呼我『巴力』（【「巴力」希伯來
文*baʿal*，意即「主」】。17我要把『巴力』的名字從<u>她</u>
口中除掉；<u>它們</u>的名字沒有人再提起。18到那天，
為了<u>他們</u>，我必和田野的走獸，空中的飛鳥，地
上的爬蟲立約；我必從這地折斷弓弩、刀劍和兵器；使<u>他們</u>安
然居住。19我必聘<u>你</u>永遠歸我，以公義、正直、忠信和憐憫聘<u>你</u>
歸我。20我必以信實聘<u>你</u>歸我；這樣，你就必認識耶和華。」*

*凡下加線的代名詞是要凸顯經文特別之處。

17節的「巴力」（希伯來文：*habbəʿālîm*）是16節「巴力」的同音異義詞，是專有名詞，指當時迦南人所信奉的宗教。它沒有性別（gender）及數式（number），但它的代名詞是用複數表達，暗示信奉巴力的人，不止敬拜一個神祇。

整段經文多次出現「我」這代名詞，顯示上帝以第一人稱說話。「稱呼」（16節；希伯來文：*tiqrəʾî*）這動詞是以陰性第二人稱單數表達，指以色列國。但接著兩節經文所出現的動詞卻不用「妳」，而是用「她」和「他們」來表達（17～18節）。17節「它們」是這節中「**巴力**」的代名詞，而17、18節的「她／他們」似乎是指「以色列國／以色列人」。這兩節經文都以第三人稱表達，顯示耶和華說話的對象不是以色列國，也不是「巴力」，而是另有其人。上帝轉了說話的對象，而這受眾成為中間人，見證上帝與地上的動物立約，並見證祂必止息干戈，使以色列人可以安穩地居住生活。然而，19至20節再次出現「你／妳」。若果刪掉17、18節，這段經文的內容將會是：

> 16耶和華說：「到那天，你必稱呼我『伊施』，不再稱呼我『巴力』……
> 19我必聘你永遠歸我，以公義、正直、忠信和憐憫聘你歸我。20
> 我必以信實聘你歸我；這樣，你就必認識耶和華。」

這樣的刪改使16至19節的內容變得一致，亦能帶出將來上帝與以色列的關係是如何美好。這樣的關係尤似夫妻的關係，耶和華上帝是以色列的丈夫，祂以各樣德行來聘娶以色列作祂的妻子。

相反，第17至18節的插入，不但出現代名詞上的混淆，更重要的是與整段經文的信息不大協調。17節所關注的是以色列人宗教的現況，以色列人將耶和華及巴力宗教融合在一起。「巴力」崇拜泛指敬拜外邦偶像，可見所針對的事情已不再是宗教混合，而是偶像敬拜。18節指出以色列人可與動物和諧共處，並且也與列國和平共存；地上再沒有戰爭，以色列人因此亦可以安然居住。因此，17和18節與16、19至20節所描繪的圖畫截然不同，所以有學者認為這段經文是後人加插的，目的很可能是為了要詮釋原本經文的內容。

16節提及耶和華自已說祂不是「主人」。這「主人」與「巴力」同音，這暗示以色列人看耶和華是「巴力」宗教其中一個神祇（或偶像），所以17節加上一個詮釋，清楚說明不但不能將耶和華上帝的敬拜與巴力禮儀混為一談，更不應敬拜各種的偶像。16節又提及耶和華是以色列人的「丈夫」，表示兩者有約的關係。因此，18節就將16節的約的關係帶出另外一個約的關係，就是人與動物之間約的關係，兩者能和平共處。上帝又平息干戈，目的是要使以色列人能安然居住。所以，後加經文的內容重點雖然與原本的有所差異，但其基本思路卻建基在原本內容的理念之上，也可以說是延展原本內容，作為補充。

讀完這部分的內容所列出的例子後，會否增加你對先知書的認識？請繼續讀下去，你會發現更多的驚喜！

以上的例子包括比較一段經文在「馬所拉文本」及「七十士譯本」之間差異，又列出在同一卷書中出現的類似經文，以及某些段落中內容的多樣化，從而指出並證明先知書卷中的確包含後人增刪改寫的內容。這現象對於如何理解先知書有一定的重要性。

4.2.2.3. 先知作品由數卷書卷組合而成

有些學者甚至將九至十四章再分為九至十一章和十二至十四章兩部分。

除了個別經文顯示出有後人的增刪修改的痕迹外，學者也指出某些先知書卷很可能是由數卷較短的書卷組合而成，第一個例子是撒迦利亞書。學者一般同意此書由一至八章和九至十四章這**兩部分**組成。它之所以分為兩部分，是因為其內容、寫作手法和用字上有很大的差異。現列舉出其中3方面的差異作為參考。

首先，一至八章寫作的背景屬被擄回歸後，是波斯王大流士管治時期。書卷中記載著一些歷史日期（一1、7，七1），似乎它的內容是關注到歷史實況。此外，也有提及歷史人物如約書亞（三3、4、6、8～9，六11）和所羅巴伯（四6、7、9～10），但九至十四章則沒有任何歷史日期、歷史人物，記載的方式也非歷史性，而是以末世性的方式及天啟文學體裁來表達。

參一8、18、20，二1，三1，四2（共出現兩次），五1、2、5、9，六1。

此外，在撒迦利亞書裏，「看見」（希伯來文：***rā'āh***）這詞原文共出現20次，其中有**12次**是指「看見」異象，它們全都在一至八章裏出現，並以「我」這第一人稱代名詞來表達，表示看見異象的人便是書中所提及的撒迦利亞。然而，九至十四章則完全沒有提及任何的異象，但卻有提及「默示」(九1，十二1；希伯來文：*maśśā'*，意即「神諭」)這詞，但作者沒有說明宣講這些話的人是誰。

還有的是，這兩部分所採用的公式用語有所不同，例如「(萬軍之)耶和華的話臨到我／撒迦利亞」這片語只出現在一至八章；此外，「(萬軍之)耶和華如此說」在全書共出現20次，但九至十四章只出現1次。可見這兩部分是有不同的寫作風格的。

這些明顯的差異足以令學者相信，撒迦利亞書應分為一至八章和九至十四章這兩部分。

第二個例子是最為人所知的，就是以賽亞書。傳統的歷史鑒別學指出以賽亞書是由3卷著作組合而成的。這3卷著作就是一至三十九章、四十至五十五章、五十六至六十六章。它們分別稱為第一、第二和第三以賽亞。以下是支持學者有這樣的想法的其中3個原因。

第一、「以賽亞」這個名稱在一至三十九章裏共出現16次，但在四十至六十六章卻完全沒有出現。如果一至六十六章原本屬於同一卷書，這情況就有點難以費解。或許有學者認為是基於兩者的內容或體裁不同，但這也不能合理地解釋這種現象。

第二、若從經文所反映的歷史背景看，一至三十九章的內容是發生在公元前8世紀期間，當時亞述正稱霸近東一帶地區。相對而言，四十至五十五章的內容則反映公元前6世紀的情況。當時聖殿已經被毀，以色列人亦已被擄至巴比倫，而且正在等待上帝拯救他們脫離巴比倫的軛，回歸故土。這段經文也提及波斯王塞魯士(四十四28，四十五1)。若返回公元前8世紀，當時的巴比倫只不過是亞述帝國中的一個城鎮，沒有人會想到它會蓬勃起來，更不用談上帝要懲罰巴比倫，拯救以色列人。此外，五十六至六十六章所描述的歷史背景較近似是在公元前515至480年間，即被擄後期及波斯時期。由此可見，整卷以賽亞書的內容涉及3個不同的歷史背景。

第三、有學者指出第二及第三以賽亞在內容理念上亦有不同，其中一個例子是它們對以色列的得救有不同的看法。第二以賽亞指出波斯王塞魯士是上帝的牧人(四十四28)及受膏者(四十五1),他不但被上帝使用來拯救以色列的工具,更為上帝重建聖殿及聖城(四十四28,四十五13)。然而,第三以賽亞則沒有提及塞魯士,而以色列的得救不是依靠任何人,乃是出於上帝自己(五十九16,六十三5)。而且,上帝的拯救是末世性的,祂要在火中降臨(六十六15),又造了新天新地(六十六22)。

此外,第二以賽亞是借以色列人的「出埃及傳統」(exodus tradition)來表達他們的救贖。當以色列人從巴比倫出來的時候,上帝便引導他們經過沙漠,又令磐石出水,使他們不致乾渴(四十八20～22)。第三以賽亞卻沒有採用這個傳統去理解以色列人的得救,但多次指出以色列必然從新得回地土(五十四3,五十七13,六十21)。

這些例子著意指出為何學者認為現存的以賽亞書確實是由3卷在不同時代、由不同人物寫成的書卷合併而成的。

這個結論立刻帶出另一個問題,就是為何這些出自不同作者的書卷會被合併在一起,而成為一卷書呢?事實上,第一、第二及第三以賽亞的著作合併成為屬於先知以賽亞的作品,並非偶然,而是有其原因。

首先,將這些書卷合併的人期望給予這些書卷一個權威性的作者,並為一至三十九章提供一幅更正面、更有盼望的圖畫。其次,縱然這些書卷出自不同時代的人的手筆,但它們仍然有相當程度的連貫性。它們雖不是同時期寫的,但卻似是出自同一門派的作品,而較後期的人以不同的手法和重點,將前人的用語,再次呈現在作品中。現舉例子說明這一點。

例一:比較五十二章12節和五十八章8節

你們出來必不致急忙,也不致奔逃。因為,耶和華必在你們前頭行;以色列的上帝必作你們的後盾。(五十二12〔第二以賽亞〕)

這樣,你的光就必發現如早晨的光;你所得的醫治要速速發明。你的公義必在你前面行;耶和華的榮光必作你的後盾。(五十八8〔第三以賽亞〕)

前者「以色列的上帝必作你們的後盾」是形容以色列人從被擄之處出

來，它用了「出埃及傳統」的用語去表達。後者「耶和華的榮光必作你的後盾」則沒有前者的上下文，它單單形容以色列人因行善而得到上帝的祝福。五十八章8節較五十二章12節更為抽象，亦更強調上帝的超越性。

例二：五十五章5節及六十章9節

你素不認識的國民，你也必召來；素不認識你的國民也必向你奔跑，都因耶和華—你的上帝以色列的聖者，因為他已經榮耀你。（五十五5〔第二以賽亞〕）

眾海島必等候我，首先是他施的船隻，將你的眾子連他們的金銀從遠方一同帶來，都為耶和華—你上帝的名，又為以色列的聖者，因為他已經榮耀了你。（六十9〔第三以賽亞〕）

這兩段經文都強調上帝榮耀了以色列，但分別在於後者加上「的名」這片語。這片語就將原來指耶和華自己改為耶和華的名字。這修改增加了上帝與以色列人的距離，從而更強調上帝的超越性。

以上所列舉的例子，是要指出不同時代寫成的書卷能夠合併成為一卷書，很可能是因為這些書卷之間有某些相關地方，縱然它們並非出於同一位作者。

4.2.2.4. 編輯的排列修訂

上文提及先知書的形成過程中可能出現的幾個步驟，就是首先將先知的言論或生平事迹記錄下來，然後在流傳的過程中有後人對這些記錄作出增刪改寫，期間很可能將不同作者的著作合併而成為一卷書。當然，在這個過程中不會缺少的就是有編者進行編排整理的工作。

編輯的工作可以是將多個先知在不同時間所宣講的神諭，結集成一個較大的單元。試參考耶利米書七章1節至八章3節，它可說是由4個片段組成，這4個片段基本上是與祭禮敬拜有關。因為這些不同神諭有相同的主題，故此被置放在一起。

七1～15	這是耶利米站在殿門口的一篇宣講，為要警告猶大人不可行惡及敬拜偶像，否則聖殿就會如示羅般成為荒涼。
七16～20	警告以色列人若繼續拜天后及其他神祇，上帝的憤怒必臨到他們身上。
七21～28	指責行惡者縱然獻祭，也不會蒙上帝的悅納。
七29～八3	指責猶大人將偶像放在聖殿中，上帝必按他們的惡行刑罰他們。

再從以西結書二十九至三十二章作為例子，看看後人如何將數段主題相同的經文結集在一起。在這4章裏，編者將7篇神諭收集在一起。現將它們以表列出：

宣講的段落	宣講的日期
二十九1～16	第十年十月十二日
二十九17～21	二十七年正月初一日
三十1～19	沒有記載宣講的日期
三十20～26	十一年正月初七日
三十一1～18	十一年三月初一日
三十二1～16	十二年十二月初一日
三十二17～32	十二年十二月十五日

除了三十章1至19節這篇神諭外，其他6篇都有一個共同點，就是記錄了這些神諭宣講的日期，除了二十九章17至21節外，其餘的都是順序的。可見，這些神諭出自不同的時間，亦反映是後人將它們編排在一起的。編者按著時序將這些神諭編排在一起，原因很可能是這些神諭有同一個具體的主題：審判埃及。

再以耶利米書四十六章這相似的例子解說這種情況。若將這章聖經分段，便發現第1節是標題，而接著的可拆分為2至12節、13至24節、25至26節及27至28節等4段經文，分別形成4篇神諭。再從內容看，前3篇都是以審判埃及為主題，而27至28節則是一篇「拯救神諭」。這篇神諭是為之前3篇的宣講作結語，指出上帝恩待以色列人。

為何一段「拯救神諭」竟出現兩次？

耶利米書四十六章27至28節這篇神諭與三十章10至11完全相同。後人將同一段拯救神諭放置在兩段經文中，是有其不同的意義。三十章10至11節是宣布以色列人的審判，他們將遭受埃及人的蹂躪，而結束之前，卻帶出一篇拯救神諭，為要安慰那些以色列人。但是，四十六章27至28節是宣布埃及人的審判，在結束之前，同樣是加插一段拯救神諭，其目的雖然仍是安慰以色列人，但意義上卻有些微分別。編者在四十六章27至28節作這樣的鋪排，目的可能是將埃及和以色列將來的命運作比較，要讓聽到這信息的人知道，上帝是為祂的子民——以色列——審判埃及人，以此來凸顯上帝如何恩待祂的子民。

除了將針對某一國家的神諭結集成一段的經文外，先知書卷中也有將審判不同國家的神諭結集成一個較大的單元。其中一個例子是阿摩司書一章3至二章3節。這段經文收集了6篇針對列國的神諭：

經文	神諭的對象
一3～5	大馬士革
一6～8	非利士
9～10	泰爾
一11～12	以東
一13～15	亞捫
二1～3	摩押

這6篇神諭可以說是審判猶大國及以色列國的神諭的前奏（參二4～16），為要指出猶大國及以色列國所行的絕對不比列國的好。

同樣地，耶利米書四十六至五十一章也是收集了一系列審判列國的神諭，此數章經文詳細的分段可參4.2.1.3.「耶利米書的兩個版本：『馬所拉文本』和『七十士譯本』」。這種現象同樣出現於以西結書二十五至三十二章。它將一系列審判列國的神諭結集合在一起。詳細分段如下：

經文	神諭的對象
二十五1～7	亞捫
二十五8～11	摩押
二十五12～14	以東
二十五15～17	非利士
二十六1～二十八19	泰爾
二十八20～26	西頓
二十九1～三十二32	埃及

除了耶利米書及以西結書有這樣的結集外，以賽亞書也有類似的結集，這可見於十三至二十三章。

經文	神諭的對象
十三1～十四23	巴比倫
十四24～27	亞述
十四28～32	非利士
十五1～十六14	摩押
十七1～14	大馬士革
十八1～7	古實
十九1～二十6	埃及
二十一1～10	巴比倫
二十一11～12	度瑪
二十一13～17	阿拉伯
二十二1～25	耶路撒冷
二十三1～18	泰爾

這種編輯方式亦可從整卷書的結構中觀察到。從以西結書整卷書看，它可以清晰地分為3部分：第一部分的主題是審判以色列（一～二十四章），第二部分的主題是審判列國（二十五～三十二章），第三部分是拯救神諭和論及以色列的復興（三十三～四十八章）。這種3分法的編排次序（審判以色列國、審判列國及復興以色列國）也出現在數卷先知書裏，例如以賽亞書。以賽亞書一至三十九章大致可分為5部分：審判以色列（一～十二章）、審判列國（十三～二十三章）、末世性宣講（二十四～二十七章）、安慰與復興的神諭（二十八～三十五章）、歷史補篇（三十六～三十九章）。此外，西番雅書也有類似的分段：審判猶大（一1～18）、審判列國（二1～15〔三1～4〕）、以色列國的復興（三5～20）。最後，「七十士譯本」的耶利米書的內容結構是與「馬所拉文本」的不同，「七十士譯本」的不同正與上文所提及的結構類別相似。

「馬所拉文本」	「七十士譯本」
耶利米蒙召（一章） 審判猶大及耶路撒冷（二1～二十五14） 審判列國（二十五15～38）	耶利米蒙召（一章） 審判猶大及耶路撒冷（二1～二十五14） 審判列國（二十五15～三十二38）

耶利米的故事（二十六～三十六章）	耶利米的故事（三十三～四十三章）
耶路撒冷淪陷前後（三十七～四十五章）	耶路撒冷淪陷前後（四十四～五十一章）
審判列國（四十六～五十一章）	
歷史補篇（五十二章）	歷史補篇（五十二章）

雖然耶利米書論及以色列的復興的篇幅不多（參三十～三十一章〔上帝和以色列人所立的「新約」〕），但「七十士譯本」的編排卻明顯地呈現審判猶大國及審判列國的次序。無論如何，這種3分編排是有其明顯的目的，就是將以色列國的復興這正面的信息放在結構中最後的段落，作為宣講的總結，將盼望帶給讀者。

上文提過將神諭結集的原則，就是那些不同的段落彼此之間必須有同一個主題。不過，亦有情況，是某些神諭被編排在一起時，並不是因為有相同的主題，而是因為有相似的用字或語句。現用以西結書中幾段經文來探討這種情況。以西結書十四章1至11節是論及若果以色列人心中仍有別的偶像，就不應去求問先知；而接著的12至23節則指出義人只能因他自己的義救自己的生命，其他人是不能因這義人的義而得救。這兩段經文在內容上並沒有任何共通的地方，但卻以先後次序被編排在一起。這情況出現的其中一個原因，可能是兩段經文同時出現「剪除」（參8、13、17、19、21節）這詞。「剪除」這詞就成為連繫這兩個神諭的鑰詞。接著的十五章1至8節是將以色列比喻為只能當作柴燒而又無用的木。這段經文被放置在這裏，可能是因為「干犯」這詞同時出現在兩段經文中（參結十四13，十五8）。再者，十六章1至63節也是一個比喻，它將耶路撒冷比喻為女子，並描述這個女子如何不斷地行淫，去背叛她的丈夫。這個神諭與前一段經文相同之處，在於它們都是比喻。除此之外，兩篇神諭相似之處就在於十五章4節「還有益於**工用**嗎」（希伯來文：***hăyiṣlaḥ limlāʾḵā***^{h}）與十六章13節「**達到王后的尊榮**」（希伯來文：***wattiṣləḥî limlûḵā***^{h}）原文所用的詞十分相近；因這緣故，他們並列一起。這種觀察還可以繼續延展至接著的經文。

*「工用」（希伯來文：**mlʾḵh**）和「皇后的尊榮」（**mlwḵh**）這兩個詞十分相似，只有一個字母之差。*

這幾段神諭並列在一起，是因為它們都是與審判以色列國這主題有關。不過，這觀察未能完全解釋這些神諭的具體次序。所以，這些例子只能指出某些神諭因為與接著的神諭，彼此都出現同一個或相似的用詞或片語，所以它們按次序被編排在一起。這些例子有助於解釋某些在內容上關連不大的神諭被編排在一起的原因。

最後，再以耶利米書二十一章11節至二十三章8節作為例子說明結集神諭的原則。這個結集以「猶大王的家」(二十一11) 作為標題。這段經文可分為9個小段：

- 二十一章11至12節提醒猶大王室裏的人要行該行的事，否則必遭受刑罰。
- 13至14節是宣告上帝的刑罰。它與前一段經文相同之處，在於這兩段經文同時宣布了一個主題：刑罰猶大國。這刑罰是以「火」作為工具。
- 二十二章1至5節再提及二十一章11至12節的內容，並更詳細解說如何行公平公義的事 (參4.2.2.2.「後人的增刪和改寫」)。
- 6至9節複述二十一章13至14節所宣布的刑罰，又再次引入「火」這主題，並加入了新的鑰詞「黎巴嫩」和「香柏樹」。
- 10至12節藉著宣告猶大王沙龍 (即約哈斯) 的命運，而且更具體地指出1至5節 (並二十一章11至12節) 談到的猶大王這家族必遭刑罰，更指出沙龍要死於異邦。
- 13至19節詳細描述猶大王約雅敬如何沒有施行公平公義。這信息與1至5節 (並二十一章11至12節) 相同，又像10至12節般，同樣指出約雅敬不可以死在自己的首都耶路撒冷，這是對他們的懲罰。
- 20至23節是一首哀歌，是為所受刑罰的結果而哀號。這段經文再次出現「黎巴嫩」及「香柏樹」，這與6至9節的用語相同。
- 24至30節與10至12節和13至19節宣布的格式相同，是指名道姓的說出一位猶大王將來的命運，這段所說的是哥尼雅 (即約雅斤)，並具體的講出他的後裔不可以「坐在大衛的寶座上」，這片語與2節「坐大衛寶座」的原文完全相同。
- 二十三章1至8節則將不忠的牧羊人與將來會從大衛家興起的行公義的王作對比，這段經文重提二十一章11至12節所說猶大王室要行公義這個主題。

這樣的分析可發現二十一章11節至二十三章8節的內容及用語上，彼此是有關連，以下表列說明它們彼此的關連：

經文	主題		鑰詞		
	君王行公義	刑罰	公平、公義	火	黎巴嫩、香柏樹
二十一11～12	X		X		
二十一13～14		X		X	
二十二1～5	X		X		
二十二6～9		X		X	X
二十二10～13	X(沙龍)	X			
二十二13～19	X(約雅敬)	X	X		
二十二20～23		X			X
二十二24～30	X(哥尼雅)	X			
二十三1～8	X		X		

凡X代表經文之間有相同／相似的主題或用語。

綜合以上分析的結果，這段有關猶大王室的神諭的結集，呈現出以下的特徵：

1. 整篇結集的主題是警戒猶大王室要行公義，否則必遭刑罰；
2. 重複出現「君王＋刑罰」這個模式；
3. 透過重複不同的鑰詞將這些神諭串連起來；
4. 順著時序列出猶大國3個君王將來的命運；
5. 二十一章11至12節與二十三章1至8節成為整個段落首尾的呼應。前者以負面的角度指出君王的不義，而後者則以正面的角度指出將來的君王的公義；
6. 雖然整個段落的內容是充滿著「刑罰」的氣氛，但結尾卻正面的表達出，至終猶大王室必行公義(參上文提及「拯救神諭」如何排列在結尾中)。

總結而言，先知書的編者將神諭編排在一起是按以下原則：以鑰詞或相同片語、相同主題、順著時序將不同的神諭連繫在一起；此外，第一篇的信息與最後一篇的要旨首尾互相呼應；還有的是，最後一篇的神諭——即總結——以正面信息作結束。值得留意的是，編者很可能會同時採用多於一個原則去結集某些神諭。即使如此，讀者仍要加緊注意的是，後人所做的增刪改寫也會引致許多複雜情況的出現，故此不是所有神諭結集的原因都可以推敲出來的。因此讀者要接納一個事實，就是仍有一些神諭結集的結構與次序是難以理解的。

溫習問題(4.2.)在頁80。

溫習問題(4.1.)

1. 試列舉不同信仰傳統對聖經的排列方法，並列出它們之間的異同。
2. 新教聖經以甚麼原則來區分大小先知書？大先知書和小先知書本身又以甚麼原則來排列它的次序？
3. 試從先知書排列的次序，詳述不同先知的工作時期。
4. 傳統上，先知書是以何種方法來決定先知書的名稱？這傳統方法有何不完善的地方？
5. 先知書的內容怎樣反映傳統看法的不完善？怎樣看先知書的名稱與作者的關係才算合理？

溫習問題(4.2.)

1. 先知書的標題如何提供與書卷有關的作者、寫作時期及書卷的內容的初步資料？
2. 先知書卷以第一人稱和第三人稱的表達形式，對讀者了解先知書寫作的手法與形式有何提示？它如何顯出編修的痕迹？
3. 試列出耶利米書在「馬所拉文本」和「七十士譯本」這兩個不同版本中不同類型的差異。它如何證明哪一個版本是較後期的？如何從後期的版本發現有編修的痕迹？
4. 如何解釋死海古卷、「七十士譯本」和「馬所拉文本」對小先知書排列的異同？這異同如何再次證明編修的痕迹？
5. 先知書成書過程中有哪4個基本的步驟？
6. 能否從耶利米書七章1至15節與二十六章1至19節內容的關係中，說明先知的言論是怎樣被記錄下來的？

7. 試從4.2.2.2.這部分所列出的例子，引述先知書的內容是經過後人的增刪和改寫。
8. 如何看出撒迦利亞書和以賽亞書是由數卷書組合而成？
9. 後來的編者是按甚麼原則來結集先知的神諭？試引文內其中一個例子說明。
10. 為何我們不能將編輯結集神諭的原則應用在所有書卷中？

第五章
先知書的解釋

- 內容類別
- 格式類型
- 解釋要訣

上一章的內容主要是探討先知書的本質。這一章的重點是說明如何正確去解釋有這樣本質的先知書卷。全章分為3大部分。第一部分簡介先知書主要內容的類別；第二部分指出先知書內容中的格式類型，不同的神諭或敘事的表達方式的規範；第三部分指出解釋先知書卷所必需留意的幾個基本原則。

5.1. 內容類別

先知書卷的內容主要是由標題引入，而內容也以不同形式來表達。論到標題，它就像引言般，引導讀者進入一個新的段落。書卷內容方面，可包括敘事形式及說話形式。接著的內容便探討不同類型的標題，以及先知書卷中經常出現的兩種表達形式。

5.1.1. 標題的類型

先知書卷的標題可以分為兩類型。第一是屬於全卷書的標題，它大多出現在每卷書的一章1節或接著的數節經文中。這些標題基本上要指出那卷書是與哪位先知有關，是發生在哪一個時期，以及先知接受啟示的方法。這方面的詳細討論可參4.2.1.1「先知書的標題」。第二類型的標題是段落標題。顧名思義，這些標題是引入一個段落，這段落可能是由一個單元組成，但也可以是結集多個單元組成的。這些段落的標題是以不同的方式表達。

第一種方式是以上帝的話語臨到先知作為開始一個新的啟示單元。它通常以「耶和華的話臨到……」這片語作開首，為要引介一個單元(參耶七1，十一1，十八1；結十二1、17、21、26，十三1，十五1；亞六9，七4)。這類標題沒有提及任何與內容有關的資料。

第二種段落標題的方式則簡單點出接著的內容的主題，它多以「論某國／人」作開首語。這類標題是為引介一個單元或一個單元的結集(耶四十九1〔論亞捫〕，四十九7〔論以東〕，四十九23〔論大馬士革〕，四十九28〔論巴比倫王尼布甲尼撒〕)。另外亦有是採用「某國的默示」(「默示」即「神諭」；參4.2.1.1.「先知書的標題」)作開首語，意思是接著的神諭是指向某國而發出的（賽十三1〔亞摩斯的兒子以賽亞得默示，論巴比倫〕，十五1〔論摩押的默示〕，十七1〔論大馬士革的默示〕）。此外，還有用「**有關某人／某國的信息**」作開首語（「現代中文譯本」賽二1〔上帝給亞摩斯的兒子以賽亞有關猶大和耶路撒冷的信息〕；「現代中文譯本」亞十二1〔以下是上主所啟示有關以色列的信息〕）。

「和合本」在以賽亞書二章1節的翻譯雖是「……得默示」，但「默示」這詞的原文不是maśśāʾ，而是dāḇār，所以應正確譯為「信息／話語」。因此，所引的經文例子跟之前所提的不同。

第三種方式目的是要特別指出某個時間和日期。這些標題同樣引介一個單元或結集多個單元所組成的段落。它們列出的時間較為籠統（參耶二十六1〔猶大王約西亞的兒子約雅敬登基的時候〕，三十二1〔猶大王西底家第十年〕，三十六1〔猶大王約西亞的兒子約雅敬第四年〕）；不過，也有一些段落標題是詳細列出接著內容發生的年、月及日的資料（結二十1〔第七年五月初十日〕，二十四1〔第九年十月初十日〕；該一1〔大流士王第二年六月初一日〕，二10〔大流士王第二年九月二十四日〕；亞一7〔大流士第二年十一月，就是細罷特月二十四日〕）。

除了以上提及這3種段落標題方式外，當然還有一些是混合使用3種標題的。無論如何，這些不同類型的段落標題明顯有不同的強調點，其中包括帶出先知話語的權威性是出自上帝，又指出神諭的主要課題，並強調某些時間的重要性等。

試選擇一卷較短的先知書卷來研讀，從其中列出它的標題及形式。

5.1.2. 內容形式

5.1.2.1. 敍事形式

先知書卷內容中的第一類表達形式便是敍事式。敍事的內容多與先知有直接或間接的關係。敍事式也可分為兩類：傳記式及自傳式。傳記式是記敍與先知有關的事迹，以耶利米書二十章1至6節為例，這段經文記載耶利米因為宣講耶路撒冷城被毀的信息（參十九14～15）而被祭司音麥的兒子巴施戶珥毆打，並將他拘禁在殿內。耶利米被釋放後立刻指責巴施戶珥，又再次説耶城被毀的預言。先知在這類型的敍事是以第三人稱的身分出現。傳記式的敍事亦可按內容分為多種類型。在這些不同的類型中，有些是記述先知生平中某一類活動，其中有先知的蒙召故事（耶一4～10），先知所行的象徵性行為（結五章），以及先知所見的異象及其報告等（結八章）。下文將會詳細討論其中一些類型，並指出它們較為固定的規格及元素。另一類傳記式的記事則記載先知如何回應所身處的歷史時刻，其中包括「**先知書中的史學著作**」（prophetic historiography）。以賽亞書三十六至三十九章便屬這類形式，它內容著意帶出先知以賽亞在當時國家所面臨危機時，他所擔當的重要角色。此外，還有「先知傳記」（prophetic biography），它的內容主要是記載先知個人的遭遇及奇特行為（參耶三十七～四十四章）。

「先知書中的史學著作」是指放在先知書卷裏的一些歷史故事。它與書卷中的先知是有關連的，編者這樣記載其中一個目的，是要從先知的角度説明上帝如何介入歷史，施行祂的工作。

談到自傳式的敍述，更是記述與先知有關的事迹。它與傳記式不同之處在於先知是以第一人稱的方式記述。在先知書中，以自傳式表達最多的書卷明顯是以西結書。全書極少以第三人稱來指以西結（一3，二十四24），其餘的大多以第一人稱去記載以西結的所見所聞。自傳式的敍述類型，是與傳記式的敍事相似，它們最大的分別在於第一人稱抑或第三人稱上。最後，值得留意的是，不同的先知書卷在記載傳記式或自傳式的敍事上，佔內容的比重各有不同。以西結書中的敍事差不多全是自傳式，但以賽亞書卻大部分是傳記式，而耶利米書則介乎兩者之間。

5.1.2.2. 説話形式

先知書中佔最主要部分就是書中所記載説話的內容。當接觸到這些説話的記載，不期然便產生了3個問題：誰人説話？對象是誰？説話的內容是甚麼？

第一個問題基本上是針對話語的來源。從書卷內容發現，説話者可以分為兩類：上帝和人。上帝所説的話可以用兩種形式記載，就是將祂的話或宣講直接記錄下來，也有透過另一個人去宣布出來。至於人所説的話，則有個人的話或是羣體的話。當然，先知書所記載的話多出自先知的口，而這些話語同時也被確認為上帝的話。透過「耶和華如此説」這公式，説明先知所宣講的就是上帝的説話，先知就是上帝的代言人。然而，當先知正代表上帝來宣講之時，他也會加插個人的話在其中。因此，在解釋經文時會面對一個重要的事情，就是如何分辨哪些話是先知代表上帝宣講，哪些話是先知自己宣講的；不過很多時不能作出如此清楚的區分。

第二個問題：「誰是對象？」這是針對説話的對象。像上文所討論般，對象可以指人和上帝，而以人為説話對象的，可以指一個人或羣體。這些人／羣體是指以色列人或非以色列人（即外邦的君王），又或是整個以色列民和列國。有時，先知也會向以色列民中一些特定的羣體（如富人、祭司、其他先知等）説話，不過卻較少向列國中部分的人或特定的羣體説話。值得留意的是説話對象會影響日後的編輯去整理書卷中的神諭。4.2.2.4.「編輯的排列修訂」已提及過有某些先知書卷的內容，清楚將審判以色列的神諭及審判列國的神諭分為兩大段落（參結一～二十四章〔審判以色列〕，二十五～三十二章〔審判列國〕）。以上帝為説話對象的那些記載一般稱為「祈禱」，這類説話最明顯可見於詩篇，而在先知書中的，較為典型的有哀歌（耶三21～25）及讚美詩（耶十6～16）。

第三個問題：「説話的內容是甚麼？」這是針對説話的內容。説話內容當然有許多不同的類型。在上帝向人宣講的話（包括以色列人及非以色列人）中，最常見的就是「審判神諭」及「拯救神諭」。須留意的是，這兩類説話也成為後來在編輯整理先知書卷時所採用的一個準則，他們會將「審判神諭」及「拯救神諭」分別結集為一組較長的段落或篇幅（參結一～二十四章〔審判以色列〕，三十三～四十八章〔拯救以色列〕）。

5.1.3. 小結

先知書卷是以標題引入內容，而內容方面，主要是透過敘事及説話形式來表達。這些內容在不同的先知書中有不同分布的情況。標題可以説是每卷書都會出現的，而且出現次數也不少，但敘述及説話的內容卻不一定如此。有些先知書如彌迦書、那鴻書、哈巴谷書、西番雅書及瑪拉基書就只有説話或神諭而沒有

在大先知書中，敘事及説話分別所佔的篇幅也不少。試從其中一卷書裏尋找這些內容，並分別將它們列出來。

敘事。另一方面，約拿書主要是敘事，說話的部分佔很少篇幅（拿四1～4、8下～11）。在大先知書中，敘事及說話分別所佔的篇幅也不少。當然，先知事迹的敘述出現最多的，當然是撒母耳記、列王紀及歷代志等歷史書。本部分的重點是指出，若要了解先知作品，就要清楚知道誰在說話，對誰說話及說的是甚麼話。

溫習問題（5.1.）在頁111。

5.2. 格式類型

敘事及說話內容佔了絕大部分先知書卷的篇幅，這些內容亦有不同的類型。接著的內容是選取了一些較為常見的類型，並探討它們的特性。其重點在於指出這些不同類型的敘事或說話是有一定的基本元素或表達形式。

5.2.1. 敘事形式

5.2.1.1. 蒙召故事

作為上帝的使者，先知是被上帝所差遣去宣講祂所吩咐的。耶利米書一章7節很清楚指出上帝差遣耶利米往哪裏去，他就要往那裏去，祂要他說甚麼話，他就要說出來。面對著受眾，先知要表明他是受上帝所差遣，而他的宣講也不是出於他自己，而是出於上帝。為了證明這一點，先知講出自己受上帝差遣的經過。這個被上帝所揀選並差遣的故事可稱為「蒙召故事」。這故事清楚說明先知身分的來源及先知與上帝有怎樣的關係。「蒙召故事」大致可以分為以賽亞式及耶利米式兩類。

「以賽亞式」的蒙召故事可見於以賽亞書六章（以賽亞的經歷）及列王紀上二十二章19至22節（米該雅的經歷）。現將經文並排列如右表所示：

從經文可見，這類的蒙召故事，在撰寫之時似乎有其固定的格式：

1. 天上寶座的異象：作者首先描述一幅天軍天使侍立在耶和華寶座旁的圖畫，同時亦強調先知也看見這個景象（王上二十二19；賽六1）。
2. 天上的討論：上帝在天上正在討論著某個課題（王上二十二20；賽六8）。

賽六1～9	王上二十二19～22
[1]……我見主 坐在高高的寶座上…… [2]其上有撒拉弗侍立…… [8]……主的聲音說：「我可以差遣誰呢？誰肯為我們去呢？」 我說：「我在這裏，請差遣我！」 [9]他【耶和華】說：「你去告訴這百姓說……	[19]……我看見耶和華 坐在寶座上， 天上的萬軍侍立在他左右。 [20]耶和華說：「誰去引誘……？」 [21]隨後有一個神靈出來，站在耶和華面前，說：「我去引誘他。」 [22]……耶和華說：『……你去如此行吧！』

3. 發出邀請：上帝發出一個邀請，期望有人為祂做一些事情（王上二十二20；賽六8）。
4. 見異象的人的角色：以賽亞直接參與上帝與天軍的討論，但米該雅就只是一個旁觀者，見證上帝所行的。
5. 回應：先知以賽亞就自動請纓，勇敢地成為上帝的使者，去作上帝期望要做的事。米該雅則看見一個神靈自願去承擔上帝的使命（王上二十二21；賽六8）。
6. 結果：以賽亞表明了他願意為上帝工作後，上帝便差遣他去向百姓宣講祂的話語。同樣地，上帝也差遣那個靈去引誘其他先知（王上二十二22；賽六9）。

除了「以賽亞式」的蒙召故事之外，舊約聖經還有「耶利米式」的蒙召故事。耶利米（耶一4～10），摩西（出三7～四17）和基甸（士六11～40）都屬這一類呼召格式：

1. 各人蒙召時，以色列人受到異族人壓迫：耶利米正面對猶太人將要被巴比倫人擄去（耶一13～16）；摩西的處境是以色列人在埃及地為奴受苦（出三7）；基甸所屬的以色列人則被米甸人攻擊（士六13）。
2. 上帝主動揀選人為祂工作：上帝主動地向耶利米、摩西及基甸顯現，並說明要派他們去為祂解決當時以色列人面對的困難（耶一5；出三10；士六14）。
3. 人的推搪：面對上帝的揀選，蒙召的人不但不願意接納，而且還強調自己沒有能力為上帝工作，以此作推辭的借口。耶利米回應上帝說他是年幼的(耶一6);摩西說自己不是這麼重要的人(出三11),而且又拙口笨舌(出四10);基甸則強調他的貧窮及微小(士六15)。

4. 上帝的安慰:上帝面對祂所揀選的人的反應,就安慰他們,指出祂必與他們同在(耶一8;出三12;士六16)。
5. 上帝給予證據:上帝藉著一些東西或事件來向蒙召的人證明祂的真實,並與他們同在。上帝以杖變蛇、大痲瘋和水變為血這3件事給予摩西為證據(出四2~4、6~8、9)。耶和華的使者則使火從磐石出來燒盡基甸所獻的肉和無酵餅(士六19~21)。至於耶利米,上帝則伸手按在他的口,指出祂已將要說的話傳給他(耶一9)。這些證據並不是用來滿足被召者的好奇心,而是去強調神的能力及強化上帝的呼召。
6. 結果:蒙召的人接受上帝的使命,並順服上帝的旨意。

「以賽亞式」和「耶利米式」的蒙召故事有明顯的分別。在「以賽亞式」的蒙召故事中,上帝被描述為一個超然的上帝,高高坐在天庭的寶座上,令人肅然起敬;但在「耶利米式」的,上帝是一個比較善解人意,祂願意透過對話與人建立關係。「以賽亞式」的強調人看見上帝的偉大,而「耶利米式」則著重上帝的話語及祂與人之間的交流。在「以賽亞式」的蒙召故事中,被召的人因看見上帝的榮美而自願請纓承擔上帝的工作;但「耶利米式」的卻不然,其中並不是人自己選擇去承擔,而是上帝主動去揀選人,被揀選的人不但不是自願領命,而且抱著遲疑的心,拒絕祂所託付的責任。上帝則以安慰的話和特殊行動作為證據去鼓勵他們。若與以賽亞那種勇敢的回應相比,「耶利米式」蒙召的人的反應似乎更能反映一個平常人在面對上帝的託負時態度。他們感到自己只是一個平常人,沒有信心去完成上帝所交付的重任。雖然這兩種蒙召方式有不少的差異,但結果他們都被上帝所差遣。

這些蒙召故事並非單純是一種自傳式或傳記式的記述,而是有其重要的意義,為要讓先知公開宣稱他是上帝所揀選的器皿。蒙召的人無論起初是否自願接受召命,他最終都會成為上帝的使者和代言人,也承擔上帝託付給他的使命。

5.2.1.2. 象徵行為

以西結書有許多「象徵行為」的經文，試將它們列出來。

先知被上帝所差遣，除了去宣講上帝的說話之外，也去執行祂所吩咐的行動。上帝往往吩咐先知去進行一些象徵行為。顧名思義，這些行為是帶有象徵意義，目的是希望透過這些行為使先知或受眾明白一些信息。聖經學者對於何謂象徵行為有不同的看法。本書所採用的是一般學者所同意理解具象徵性的行為。

典型的象徵行為有4個基本元素。第一元素（A）：上帝吩咐先知去做某件事；第二元素（B）：報告先知已執行了該件事；第三元素（C）：描述旁觀者的反應；第四元素（D）：解釋這件事的意義或重要性。讀者在此必須留意的是，不是所有象徵行為的記載都包含這4個元素。現列出數個例子，看看這些象徵行為的其中各個元素是如何被記載的。

例一：以西結書十二章1至16節

(A) 上帝吩咐以西結在白日將預備擄去使用的物件移離他所住的地方，然後在黃昏時出去，又挖通了牆，在天黑時分從其中帶那些物件出去，並要蒙著臉（3～6節）。

(B) 聖經清楚記載「我就照著所吩咐的去行」（7節），並總結3至6節上帝所吩咐的，在白日、黃昏（「和合本」譯作「晚上」）及晚上（「和合本」譯作「天黑」）3個時刻所要作的事情。

(C) 耶和華吩咐以西結要在猶太人面前作這一切事；到了第二天他們必定問以西結「你做甚麼呢？」（9節），然後先知才解釋這行為的因由。

(D) 以西結向觀眾解釋他所作的行動是甚麼意思（10～16節）。

1至7節「在他們眼前」這片語原文共出現7次（留意「和合本」沒有完全翻譯出來），反映出以西結這個行動的重點，就是要清楚地讓觀眾看見，引起他們的注意。最後，上帝透過先知向他們解釋這行為的意義。先知並不單純將資料傳遞，而是去講解這個行動背後的象徵意義，期望能夠塑造觀眾的看法或價值觀念。在這個情況下，以西結是意圖去改變他們的想法，使他們接受耶城必定被擄的事實。這段經文出現了上述所列的4個基本元素，不過仍要強調的是，不是所有象徵行為都包含這4個元素。

例二：耶利米書十三章1至11節

(A) 這元素共出現3次。上帝3次向耶利米説話，第一次吩咐他去買一根麻布帶子束腰，第二次吩咐他將帶子藏在幼發拉底河的磐石穴中。隔數天之後，祂又吩咐耶利米去取回帶子(1、3～4、6節)。

(B) 經文也3次指出耶利米按著吩咐而行(2、5、7節)。

(C) 這例子沒有提及旁觀者的反應。雖然如此，耶利米亦有可能是帶著一些人去幼發拉底河的磐石穴取回那藏起的帶子，並帶回到領受神諭的人面前(比較耶十九1～2)。

(D) 最後，耶利米宣講一篇神諭(8～11節)來解釋他行動的意義。

例三：以西結書四章4至8節

(A) 這段經文結合了4個行動：向左側臥、向右側臥、露出膀臂及面向耶城(4、6、7節)。

(B) 聖經沒有明顯記載以西結是照著耶和華的吩咐行，雖然以西結可能都照著去作。所以嚴格而言，這段經文沒有這元素的記載。

(C) 這例子沒有記載旁觀者的反應，但若參考四章1節至五章4節，可以看見這一系列的行動應該是在觀眾面前執行的。

(D) 這段經文只解釋了側臥是與承擔罪孽有關，但卻沒有解釋露出膀臂及面向耶城的意思，只暗示這是一個負面的行動。可見上帝沒有向以西結解釋祂吩咐他所作的每一個行動。

雖然這象徵行為未必這麼明顯包含以上所提及的4個元素，但上帝吩咐以西結所作的行動明顯地有象徵性的意義。所以，這也可以歸入象徵行為的類別。

最後，要留意象徵行為所強調的是以行動來作為溝通的媒介。這些非文字的傳遞方法，有時會加上言語來解釋行動的意義，但也不一定如此。採用這種溝通方法，是可以達到單純依靠言語不能達到的效果和目的。

5.2.1.3. 異象報告

上帝通常藉著異象來啟示先知，而異象報告是描述先知這種內在經驗，它多以自傳形式出現。典型的異象報告包含3個元素：第一、異象的宣告。它通常以「見到」這詞表達。第二、以「看哪」一字作為描述異象的轉接點。這詞也用來引介接著令人意外的內容。第三、異象內容。這內容包括先知所看到的景象及解釋其中的意義，而解釋異象這部分多以對話的形式去表達。現列出3段經文來說明。

元素	耶三十八21下～23	摩八1～2	亞一18～19
異象的宣告	21這就是耶和華令我看見的事：	1這就是主耶和華令我看見的：	18我舉目觀看，
看哪！	22看哪！	看哪！	看哪！
異象內容： 景象	猶大王宮裏所剩的婦女必都帶到巴比倫王的首領那裏。這些婦女必說：你知己的朋友催迫你，勝過你；見你的腳陷入淤泥中，就轉身退後了。	一筐夏天的果子。	有四角。
解釋	23人必將你的后妃和你的兒女帶到迦勒底人那裏；你也不得脫離他們的手，必被巴比倫王的手捉住；你也必使這城被火焚燒。	2他【耶和華】說：「阿摩司啊，你看見甚麼？」我說：「看見一筐夏天的果子。」耶和華說：「我民以色列的結局到了，我必不再寬恕他們。」	19我就問與我說話的天使說：「這是甚麼意思？」他回答說：「這是打散猶大、以色列，和耶路撒冷的角。」

下加線的文字是筆者按原文字面翻譯，與「和合本」不同。

5.2.2. 說話形式

先知書卷所記載先知所說的話的內容，最經常出現的有兩類，就是

「審判神諭」及「拯救神諭」。此外，還有一些內容是記載辯論議題，以及借用宣告一個記號來傳遞上帝的信息。

5.2.2.1. 審判神諭

審判神諭有3個基本的元素。首先是指控。它的內容著重指出被審判者所犯的罪行，接著就以「所以」及使者公式「耶和華如此說」等片語作為轉接，引入第三個元素。最後就是審判的宣告，它重點是指出被審判者將受到的刑罰。第二個元素所使用標準化的詞或片語，在於結合犯罪（第一個元素）及刑罰（第三個元素）的因果關係，指出因為他們犯罪，所以才受到懲罰。有些審判神諭在指控之前加上差遣先知或呼召被指控者去聆聽上帝的話，但這些都不太重要。現列出3段經文闡明這類神諭的特性：

元素	王上二十一18～19	王下一3～4	摩七16～17
差遣先知	18你起來，去見住撒馬利亞的以色列王亞哈，他下去要得拿伯的葡萄園，現今正在那園裏。19你要對他說：……	3但耶和華的使者對提斯比人以利亞說：「你起來，去迎著撒馬利亞王的使者，對他們說：	
呼召被指控者去聆聽上帝			16亞瑪謝啊，現在你要聽耶和華的話。
指控	「你殺了人，又得他的產業嗎？」	「你們去問以革倫神巴力西卜，豈因以色列中沒有上帝嗎？」	你說：「不要向以色列說預言，也不要向以撒家滴下預言。」
「所以」及使者公式	耶和華如此說：	4所以耶和華如此說：	17所以耶和華如此說：
審判的宣告	「狗在何處舔拿伯的血，也必在何處舔你的血。」	「你必不下你所上的床，必定要死！」以利亞就去了。	「你的妻子必在城中作妓女，你的兒女必倒在刀下；你的地必有人用繩子量了分取，你自己必死在污穢之地。以色列民定被擄去離開本地。」

以上3段審判神諭，對象都是針對一個人。除此之外，還有一些神諭是針對以色列國民的。現再列出3段神諭，它與前文所列的略有不同，它在指控及審判宣告這兩部分的內容更為豐富。

元素	賽八6～8	摩四1～2	彌二1～4
引言		[1]你們住撒馬利亞山如巴珊母牛的啊，當聽我的話——	[1]禍哉，
指控： 概括的指控	[6]這百姓既厭棄西羅亞緩流的水， 喜悅利汎和利瑪利的兒子；	你們欺負貧寒的，壓碎窮乏的，	那些在床上圖謀罪孽、造作奸惡的！天一發亮，因手有能力就行出來了。
具體的指控		對家主說：拿酒來，我們喝吧！	[2]他們貪圖田地就佔據，貪圖房屋便奪取；他們欺壓人，霸佔房屋和產業。
「所以」及使者公式	[7]因此，	[2]主耶和華指著自己的聖潔起誓說：	[3]所以耶和華如此說：
審判： 上帝的介入	主必使大河翻騰的水猛然沖來，	日子快到，	我籌劃災禍降與這族；這禍在你們的頸項上不能解脫；你們也不能昂首而行，因為這時勢是惡的。
介入的結果	就是亞述王和他所有的威勢，必漫過一切的水道，漲過兩岸；必沖入猶大，漲溢氾濫，直到頸項。以馬內利啊，他展開翅膀，遍滿你的地。	人必用鈎子將你們鈎去，用魚鈎將你們餘剩的鈎去。	[4]到那日，必有人向你們提起悲慘的哀歌，譏刺說：我們全然敗落了！耶和華將我們的分轉歸別人，何竟使這分離開我們？他將我們的田地分給悖逆的人。

從上表的例子中，我們可見指控這部分是分別包含概括的和具體的指控，而審判部分則包括上帝的介入及其結果。

這段落所列出的審判神諭都是基本和標準的模式。先知書卷中也有另一些更為複雜的審判神諭，當中有多個指控與審判宣告交織一起。無論如何，審判神諭中的最重要元素，就是指控及宣告刑罰這兩部分的內容。

5.2.2.2. 拯救神諭

拯救神諭的基本元素不及審判神諭般清楚，以致不同學者對其中的格式有所爭議。有學者將拯救神諭分為5個元素：稱呼、鼓勵、拯救的基礎、後果、目的。這樣的分析過於仔細，所以有學者將之分為3個元素：

元素	賽四十一8～16		賽四十四1～8
稱呼	[8]惟你以色列——我的僕人，雅各——我所揀選的，我朋友亞伯拉罕的後裔，		[1]我的僕人雅各，我所揀選的以色列啊，現在你當聽。[2]造做你，又從你出胎造就你，並要幫助你的耶和華如此說：我的僕人雅各，我所揀選的耶書崙哪，
應許拯救	[9]你是我從地極所領來的，從地角所召來的，且對你說：你是我的僕人；我揀選你，並不棄絕你。[10]你不要害怕，因為我與你同在；不要驚惶，因為我是你的上帝。我必堅固你，我必幫助你；我必用我公義的右手扶持你。	[13]因為我耶和華——你的上帝必攙扶你的右手，對你說：不要害怕！我必幫助你。[14]你這蟲雅各和你們以色列人，不要害怕！耶和華說：我必幫助你。你的救贖主就是以色列的聖者。	不要害怕！[3]因為我要將水澆灌口渴的人，將河澆灌乾旱之地。我要將我的靈澆灌你的後裔，將我的福澆灌你的子孫。[4]他們要發生在草中，像溪水旁的柳樹。[5]這個要說：我是屬耶和華的；那個要以雅各的名自稱；又一個要親手寫：歸耶和華的，並自稱為以色列。
鼓勵保證	[11]凡向你發怒的必都抱愧蒙羞；與你相爭的必如無有，並要滅亡。[12]與你爭競的，你要找他們也找不著；與你爭戰的必如無有，成為虛無。	[15]看哪，我已使你成為有快齒打糧的新器具；你要把山嶺打得粉碎，使岡陵如同糠粃。[16]你要把它簸揚，風要吹去；旋風要把它颳散。你倒要以耶和華為喜樂，以以色列的聖者為誇耀。	[6]耶和華——以色列的君，以色列的救贖主——萬軍之耶和華如此說：我是首先的，我是末後的；除我以外再沒有真神。[7]自從我設立古時的民，誰能像我宣告，並且指明，又為自己陳說呢？讓他將未來的事和必成的事說明。[8]你們不要恐懼，也不要害怕。我豈不是從上古就說明指示你們嗎？並且你們是我的見證！除我以外，豈有真神嗎？誠然沒有磐石，我不知道一個！

稱呼、應許拯救、鼓勵與保證。第二個元素（應許拯救）中多有出現類似「你不要害怕」等句子。第三個元素（鼓勵與保證）目的在於鼓勵被拯救者，同時提出上帝對他們作出拯救的保證。這樣的分析似較為合適。參左表的例子：

除以上所列的例子之外，試從以賽亞書內尋找當中的「拯救神諭」，並分析其格式。

除了從基本元素外，也可從內容去理解拯救神諭。在內容方面，可包含兩個原則，第一、這「拯救」可以是有條件性的或無條件性的。第二、上帝施行拯救的方式，可以是藉著直接幫助受助者，使他們回復到一個理想的境況；又或是藉著懲罰敵人來幫助受助者。每一個拯救神諭都可以按以上其中的一個原則歸類。正如以賽亞書四十三章1至7節描述上帝拯救以色列人的方式，是要保護他們免受危害，並將他們從列國中帶領出來；而且，這拯救的應許是沒有附帶任何條件的。所以，這個拯救神諭所說的是上帝直接而無條件的拯救。若再參考以賽亞書五十八章13至14節，情況卻與前一個例子的有少許分別。這個神諭提及上帝親自幫助以色列人，但卻附帶條件的，祂要求他們要守安息日。按著上文所列出的原則，可以引申至另一種理解拯救神諭的方向。

5.2.2.3. 爭議辯論

與審判神諭及拯救神諭不同，爭議辯論（disputation）是借用一方的說話，作為辯論的基礎。一般而言，爭議辯論也有其格式，這格式包含3個基本元素：論點、反論點、辯論。論點是辯論的基本議題。辯方往往以一句或一段引文作為論點，來引入他們的觀點。這引文未必是真實說過的話，但卻能代表辯方的觀點。反論點便是先知或上帝的看法，它與辯方的觀點不同。辯論主要是由先知提出，作為支持他的反論點，以及用來反對論點的理據。辯論的目的在於先知以辯論的形式來表達上帝的信息，也藉此改變觀眾原本的觀點。若與象徵行為相比，前者的形式較為認知性。在探討這類說話前，讀者仍須留意，爭議辯論的3個元素不一定按著上文所提及的次序出現。

例一：以西結書三十三章 23 至 29 節

試參考以西結書三十三章23至29節，便發現24節便是論點，它引出了一句以色列人曾說過的話來作辯論的開始：「住在以色列荒廢之地的人說：『亞伯拉罕獨自一人能得這地為業，我們人數眾多，這地更是給我們為業的。』」接著先知便提出否定這個論點的理據。他指出這些人的惡行並不能使他們得地（25～26節）。最後，便是反論點。先知指出他們不單不能得地，而且會被刑罰至死，地土也會荒涼，不為他們所居住（27～29節）。

例二：以賽亞書四十章 27 至 31 節

這段經文首先引用以色列的投訴：上帝沒有理會他們的境況（27節）。這投訴成為辯論的論點。接著再透過說明上帝在時間、空間及力量方面的主權，先知著意否定這個論點（28～29節）。最後，先知說出反論點，指出等候上帝的人不像少年人，也不是強壯者，因為等候上帝的人必能從上帝那處得力而活，少年人及強壯者則不然（30～31節）。

例三：瑪拉基書一章 2 至 5 節

在這段經文中，作者在2節下引用以色列人中間流傳著的話作為論點，指出以色列人質疑上帝對他們的愛，這反映了他們不相信上帝是愛他們的。這段經文特別之處，在於反論點是在2節下表達出來，指出上帝是愛以色列人的。接著便是辯論內容，反論的那方——耶和華——引用了一些歷史事實來指出祂如何惡待以東，偏愛以色列，以此助證祂的論點。

5.2.2.4. 宣告記號

一般而言，宣告記號較為精簡，它的重點是指出某些事情或物件是一個「記號」，為要標誌另一些事情的發生。宣告記號通常包含有3個基本元素。第一是上帝宣告一個記號；第二是描述這個記號；第三是說明這個記號背後的意義或重要性。在此仍須留意的是，這3個元素也不一定依上述次序出現。現列出兩個宣告記號的例子。

例一：以賽亞書三十七章30至32節

上帝向以色列人宣告要賜下一個「記號」(30節上；希伯來文*ʾôṯ*，「和合本」譯作「證據」)給他們。接著是描述這個「記號」(30節下)：以色列在今年及明年要吃在地上自生自長的，但第三年卻可以吃由他們親手種植出來的，這表示他們第三年開始可以安居樂業。這段經文的鑰字是「吃」。最後，便是解釋這個記號背後的意義(31～32節)。它指出雖然亞述王西拿基立要來進攻以色列，但以色列人很快就能回復正常的生活。這個記號的目的似乎一方面是去確定先知話語的準確性，而另一方面則指出上帝仍在掌管一切，而聽眾也要按此而行。

例二：以賽亞書三十八章4至8節

上帝向希西家宣告一個記號(7節；「和合本」譯作「兆頭」)。接著描述這個記號的內容，就是要使亞哈斯的日晷向前進的日影往後退十度，說完這話之後，這個記號立刻應驗了(8節)。至於說明這記號背後的意義，卻記載在5至6節。這記號是引證希西家將延長15年壽數，以及得脫離亞述王的手。這個記號明顯是為證明上帝的話的可信性，也因此鼓勵希西家繼續倚靠上帝。

從以上兩個有關宣告記號的記述中，可以看見上帝宣告記號的目的，是要證明祂說的話是可靠的，也指出祂在掌管一切，而聽眾便要以信心作出回應，繼續倚靠上帝。

5.2.3. 小結

這個段落引用了聖經例子來簡單介紹敘事形式及說話形式裏的一些較為常見的類型，目的是指出先知書卷內不同的單元可以分為不同的類別。此外，不同的單元若是屬於同一個類別，即使內容並不相同，但都有類似的基本元素和格式。另外，雖然同類型的單元有相同的基本元素，它們也不一定完全一樣，也會存在著變化。這些變化包括那些基本元素以不同的次序出現，或缺少其中一些不是主要的元素，又或是增加一些非主要的內容。若讀者能掌握這些格式類型，對它有基本的認識，這樣便能幫助讀者為不同的先知書卷作出正確的分段，及加強對經文的理解。

溫習問題(5.2.)在頁111。

5.3. 解釋要訣

聖經是上帝的話語，是祂在特定時空向特定的人宣講的。所以，每段經文都是一個歷史場景的產物，因此這些經文受著當時的文化、語言及思想模式所影響。不但如此，先知書卷是有一個成書過程的，經歷過記錄、增刪、改寫及編輯整理(參第四章)。所以，若要正確解釋先知書卷，也須考慮這個形成的過程。

接著要探討的，是從4個不同的角度去說明怎樣正確解釋先知書。這4個角度包括：一、指出在理解先知書不同段落時，必須先理解每段經文的歷史背景。若抽離其處境去理解經文，會導致錯誤理解經文的意義。先知書的歷史性對解釋先知書是十分重要。二、指出基於先知書形成的過程十分複雜，所以，將經文分拆為適當的段落是理解經文其中一個重要的步驟。三、指出先知說話的特性，也點出宣講和預言之間的分別和關係；也要說明先知的說話基本上是針對當時代的人和事，而不是為了說出一個永恆真理的命題。四、討論先知所採用的表達技巧。明白先知所用修辭技巧，以及象徵意義是理解先知書所不可或缺的。

5.3.1. 歷史背景

每卷先知書，甚至每個神諭或每段敍事都有其出現的歷史情況。先知的說話不但真實出現於歷史，也是針對歷史所發生的事情。所以，澄清歷史背景肯定有助於經文意義的解釋。但了解歷史背景是有一定困難，因為不是每一段經文都會將其所處理的問題及歷史背景說明出來。在這情況下，讀者只能夠從經文本身和其上下文所提供有限的資料，或者從與它有關連的其他書卷來推敲其歷史背景。現列出3個例子來說明認識歷史背景如何能幫助讀者去了解經文的意義。

例一：以西結書十二章1至16節

這段經文記載了一個象徵行為（參5.2.1.2.「象徵行為」）。這段經文要處理的，是如何理解內中所描述象徵行為的解釋。首先，這象徵行為是一個「關乎耶路撒冷的**君王**和他周圍以色列全家的預表」（10節）；但是，誰是這君王呢？這節經文本身沒有任何提示，但若翻至一章1至3節，便得知以西結很可能是與約雅斤一同被擄去巴比倫。所以，這位當時在耶路撒冷作王的應該是西底家（參王下二十四11～17）。

*「君王」（希伯來文：**nāśîʾ**，單數名詞）原意是「王子、領袖」（「現代中文譯本」譯作「統治的領袖」），而不是君王。所以嚴格而言，以西結在此不是稱西底家為王。*

若是如此，12節的3個句子便與西底家有關：「他們中間的君王也必在天黑的時候將物件搭在肩頭上帶出去」是指西底家會在晚上帶著物件逃走，避開禍患；「他們要挖通了牆，從其中帶出去」是指巴比倫人將會破牆將人帶走，而不是指西底家的侍從破牆逃走；「他必蒙住臉，眼看不見地」是指西底家會蒙臉不見地，這可能是指他將要被擄，不能再看見以色列地。13至16節以西結從神學角度去理解這被擄之事為上帝的工作。有學者認為十二章13節「卻看不見那地」是指西底家的眼睛因被巴比倫人剜去，所以即使他被擄至巴比倫，也無法看見那地。而到最後，凡幫助西底家的軍隊及人若不是被滅，就是分散四方（參二十五4～7）。所以，若沒有這歷史背景，是不能完全明白這段經文的意思。這段經文不但指出西底家的被擄，也指出以色列人將要被分散及被滅，而且也強調這一切是出於上帝的作為，好叫他們「知道我【指上帝】是耶和華」。

例二：以賽亞書七章10至17節

這段經文廣為信徒所知曉，因為它是「**以馬內利**」（14節）這片語最起初的出處。新約作者馬太也曾引用這節經文作為舊約預言基督出生的應驗。歷來學者對這段經文都有許多解釋，本書略為點出與歷史背景有關的內容。雖然這段經文是人所共知，但往往忽略它的歷史處境。當時亞蘭王利汛及以色列王比加要來攻打耶路撒冷（1～9節），這可能是因為他們想

除以賽亞書七章14節外，八章8節也出現「以馬內利」這片語。

迫使猶大國加入他們那反亞述的聯盟。面對這種局勢，猶大王亞哈斯有兩個選擇，若不是相信上帝的拯救，就是尋求亞述的幫助（參王下十六5～9）。

對亞哈斯而言，亞蘭及以色列國的進攻是一個威脅，但對上帝而言這些威脅算不得甚麼，也不足懼。在這情況下，上帝藉以賽亞向亞哈斯說話，指出亞蘭及以色列只是冒煙的火把頭，不會造成任何損害。以賽亞雖沒有明顯說亞哈斯要如何行，但從先知的表達中，已暗示亞哈斯不應與亞蘭及以色列國結盟，也不須求助於亞述國。

七章10至17節是以賽亞再次向亞哈斯宣講，邀請他向上帝求一個「記號」（11節；希伯來文：*ʾôṯ*，「和合本」譯作「兆頭」）。亞哈斯以「不試探耶和華」為藉口，不求這記號，因為他已經立定心意要向亞述求助。雖然亞述的參與能暫時解決亞哈斯眼前的難題，但對以賽亞來說，臣服於亞述將會帶來更大的危機，因為猶大國會將亞述國的宗教敬拜引入國內（參王下十六10～18）。

面對亞哈斯的不忠，上帝藉以賽亞宣告一個「童女懷孕生子」的記號。「童女」一詞的原文（*ʿalmāʰ*；「呂振中譯本」譯作「少婦」）是指「適婚的年青女子」，所以亦可以有「處女」的含義。不過，這節經文的重點不是「處女」，而是一個年青可生育的女子，因為「處女」在希伯來文另有一個詞（*bəṯûlāʰ*；參創二十四16；利二十一3）。在以賽亞書七章14節「年青女子」這詞是有定冠詞，所以不是指任何的一個女子，而是指特定的「那個女子」，以賽亞及亞哈斯可能認識這女子。16節所描述「這孩子還不曉得棄惡擇善之先」這短句是與八章4節「這小孩子不曉得叫父叫母之先」的意思平行，因此某些學者認為這個稱為「以馬內利」的孩子就是以賽亞的兒子，而「那個女子」就是指以賽亞的妻子。

雖然不是所有學者都同意這個理解，但肯定的是這個記號的重點，在於指出亞蘭及以色列的威脅將會很快過去，甚至到一個地步，就是當那個女子的孩子還很年幼時，威脅便會消除。這就是「以馬內利」這個記號的意思。不過，亞述王最後也攻打猶大（八7～8），因為猶大王沒有照上帝的意思而行。

這記號是要讓亞哈斯知道，亞蘭及以色列並不可怕，只是亞哈斯對上帝沒有信心而已。以賽亞當時宣講這個記號，就是表明這個記號必然與亞哈斯及當時國家的景況有關。若是將以賽亞向亞哈斯所說的這番話，理解為他是指向700多年後才出生的耶穌，這對亞哈斯而言，是絕無意義的。不錯，馬太福音曾經引用這節經文來指出「以馬內利」便是耶穌；亦因如此，基督教傳統一直以來都將以賽亞書七章14節視為預言彌賽亞的來臨。但是不能忽略的是，以賽亞書這段經文本身所提出的記號，在當時來說並不是為了預言彌賽亞，而是針對亞哈斯的需要，對亞哈斯來說是有意義的。所以，詮釋聖經必需關注經文的歷史背景，這樣才能明白先知當時面對的情況及其適切的信息。

例三：以賽亞書九章1至7節

因為馬太福音四章15至16節引用了以賽亞書這段經文，所以這段經文同樣被信徒視為預言耶穌的來臨及工作。但是，若要正確地理解以賽亞書九章1至7節的內容，就不能忽略這段經文所針對的歷史處境。九章1節提及「**西布倫地和拿弗他利地**被藐視」，可能是指這些地區約於公元前732年被亞述吞併，而2至7節就是回應當時這處境。除了7節外，整段經文以完成時態表達（參2節的「看見了」及4節的「已經」）。這可能表示經文提及的那個人已經出生，而所描述的事已經發生。但這亦可能是「**先知性完成式**」(prophetic perfect) 表達。此外，若參考上下文，6節「而生」（希伯來文：*yullaḏ*）這詞所指的可能是王權的承繼。無論如何，這個已經成為王或將會為王的人是能夠回應1節提及西布倫和拿弗他利地的境況。他既然能夠肩負政權，又能回應當時代的困境，這人很可能就是那位接續亞哈斯作王的希西家。6節對這人有4個稱謂：「奇妙策士」（「新譯本」譯作「奇妙的策士」）、「全能的上帝」（「新譯本」譯作「有能力的上帝」）、「永在的父」（「新譯本」譯作「永恆的父」）及「和平的君」。這些稱謂代表著一些理想的政制管治的元素，也因此他可「以公平公義使國堅定穩固」（7節）。

1節提及約旦河外，外邦人的加利利就是指西布倫和拿弗他利支派的地區。

「先知性完成式」是希伯來文的一種慣性語法。它以過去時態動詞來表達一個還未發生的動作。這樣表達是要顯示一個重要的觀念：上帝完全有能力使一切未發生的事得以實現。

以上討論的重點指出：若要正確理解先知書，就必須理解其歷史背景。這樣才能夠明白先知的講話對當時代的聽眾的意義。

5.3.2. 明確的段落

既然先知書卷曾經過編修，編輯的人曾將原來是獨立的多個單元的先知說話，以及敘事整理在一起，因此清楚知道經文的段落對理解書卷是很重要的。不過現今的聖經通常都已經分了章節，這可能會造成困難，以致未能清楚決定組成書卷的原本的單元。雖然早期猶太人傳統已有他們分段的方法，但現今所沿用的聖經的章節分法，據說是由坎特布里大主教司提反．朗登（Archbishop of Canterbury Stephen Langton，約1150～1228年）於1205年首先在拉丁文「武加大譯本」（*Vulgate*）編製的。其後，這分法便在14、15世紀被採用在印刷本中。後來，羅伯．史提芬努（Robert Stephanus，約1503～1559年）又將聖經分節。他按照猶太人傳統將舊約聖經分節，然後他又將新約聖經分節。他隨意將經文分節的做法惹來不少批評。所以，今天的讀者必須明白手上聖經的章節分法，原本其實只為方便尋找經文位置之用，而不完全是按內容真正的單元而定的。所以，這種分章分節結果也不能算是理想。

對先知書而言，現存的章節分法有時候增加了讀者對理解先知書的困難。它有時候是將同一個主題的單元分拆開，當中最明顯的就是阿摩司書一至二章。它原本是一系列的審判列國神諭，但卻被分拆為兩章。這些分章法有時候又將原本毫無關係的內容歸列於同一章，以賽亞書九章就出現這情況。九章1至7節與8至21節的內容原本是毫無關連，是應該將它分拆為兩段，而不是安放在同一章。所以，若要正確地分段，讀者就不應單靠現存聖經的章節，也要透過上文下理來判斷它的分段是否正確。

正確的段落分拆有3個原則。第一、留意段落標題。這些標題多是表明一個段落的開始。第二、留意段落中的結束語句。第三、留意一個段落中內容的連貫性，檢視它是否彼此協調。

關於第一個原則：留意段落的標題，讀者可參考5.1.1.「標題的類型」，在此不會再作談論。至於第二個原則：留意結束語，其中一個表達方式是「這是耶和華説的」(這與「耶和華如此説」的使者公式並不相同；參5.2.2.1.「審判神諭」)。以西結書十五章1至8節這段落中，以「耶和華的話臨到我」(1節)開始，以「這是主耶和華説的」(8節)作結，這樣便可以將一個單元清楚勾劃出來。再參考以西結書十四章，便發現這章出現兩次「耶和華的話臨到我」這短句(2、12節)，以及兩次「這是主耶和華説的」這短句(11、23節)。這可以清楚的看見，這一章出現兩個獨立的單元(1～11、12～23節)。

雖然如此，但仍要細心觀察這些短句是否真正的起首句或結束句。以**耶利米書九章15至19節**為例，17節是以「萬軍之耶和華如此説」開始，但到了第18節，卻發現説話者用了「我們」這第一人稱複數代名詞來表達，這樣似乎有點奇怪。若按「和合本」的分段法，説話的應該是耶和華(參17節)，所用的代名詞即使是第一身，也應是第一身單數。若仔細閱讀18至19節，這「我們」並不是指耶和華，而是指耶路撒冷的居民。可能因為如此，「七十士譯本」將18節的兩個「我們」譯作「你們」，以表示這段話仍是耶和華對以色列人説的。「七十士譯本」的處理未必能夠真正解決這裏的問題。或許從「**經文鑒別**」(textual criticism)的角度來看這段經文，將會更有幫助。這段經文很有可能是出現抄寫的問題。「如此」(17節；希伯來文：$k\bar{o}^h$)一詞的希伯來文與「藉此」的寫法十分相似，所以有可能這是抄寫上的錯誤。若真的如此，原文應該是「藉此」，這樣，16節下至17節上原本的意思應該是：「我也要使刀劍追殺他們，直到【藉此】將他們滅盡，萬軍之耶和華説。」而17節的「萬軍之耶和華如此説」就是上一段話的結束語，而接著的「你們應當思想……」就不是出於耶和華，而是出於耶利米或是以色列人的了。

這段經文在「馬所拉文本」和「七十士譯本」是九章14至18節。「和合本」所採用的並不是上述兩個版本，而是某些英文譯本的分節法。

聖經出現錯的字詞，是因為在抄傳過程中出現錯誤。我們手上的聖經並不是由原稿直接譯成，它包含不同的抄本。「經文鑒別」就是比較書卷中不同的抄本、譯文和古代作者的引用句語中的異文(variants)，來推斷最接近聖經原稿的句子。

上文所提的兩個原則都是較容易觀察到，而且是有其明顯的格式。但第三個卻不然，它是從內容出發的。這原則是要檢視一段經文的內容是否有其連貫性或互相協調。若果發現一段經文的中心信息所帶出的主題有明顯的轉變，即使這段經文沒有上述的起首或結束句子的出現，也可以將經文按其主題分段。讀者可參考5.2.「格式類型」這部分所提及不同的格式類型，為經文作分段。這樣就不至將一些屬於這個類型的元素錯誤地分別開來，也不會將不屬於這類型的經文歸納在一起。

不過，仍要留意的是，按主題將經文分段也是相對性的。就以以西結書為例，這卷書可以按著「審判以色列」、「審判列國」及「復興以色列」這幾個主題分為3大部分，而在「審判列國」這段落也可進一步分為審判不同的國家；在審判埃及（作為其中一個國家）的段落中再可按時期細分為不同段落。所以，將經文細分到甚麼地步，是與所定下的主題所涉及內容的多寡有關，而主題內容的多寡則是一個相對問題。

5.3.3. 宣講與預言的分別

當論及先知，往往被聯想為一羣說預言的人。當然，說預言是先知不可或缺的職事；因此聖經也關注到先知的預言及其應驗的情況。正如在列王紀上十四章1至16節提到先知亞希雅預言耶羅波安一家的人將會盡被剪除。後來當耶羅波安全家被巴沙所滅，聖經就清楚指出這應驗了亞希雅的預言（王上十五29）。同樣，以利亞曾預言亞哈謝必會病死，結果他的話得以應驗（王下一2～4、17～18）。以西結曾為了有人指他所說的預言還未應驗而作出辯護，他說明上帝所說的是不會耽延，必然成就的（結十二26～28）。

但是，在此要留意的是，不要過分強調先知說預言這職事，而忽略先知與他所處的那個時代的關係。對先知而言，他所面對的時代才是他主要關注的對象。與其說他要去預告未來，不如說他想改變當下。他所說的不單是將來的預言，也是針對他當時處境而宣講。在不同時代，上帝都興起不同的先知去為祂宣講，這就表示每個時代都需要不同的先知去回應當代的問題。當然，先知會關心聽眾的將來，但這個將來並非早已固定不變，而在於上帝的主權及人的回應。所以，先知通常會將聽眾的現在與他們的將來結連在一起。這就是說，他們將來的光景其實是他們當時所作所為的後果。

面對當時的處境，先知所關心的課題之一是聽眾的道德生活。就以阿摩司為例，先知斥責列國違反國際慣例及一般的道德標準，所以耶和華作為全世界的上帝會刑罰他們（一3～二3）。當針對以色列國之時，阿摩司斥責他們欺壓貧窮人和在買賣中有詐騙（二6～8，八4～6），所以上帝必定會對他們施行審判。同樣地，以西結指出凡行惡的必定遭死亡。在以西結眼中，怎樣的行為才算是惡呢？就是「[11]……玷污鄰舍的妻，[12]虧負困苦和窮乏的人，搶奪人的物，未曾將當頭還給人……向借錢的弟兄取利，向借糧的弟兄多要……」（十八11～13）。先知控訴以色列人違反了社會公義，亦因此違背了上帝的誡命律例。先知也針對那些濫用權力的人（參結三十四1～6；摩三9～10）及披著宗教外衣卻行不義的人（參賽一10～15；摩五21～24）。作為社會的良心，先知指出以色列人行為的不當，提醒他們，上帝必照他們的行為報應他們。先知是一個監察社會道德的人，藉著斥責以色列人道德行為的不當，指出怎樣行才算是合乎道德的標準。

此外，還須留意的是，先知經常重複使用一些用語，可見他們有其獨特的慣用語，這些用語成為先知言論的規格。例如：先知亞希雅論耶羅波安時曾說：「凡屬耶羅波安的人，死在城中的必被狗吃，死在田野的必被空中的鳥吃。這是耶和華說的。」（王上十四11）這番話不但在先知耶戶責備巴沙王時再次出現（王上十六4），甚至先知以利亞也曾這樣責備亞哈王（王上二十一24）。此外，不少先知曾說出相同的刑罰：地土必荒涼（耶四27；結十二20；珥三19；彌七13等）。此外，以西結書十四章21節提及以刀劍、飢荒、惡獸、瘟疫作為刑罰的工具，這與耶利米書的相似（十五2～4）。這些標準的用語，就像老師對學生說：「若你不勤力讀書，你考試就不合格，不能升班」這話相似。這位老師所說的重點並不是在於預言未來，而是對眼前的學生作出警告的提醒。同樣，先知的話當中那些標準的用語，其作用不是為預言未來，而是針對當前聽眾的景況，期望聽眾可以改變他們當時的行為。所以，要正確了解先知書就必須正視先知所說的話是怎樣針對當時的景況，而不是不問究竟便把先知的說話視為預言，然後再去尋查其預言是否有應驗，或是怎樣應驗。

5.3.4. 修辭技巧與象徵意義

理解先知書其中一個困難，就是如何明白作者所用比喻的象徵意義。比喻的種類有很多，但基本上可分為修辭性的和認知性的。前者指出那些比喻的功能只為修辭技巧，後者則著重比喻所帶來要認知的事情。要明白先知書中比喻所象徵的意義，最重要是留意經文的處境(即上文下理)；其次是參考同一書卷其他地方或是其他聖經書卷中所出現同樣或類似用法的經文，來作比較，看看能否在其中得到某些資料，去解釋比喻的用法及其意思。

就以以西結書提及過的「鍋」及「肉」的比喻(十一1～13)為例。這段經文最令人費解的是，以色列的領袖將耶路撒冷比喻為「鍋」，將自己比喻為「肉」(3節)；但當以西結回應他們的宣稱，卻指出那些被他們迫害的人才是肉，而那些殺人的領袖會被帶出城外(7節)。最後，以西結嚴肅的對領袖們說「這城必不作你們的鍋，你們也不作其中的肉」(11節)。按常理，不能成為鍋中的肉本來是一件好事，但為何對這些領袖來說，卻成為上帝的刑罰呢？要正確理解這個比喻就要留意這段經文的內容。以西結書十一章8至9節清楚指出這些領袖害怕刀劍戰爭，上帝就以刀劍臨到他們，將他們從城中帶出去，交在外邦人的手中。所以，對這些領袖來說，城便是保護他們，使他們可以避過戰爭的威脅。因此，「鍋」在這裏所強調的，不是作為煮食的工具，而是作為保護的工具，因為人只會將有價值的東西放在鍋裏，而無用的卻棄置另外的地方。所以，當這班領袖以「肉」來比喻自己時，也不是指自己將要被烹掉，而是指自己是額外尊貴，值得受保護。可見他們看自己為尊為貴。不過，上帝並不如此看他們。先知回應說那些被他們所害，視為沒有價值的人才是應當保護的「肉」。

所以，若不正確理解這比喻，就會不明白所指何意。在以西結書另一段經文亦同樣使用了「鍋」及「肉」的比喻(二十四1～14)。它將「鍋」同樣比喻為耶路撒冷，但這鍋卻不是用來保護，而是用來烹煮食物的。所以解釋這比喻時，是不能完全參照上述的經文，而是用一般人對鍋的用處來理解鍋與肉的關係。由此可見，在同一卷書內，即使用了同一樣的事物來作比喻，也不一定有相同的意義，甚至可能是帶著相反的意義。所以，讀者就不能以單一的解釋來對待同一樣的比喻，反而要先清楚理解經文的上文下理，才作判斷或解釋，這是解釋比喻所必須要留意的地方。

再參考以賽亞書二十五章9至12節。在理解這段經文之前，必須留意它的處境。以賽亞書二十四至二十七章這較大的段落中，二十四章1至23節是耶和華宣告刑罰；二十五章1至25是耶和華在錫安山向全地宣告祂的祝福；二十六章1節至二十七章13節就描述上帝的祝福帶來的結果。所以，二十五章9至12節基本上是論及上帝的祝福。現將經文列出（凡下加線的詞／片語是修改「和合本」的字眼）：

9上 到那日，人必說：

9下 「看哪，這是我們的上帝；我們素來等候他，他必拯救我們。
這是耶和華，我們素來等候他，我們必因他的救恩歡喜快樂。」

10上 耶和華的手必按在這山上；

10下 摩押人在所居之地必被踐踏，
好像乾草被踐踏在糞池的水中。

11上 他必在其中伸開他的手，
好像洑水的伸開手洑水一樣；

11下 但他必使他的驕傲敗落，
並他手所行的詭計。

12上 他使你城上的堅固高臺傾倒，
12下 敗落，接觸地面直到塵埃。

這段經文以「到那日，人必說」（9節上）作為引言。除了10節上之外，接著便是一系列的平行句。所以，10節上在這段落中被凸顯出來。這節的「山」是指「錫安山」，即耶路撒冷。將「耶和華的手」與「按」這動詞連在一起，在聖經中只出現1次。這個比喻包含甚麼意思呢？在以賽亞書裏，「上帝的手」基本上表示上帝的能力，「手」可以帶正面意思，正如上帝伸手拯救祂的百姓（十一11）；也可帶負面意思，正如上帝以手刑罰祂的敵人（一25，十一15，三十一3等）。「按」（希伯來文：***nû***^{a}***ḥ***）這動詞原來的意思是「停留、安息」。在創世記八章4節，這動詞的意思是「停留」，指方舟停留在山上，但在以賽亞書十四章7節卻解作「安息」，指地的安息。至於以賽亞書二十五章10節上「上帝的手」所代表上帝的能力，即使是帶著負面的意思，在這裏與一個代表平安及穩妥的「按」這動詞連在一起，便成了一個很特別的比喻。

這個比喻有3重的意義：第一、若從上文下理看，這段經文是有關上帝的祝福，所以它可以理解為停止上帝的手所代表的負面能力，這同時也是一種祝福及保護。第二、耶利米哀歌一章3節提及猶大在列國中尋不著「安息」（希伯來文：***mānô***^{a}***ḥ***），它所指的「安息」並不是止息戰爭後的安息，而是在婚姻中得到的安全安息，因為耶利米形容猶大是寡婦（哀一1），所以得不著安息。路得記對「安息」這詞也有耶利米哀歌相似的理解。拿俄米期望她的兩個媳婦可以在新的夫家中得著「平安」（一9；希伯來文：***mənūḥā***^{h}，意思是「安息」；「現代中文譯本」譯作「歸宿」）；後來拿俄米提到要為路得找「安身之處」（三1；希伯來文：***mānô***^{a}***ḥ***），這詞原來意思便是「安息」。從耶利米哀歌和路得記的例子可見，「安息」是指在婚姻裏從丈夫那裏得到的安全、安息。所以，以賽亞書二十五章10節上的「耶和華的手必按在這山上」可指「上帝如丈夫般回歸，帶來婚姻的安息」。上帝就是錫安的丈夫，使錫安這個寡婦再次得著在婚姻中安息。第三、進一步而言，上帝安息的手是象徵這山從混亂中得以修復，意思是指祂的子民原本就像沒有歸宿寡居的女人，但現在她返回夫家，與丈夫修復關係。如此，這節經文在以賽亞書二十四至二十七章的處境中，便將上帝的祝福帶入高潮。這節經文是在邀請讀者去思考他們與上帝的關係：究竟他們仍身處寡居，抑或已在上帝那裏找到安息之處呢？

從這例子看，若單憑理解經文的歷史處境，又或只著意將經文分拆成不同的段落去理解一段經文的內容意思和中心信息，是不足夠的，讀者還須將不同經文裏曾出現的同一字詞或片語互相比較，看看能否互相借用其詞義。在借用詞義之時，須留意這借來的意義是否恰當，否則便會扭曲了經文原本的意思。

溫習問題(5.1.)

1. 論到先知書卷的標題類型，可分為哪兩大類？
2. 段落標題有哪幾種方式出現？試列出這些方式並列舉參考經文。第一種與第二種的段落標題多以甚麼片語作開首語？
3. 第三種的段落標題的開首語與上列的有何不同？
4. 傳記式的敍事有何特徵？它的敍事內容包含哪幾方面？試引用經文説明。自傳式的敍事與傳記式的敍事彼此間有何明顯的分別？
5. 先知書卷中的「説話形式」是有説話的來源，説話的對象，以及説話的內容。試簡單描述這3方面的特色。

溫習問題(5.2.)

1. 試簡述「以賽亞式」與「耶利米式」蒙召故事的格式，並引經文説明。兩類不同的蒙召故事的格式彼此有何分別？
2. 典型的「象徵行為」的描述包含哪4個基本元素？試引其中一段聖經經文引述。
3. 典型的「異象報告」的描述包含哪3個基本元素？試舉經文引述。
4. 先知書中的「審判神諭」是有其格式，試參照其中一段經文引述。「拯救神諭」的格式基本上不及「審判神諭」般清晰。試列出其格式。
5. 在爭議辯論的內容中，往往哪一方作反論？而反論的那一方通常以甚麼方法作論據，來支持他的反論？
6. 以賽亞書三十七章30至32節，以及三十八章4至8節這兩段經文所宣布的記號是甚麼？這兩個記號的背後帶著甚麼意義？

溫習問題(5.3.)

1. 試借用以西結書十二章1至16節為例，說明了解歷史背景對理解經文內容的重要性。
2. 以賽亞書七章10至17節這段經文所指「童女」這詞原本的意義是甚麼？以賽亞書九章1至7節這段經文所提及的「那人」在以賽亞書是指何人？
3. 以賽亞書七章10至17節及九章1至7節這兩段經文與新約馬太福音有何關係？
4. 我們手上的聖經所列出的分章分節對我們了解經文原本的分段有何影響？若錯誤分段會帶來甚麼後果？
5. 宣講與預言之間有何分別？先知的宣講針對受眾的哪方面的事情？
6. 為何讀者要認識先知書裏的修辭技巧？它如何影響我們理解經文？
7. 試列出「鍋」與「肉」在以西結書出現的兩種意義。
8. 「上帝的手」在以賽亞書包含哪兩個意義？以賽亞書二十五章10節的「耶和華的手必按」這比喻有何特別的意義？

第三部分
先知書卷內容簡介

第六章

先知書的信息（一）

- 以賽亞書
- 耶利米書
- 耶利米哀歌
- 以西結書
- 但以理書

6.1. 以賽亞書

6.1.1. 寫作背景

> 能夠作先知50年，實在是一件不容易的事，特別在動蕩的社會中。你事奉主有多少年？是否已放棄了，抑或仍在堅持？

「以賽亞」(希伯來文：*yəšaʿyāhû*) 這名字的意思是「耶和華是拯救」，與「約書亞」及「以利沙」的名字意思相近。以賽亞是亞摩斯的兒子，在烏西雅、約坦、亞哈斯及希西家作猶大王時，他作南國猶大的先知 (一1)。他已婚，至少有兩個兒子 (參七3，八3)。若他是在烏西雅王駕崩那年蒙召作先知 (六1)，則他作先知逾50年之久；與他同時期作先知的還有何西阿及彌迦。

在4.2.2.3.「先知作品由數卷書卷組合而成」這段落曾指出歷史鑒別學的學者大都認為以賽亞書是由3卷不同歷史背景的書卷合併而成：一至三十九章 (即第一以賽亞) 是出自以賽亞的手筆，大概於公元前8世紀成書；四十至五十五章 (即第二以賽亞) 的內容反映波斯立國前後的情景，故此它可能是由一位被擄到巴比倫的先知寫的。若是如此，它極可能是寫於公元前6世紀；五十六至六十六章 (即第三以賽亞) 的作者可能是居住於耶城，而成書的日期與第二以賽亞十分接近，約於公元前6世紀末至5世紀初期間。

一至三十九章的歷史背景為亞述興盛時期。從這書的歷史補篇 (三十六～三十九章)，可推算這組信息的記載大概延至希西家時期。佔這部分最為重要的歷史事件是發生在公元前735至732年間，當時北國以色列及亞蘭聯合攻擊南國猶大，而猶大的君王是亞哈斯 (七～八章)。這時，上帝要建立亞哈斯的信心，於是藉著以賽亞向他宣布「以馬內利」的應許。可惜亞哈斯不但沒有接受，且與亞述國結盟，結果猶大國被亞述控制，但猶大國只限於受控制，卻未能完全被征服。與此同時，北國以色列約於公元前722年被亞述所滅 (參王下十七章)。這事於當時理應是一件震撼的事，但以賽亞書卻隻字不提此事，這顯出了先知是專為猶大國宣告信息的。約30年後，希西家正是猶大國的王，他要面臨亞述另一次的威脅 (約公元前705～701年)。希西家因謙卑自己，向上帝求助，上帝便差派使者為猶大國爭戰，一夜之間亞述軍隊有十八萬五千人死掉。「和合本」形容亞述王西拿基立「拔營回去」(三十七37節)，看來都相當狼狽！從這件事看見，上帝再次為祂的子民施行神蹟，而猶大國的國祚才得以延續(參賽三十六～三十七章)。亞述雖然當時是強國，但因版圖過大，管治失力，國勢迅速衰落，她的首都尼尼微終於在公元前612年為巴比倫所滅，而亞述帝國亦於公元前609年滅亡。

當讀者翻到以賽亞書四十章，可能會發現無論在內容或寫作手法上都與前39章不同。以賽亞書曾提及巴比倫，但只集中記載它與猶大國有關的事迹(十三～十四，三十九章，四十三14～21，四十七～四十八章)。即使第一以賽亞有提及巴比倫，也可能是在希西家作王時期(參三十九章)，但四十至五十五章所提及的是與以色列人的歸回有關(巴比倫於公元前539年被波斯所滅)。這可能便是使學者相信第二以賽亞是寫於被擄之後的其中一個原因。此外，作者在這部分言語間流露了回歸的意味。作者鼓勵住在耶城的婦女不要憂傷，而且還要擴張居所，讓以色列子民回來時有居所。耶城必重新被建立。到那日，上帝必除去他們的羞恥(五十四4～5)。第二以賽亞曾正確地提及首位波斯帝國的王是塞魯士，而且使用時沒有帶著任何象徵意義。作者形容這位王是上帝的牧人，他下令以色列人歸回耶路撒冷，又批准他們重建聖殿(四十四28，四十五13；參拉一2～3)。這些清楚的記載足以證明第二以賽亞是在被擄至歸回之前寫作的，即使不是全都由這時期寫成，但至少是在這時期完稿。

第三以賽亞提及聖殿的重建(五十六7)和耶城的重建(五十八12)，又提到以色列人某些宗教禮儀，如禁食(五十八3～5)、守安息日(五十八13～14)。作者也用了一章的篇幅來描述耶路撒冷的榮耀(六十章)。這一切的內容可反映出當時的祭禮似乎已歸回正常，所以第三以賽亞的內容應在聖殿重建之後記載的。

經歷了這麼多患難波折後，以色列人終於可以歸回耶城。你能想像他們當時「回家」的心情嗎？

6.1.2. 主題信息

以賽亞書共66章，讀者可明顯發現一至三十九章的內容所描述的較為嚴厲，多以指責罪——特別是以色列人的罪——與宣布審判為主。而

其他書卷出現「以色列的聖者」這名詞的有：王下十九22；詩七十一22，七十八41，八十九18；耶五十29，五十一5。

接著的內容多強調上帝的救恩與以色列人的盼望。

以賽亞書對耶和華上帝有獨特的理解。以賽亞稱呼上帝為「以色列的聖者」(按希伯來文共出現25次；參一4，十20，十七7等)，**這稱呼甚少在其他書卷中出現**。透過這個稱呼，先知帶出這位神聖上帝的超越性。祂之所以神聖，是因為祂是獨特，無可比擬的。其他所謂的神明只是偶像，不配得受敬拜。耶和華的神聖不單凸顯偶像的無能，也顯出人的不潔與渺小。祂的神聖也在於祂是獨一的創造者(四十五11～12)，祂又按祂的旨意引導歷史的發展，這與人手所造的偶像截然不同。祂也是獨一的救贖者(四十三14)，祂能拯救以色列脫離以法蓮(參十一13)、亞述(十12、17)及巴比倫(四十三14～21)，在列國面前彰顯祂是神聖有能力的。

「公義」是以賽亞書要探討其中一個重要課題，也反映當時社會出現許多不公義的事。可見先知關切他們所處的社會處境。你的信仰如何影響你的生活，以及對社會的關注？抑或信仰只屬你個人的事，與其他人無關？

耶和華的神聖不單帶出祂的獨特性及能力，也反映出祂公義的一面。「公義」這詞在以賽亞書出現超過60次，對作者來說明顯是一個重要的課題。他清楚將耶和華的神聖和祂的公義相提並論：「惟有萬軍之耶和華因公平而崇高；聖者上帝因公義顯為聖。」(五16)祂對公平公義的要求可見於祂對貧窮的、受壓迫的及孤兒寡婦的關注。行在公義中的人，他們「說話正直，憎惡欺壓的財利、擺手不受賄賂、塞耳不聽流血的話，閉眼不看邪惡事」(三十三15)。縱然上帝提出這樣的要求，但百姓並沒有如此行，結果刑罰毀滅便臨到。不過，這並不是事情發展的結果！面對人的不公義，上帝以祂的公義作出回應，又藉著憐憫來拯救祂的百姓。第二以賽亞曾指出兩者的關係：「[12]你們這些心中頑梗、遠離公義的，當聽我言。[13]我使我的公義臨近，必不遠離，我的救恩必不遲延。」(四十六12～13)

以賽亞書另一個特色是，內容凸顯「我的僕人」這主題。單在第二以賽亞便有4首僕人之歌(四十二1～4，四十九1～6，五十二13～五十三12)。究竟這僕人所指的是何人？不同學者對此持不同意見，有認為是以色列羣體，也有認為是指某位人物，如：摩西、塞魯士，甚至是以賽亞自己，又或是不知名的人。書中所描述的這僕人為君王、祭司，也有指是先知。這僕人的被召和職事與摩西十分相似，他帶領以色列人出曠野入應許之地（四十九6；比較出三17）。他也是公義的僕人，把公理傳給外邦人（四十二1）。他也是個受苦的僕人，為著以色列人的緣故願意擔當責罰與憂患（五十三章）。

以賽亞書十分強調人對上帝的依靠和叛逆的對比。當以色列人面對強敵時，他們這兩種態度尤為明顯。他們若靠己力，與列國結盟來抵抗強敵，便成了背叛上帝，因而遭致列國的攻擊。若他們拒絕與列國結盟，單單依靠上帝，結果定能得勝。以賽亞挑戰猶大王亞哈斯對上帝的信心，提醒他不應懼怕以色列與亞蘭聯盟的勢力，應當依靠上帝，他「若是不信，定然不得立穩」（七9）。亞哈斯當然沒有相信上帝的應許，竟與亞述結盟，結果反受亞述攻擊。亞哈斯的兒子希西家也面對同樣的挑戰，他同樣面對亞述的侵襲，但希西家不像他的父親，他依靠上帝而得著令人難以置信的拯救（三十六～三十七章）。當以色列人依靠列國如亞述或埃及，是因為他們依靠可以看見的軍兵馬車（三十一1）。這反映出他們並不明白真正力量的源頭是那位創造天地的上帝，惟有依靠祂才能真正得勝。若不單相信這位獨一的、創造萬物的上帝，就等於叛逆祂。

在以賽亞書裏，「錫安」這名詞在以賽亞書出現約50次，亦是聖經中出現最多的一卷書。錫安對以賽亞書意義重大，它代表著整座耶路撒冷城（四4，二十四23，三十一9等）；在所羅門時代，約櫃是安放在錫安城，聖殿建成後，約櫃才搬入聖殿（王上八1～2），所以這城也與聖殿有密切關係。由此可見，錫安是以色列立國的地方和宗教核心，整個王國歷史及他們的宗教是不能脱離錫安，而以色列人在此也經歷過上帝許多的保守。故此，這城與大衞家的傳統佔有相當特別的地位，學者稱這傳統為「**錫安傳統**」（Zion tradition）。錫安城曾經是一個充滿忠信及公義之城，困苦的人可在其中尋找到保護。不過，在以賽亞時代它「變為妓女」之城，並有「兇手居住」在其中（一21）。雖然如此，上帝將來必會除淨它，使它復歸純潔，列

簡單而言，「錫安傳統」是指耶和華定必保護耶路撒冷、與這城的人同在的一個傳統，而這信念世世代代成為以色列人宗教信仰的核心。

國的民也要流歸這地方，得著從上帝的教導(二2～4)。縱然仇敵來犯，上帝也會降臨錫安山，為祂的子民爭戰，保護耶路撒冷(三十一4～5)。雖然亞述強大，但它只是上帝手中的棍，代替上帝教訓以色列人(十5)。不過，以色列至終都不會為亞述所滅，而亞述則被上帝所消滅，耶城亦得以受保護(三十七33～35)。耶和華不會忘記錫安，因為它是祂的居所，是祂所建立的(十四32)；祂也必在其中作王(二十四23)。錫安在上帝手中必得著榮耀及華冠，甚至得著「我所喜悅的」這新的名字(六十二1～5)。

除了耶路撒冷外，凡大衛寶座上作君王的，都是由上帝所揀選，以賽亞也曾詳述這些君王的職事和權柄(九2～7)。大衛寶座上的君王的能力，全都源自耶和華的靈(十一1～8)。以賽亞書也多次強調大衛寶座上的君王必須彰顯公義正直(九7，十一3～5，十六5)，在他的管治下，萬物得以和諧共處。

以賽亞書摘要

主題信息：(1)上帝是以色列的聖者；(2)上帝以公義執行審判；(3)上帝的僕人；(4)錫安終必得贖。

大綱：

A. 審判及拯救猶大的神諭(一1～十二6)
- a. 猶大的審判與盼望(一1～五30)
- b. 以賽亞蒙召作僕人(六1～13)
- c. 應許救民脫離危難(七1～十一16)
- d. 感恩之歌讚頌上帝(十二1～6)

B. 審判列國的神諭(十三1～二十三18)
- a. 審判巴比倫(十三1～十四23)
- b. 審判亞述(十四24～27)
- c. 審判非利士(十四28～32)
- d. 審判摩押(十五1～十六14)
- e. 審判大馬士革(十七1～14)
- f. 審判古實(十八1～7，二十1～6)
- g. 審判埃及(十九1～25)

h. 審判巴比倫、以東（二十一1～12）
i. 審判阿拉伯（二十一13～17）
j. 插段：審判耶路撒冷（二十二1～25）
k. 審判泰爾（二十三1～18）

C. 末日的景況（二十四1～二十七13）
a. 末日的審判（二十四1～23）
b. 末日的復興（二十五1～12）
c. 末日的謳歌（二十六1～二十七1）
d. 末日的拯救（二十七2～13）

D. 依靠上帝與依靠列國（二十八1～三十五10）
a. 禍哉！以法蓮（二十八1～29）
b. 禍哉！亞利依勒（二十九1～24）
c. 禍哉！與埃及結盟者（三十1～33）
d. 禍哉！求救於埃及者（三十一1～9）
e. 公義君王來臨拯救（三十二1～三十三24）
f. 上帝拯救復興猶大（三十四1～三十五10）

E. 歷史補篇（三十六1～三十九8）
a. 希西家面對亞述來犯（三十六1～三十七38）
b. 希西家患重病與康復（三十八1～22）
c. 希西家與巴比倫使者（三十九1～8）

F. 安慰之言（四十1～五十五13）
a. 獨一真神帶來救恩（四十1～31）
b. 上帝激勵僕人雅各（四十一1～29）
c. 上帝差遣僕人行義（四十二1～25）
d. 以色列為上帝僕人（四十三1～四十四23）
e. 上帝立僕人塞魯士（四十四24～四十五25）
f. 巴比倫帝國的滅亡（四十六1～四十七15）
g. 上帝之言顯為確實（四十八1～22）
h. 僕人的蒙召及工作（四十九1～13）
i. 上帝親手拯救錫安（四十九14～五十3）
j. 上主僕人被辱不屈（五十4～11）
k. 錫安蒙福得以復興（五十一1～五十二12）
l. 上主僕人受苦得勝（五十二13～五十三12）
m. 上主救恩必然臨在（五十四1～五十五13）

G. 上帝國度的確立（五十六1～六十六24）
  a. 守安息日者蒙悅納（五十六1～8）
  b. 責打惡人善待義人（五十六9～五十七21）
  c. 虛假敬虔必受刑罰（五十八1～五十九21）
  d. 上帝榮光吸引萬民（六十1～22）
  e. 受膏者傳講好信息（六十一1～11）
  f. 重建錫安踐踏以東（六十二1～六十三6）
  g. 百姓祈求上帝垂顧（六十三7～六十四12）
  h. 惡人遭禍義人蒙福（六十五1～16）
  i. 上帝管理新天新地（六十五17～六十六24）

6.2. 耶利米書

6.2.1. 寫作背景

試翻閱耶利米書第一章，重溫耶利米被上帝呼召的經過。你經歷過上帝類似的呼召嗎？你有何回應？

耶利米書以先知耶利米（希伯來文：*yirməyāhû*，意即「耶和華所建立／指派」）命名。雖然全卷耶利米書未必全都是由耶利米一人寫成，但他是書中主要人物。在以色列民族眾多先知中，以記載耶利米的時代背景、生平事迹和心路歷程最為詳盡。他生於便雅憫地亞拿突城，是祭司希勒家的兒子；換言之，他也是祭司。他生於一個動盪不安的世代，因為當時正值猶大國末年，他親身經歷國破家亡的慘痛。

公元前7世紀末，亞述國因為版圖過大而難以治理，因而削減其國勢，再加上地方勢力頻頻叛亂作反，使其國勢從最高峯急速滑落。猶大王約西亞想趁機擺脱亞述管轄，使他可在國內推行多方面的改革，其中最特出的改革就是宗教改革。當他作王第十二年（公元前628年；參王下二十二～二十三章；代下三十四3～三十五27），國家全面進行宗教改革。王命令全國人除掉邱壇、木偶、雕刻的像和鑄造的像。當時「眾人在他面前拆毀巴力的壇，砍斷壇上高高的日像，又把木偶和雕刻的像，並鑄造的像打碎成灰，撒在祭偶像人的墳上。」（代下三十四4）。約西亞在位第十八年（公元前622年），正當改革進行之際，大祭司希勒家在修葺聖殿時發現了一卷律法書，這律法書指出若猶大國的人民離棄耶和華，向別神燒香，他們必惹耶和華上帝發怒，而耶和華必按照書上一切的咒詛降禍與猶大（代下三十四8～32）。因著這律法書的出現，加速了約西亞王改革的意向。王吩咐各人除掉偶像及惡行，呼籲他的子民悔改。王與眾民在耶和華面前重新立約，又重新遵守逾越節。

亞述是一座小城，曾是古亞述國的首都。亞述國於公元前1700年間被巴比倫所滅，這城也被毀。公元前1000年代，亞述國再興起，以較亞述城大10倍的尼尼微城為首都。

公元前614年，瑪代攻陷亞述帝國古都**亞述城**。在公元前612年，瑪代與巴比倫聯軍攻陷亞述首都尼尼微，亞述王烏巴列二世（Asshur-uballit II）率領殘餘部眾退守哈蘭。公元前609年，埃及法老尼哥率軍北上援助亞述之際，猶大王約西亞出兵攔阻，卻不幸被埃及法老所殺，戰死於米吉多（王下二十三**29～30**）。此事帶來3方面的影響：第一，亞述最後沒有因為埃及的救援而得以復國，亞述時代亦在此結束，而巴比倫成為近東的霸主。第二，猶大落在埃及的管治之下。約西亞因戰死沙場，他的兒子約哈斯繼位。約哈斯在位僅3個月就被法老尼哥所廢，改立約西亞另一個兒子以利亞敬為王，並給他改名為約雅敬，又強迫他向埃及效忠，猶大由臣服亞述，改為臣服埃及。第三，因著約西亞之死，猶大人對轉向耶和華會帶來國家福祉這看法失去了信心，人民回復拜偶像，他們犯罪的情況比之前甚（參耶四十四15～18）。

29節「攻擊」（「和合本」）這詞希伯來文是副詞 *ʿal*，亦有「為了」的意思。按歷史記載，埃及法老是去幫助亞述，而不是去攻擊他，故譯作「幫助」較為適合。

接著的十多年，猶大國將面臨很大的衝擊，國運每況愈下。約雅敬在位第四年，巴比倫向西擴張的野心，促使巴比倫和埃及這兩股分別雄據東西的兩大勢力爆發大戰，他們在以色列國境外以北的迦基米斯開戰。結果埃及大敗，而巴比倫在近東的霸主地位更為鞏固。猶大國情亦因而再度發生變化，約雅敬原本臣服於埃及，現改為臣服巴比倫（參王下二十四1；但一1）。3年後，巴比倫和埃及再次爆發戰爭，約雅敬趁機擺脫巴比倫的轄制，於是背叛巴比倫王尼布甲尼撒（王下二十四1），結果招致尼布甲尼撒進攻耶城。公元前597年，巴比倫軍隊出兵圍攻耶路撒冷，國家危如纍卵，約雅敬在圍城時駕崩，他的兒子約雅斤繼位。約雅斤在位還未足3個月，就與母親、臣僕等一起出城投降。尼布甲尼撒把約雅斤並王室要員、社會精英等共一萬多人擄至巴比倫。尼布甲尼撒改立約西亞的另一個兒子，即約雅斤的叔父瑪探雅作王，給他起名為西底家。猶大再次臣服在巴比倫的管治之下(參王下二十四章)。

在西底家王管治之下，對於是否忠於巴比倫的國策搖擺不定，朝中大臣對此亦有不同看法，有鼓吹與其他小國聯盟一起對抗巴比倫，亦有主張臣服巴比倫。西底家表面看雖然效忠於尼布甲尼撒，但事實上確想反抗巴比倫，結果他終於背叛了巴比倫。尼布甲尼撒為平定叛亂，揮軍圍攻耶路撒冷，當時耶城正面臨饑荒。公元前587年耶路撒冷終被攻陷，西底家王和他的眾子被捉到王面前，巴比倫王在西底家面前殺掉他的眾子，又剜去他的雙目，然後以銅鍊鎖著他帶到巴比倫。這實在是一個極大的侮辱(參王下二十五3～7)。耶城和聖殿被焚燒，部分猶大人被擄到巴比倫去，其餘的百姓被殺的甚多，剩餘留在城內的，都是貧窮人。巴比倫人將葡萄園和田地分給他們，著耕種為生(參耶三十九10)。猶大至終亡了國，耶路撒冷便成為巴比倫的一個省分。巴比倫王立約西亞王的書記沙番的孫子基大利作省長(王下二十五22，參二十二3)，代表巴比倫管轄猶大人(參王下二十五章)。

先知耶利米於約西亞在位第十三年蒙召(一2；公元前627年)。從公元前627至587年，耶利米不斷向猶大君王和百姓傳達上帝的話。他向猶大人宣告上帝審判的信息，勸勉他們悔改。不過，當上帝的審判已確實臨到，耶利米則力勸猶大羣臣降服巴比倫王，不要作無謂的反抗。他更寫信給已被擄到外邦的猶大人，鼓勵他們建屋、栽種、娶妻、生子。耶利米又向以色列人宣告盼望的信息：耶路撒冷荒涼的日子期限為70年，以後上帝必眷顧他們，重新與以色列人立約，帶來新的開始。

先知耶利米被召時是亂世。當你目睹自己的教會發生問題，動蕩不安時，是否仍有耶利米般的心志，堅持守著崗位事奉上帝？

耶路撒冷淪陷後，耶利米受巴比倫王厚待，任由他決定前往巴比倫，或任何一個他願意去的地方。耶利米卻寧願留在耶路撒冷，與他的好友巴錄一同事奉，繼續向猶大餘民宣講信息。後來猶大人將省長基大利暗殺，然後強把耶利米帶到埃及。耶利米仍沒有放棄機會，仍繼續向流亡埃及的猶大人宣講信息，他們卻誤以為耶利米叛國（四十二～四十四章）。按耶利米書的記載，先知的宣講便在此停止了。

6.2.2. 主題信息

耶利米全書共52章，以章數來說，它似較以賽亞書短，但按字數計算，它是大先知書中最長的一卷。可見其內容及所包含的主題極為豐富。

> 耶利米不怕王權，也不怕別人的反對，堅持為上帝宣布審判的信息。你認為他的動力從何而來？他的堅持對你有何信仰上的反省？

耶利米書有這樣記載：「[1]猶大王約西亞的兒子約雅敬第四年，耶和華的話臨到耶利米說：[2]『你取一書卷，將我對你說攻擊以色列和猶大，並各國的一切話，從我對你說話的那日，就是從約西亞的日子起直到今日，都寫在其上。[3]或者猶大家聽見我想要降與他們的一切災禍，各人就回頭，離開惡道，我好赦免他們的罪孽和罪惡。』」（三十六1～3）這段經文說明在約雅敬作王第四年，上帝曾吩咐耶利米將祂所說的話記錄下來。有學者相信，一至二十五章便是記錄耶利米在這段時期宣講的話。除了第一章記載先知蒙召外，這些宣講大多是批判猶大的罪惡，並宣告上帝即將施行的審判。它只結集先知在不同時間、場合，向不同受眾所說的話，而沒有具體記載或交代先知說話的場景。然而，我們仍可以根據內容和段落標題，分辨出某些明顯的段落，例如：「耶和華論到乾旱之災的話」（十四1～十五9）；「至於猶大王的家……耶和華如此說」（二十一11～二十三8）；「論到那些先知」（二十三9～40）。還有某些段落，是描述耶利米內心掙扎的，這些經文散布在全書不同位置（十一18～23，十二1～6，十五10～21，十七14～18，十八18～23，二十7～18）。

一至二十五章是向猶大人發出嚴厲的指控。上帝吩咐耶利米將這些宣講記錄下來，不是要將猶大人的罪公之於世，反而是要他們悔改：「或者猶大家聽見我想要降與他們的一切災禍，各人就回頭，離開惡道，我好赦免他們的罪孽和罪惡。」（三十六3）不過，猶大至終都亡國，使耶利米的努力落了空。

約雅敬因愚昧不肯聽耶利米的宣告，遭致國家落在被擄的厄運中。約雅敬的表現如何提醒作領袖的你？

由於猶大人沒有聽從上帝藉先知傳給他們的話，漠視上帝向他們發出的審判信息，耶利米後期的信息已不再責備罪，而是轉而宣布猶大亡國已是不能改變的事實，猶大人也定必臣服巴比倫王。西底家在位年間，以東、摩押、亞捫、泰爾、西頓等眾使臣聚集在耶路撒冷，意圖聯盟背叛巴比倫。耶利米把繩索與軛交予這些使臣，要求他們將上帝的話傳給他們的君王，吩咐他們不可再作無謂的反抗，而要服在巴比倫王尼布甲尼撒的軛下(二十七～二十八章)。他亦寫信給已被擄到外邦的猶大人，提醒他們不要期望在短期內可以回歸自己的家鄉。耶利米的信息看似是負面，但他的信息不是一面倒的只有拆毀。他亦宣布上帝定意要猶大人服事巴比倫王70年，期滿後上帝會把以色列人帶領歸回耶城(二十六，二十九章)。耶利米又宣布盼望的信息，指出上帝會與以色列人另立新約：

> 33耶和華說：「那些日子以後，我與以色列家所立的約乃是這樣：我要將我的律法放在他們裏面，寫在他們心上。我要作他們的上帝，他們要作我的子民。34他們各人不再教導自己的鄰舍和自己的弟兄說：『你該認識耶和華』，因為他們從最小的到至大的都必認識我。我要赦免他們的罪孽，不再記念他們的罪惡。這是耶和華說的。」(三十一33～34)

除了向猶大宣告審判與盼望的信息外，耶利米也向列邦傳達耶和華譴責的話，而且篇幅頗長，這正回應了上帝呼召耶利米時所說：「我已派你作列國的先知」這話(一5)。耶利米對外邦列國的話記錄在四十六至五十一章，但在「七十士譯本」，這段經文是放在二十五章13節之後。此外，「馬所拉文本」與「七十士譯本」兩個版本中所涉及對國家宣講的次序也有分別(參4.2.1.3.「耶利米書的兩個版本：『馬所拉文本』和『七十士譯本』」)。無論是「七十士譯本」的譯者將「馬所拉文本」的經文次序更改，抑或「七十士譯本」所根據的是另一個希伯來文的版本也好，這現象均肯定本書成書背後經歷了編輯的過程。而這段對外邦列國的說話，亦顯出耶和華不獨是以色列的上帝，也是全地的主。

耶利米書摘要

主題信息：(1)宣布即將亡國的猶大人的罪，並預言他們將要被擄；(2)宣布列國的審判；(3)上帝必重新建立以色列，與他們另立新約。

大綱：

A. 敍事：先知蒙召(一1～19)

B. 宣講：向猶大宣布審判神諭(二1～二十五38)

- a. 以婚姻論猶大背道(二1～三5)
- b. 猶大因叛逆遭受審判(三6～六30)
- c. 猶大的虛假信仰(七1～十25)
- d. 猶大不遵守西奈聖約(十一1～十三27)
- e. 預言猶大將面臨乾旱的審判(十四1～十五9)
- f. 先知因宣布猶大遭受審判感痛苦(十五10～十七27)
- g. 以陶匠製器為喻宣布審判信息(十八1～二十18)
- h. 對猶大君王宣布審判神諭(二十一1～二十三8)
- i. 假先知必受罰(二十三9～40)
- j. 被擄之事必定發生(二十四1～二十五38)

C. 敍事：約雅敬登基年和西底家在位第四年事迹(二十六1～二十九32)

D. 宣講與敍事：安慰猶大(三十1～三十三26)

- a. 宣講：回歸與復興的應許(三十1～三十一30)
- b. 宣講：新的約(三十一31～34)
- c. 宣講：建造耶路撒冷(三十一35～40)
- d. 敍事：以購買田地的行動宣告應許(三十二1～三十三26)

E. 敍事：約雅敬、西底家年間事迹(三十四1～三十九18)和耶路撒冷淪陷後事迹(四十1～四十五5)

F. 宣講：向列國宣布審判神諭(四十六1～五十一64)

- a. 埃及受審判(四十六1～28)
- b. 非利士受審判(四十七1～7)
- c. 摩押受審判(四十八1～47)
- d. 亞捫、以東、大馬士革、基達和夏瑣、以攔受審判(四十九1～39)
- e. 巴比倫受審判(五十1～五十一64)

G. 敍事：歷史補篇(五十二1～34)

溫習問題(6.1.～6.2.)在頁140。

6.3. 耶利米哀歌

6.3.1. 寫作背景

從早期的聖經譯本以至拉比著作，都將耶利米哀歌稱為「哀歌」(英文聖經稱此書為Lamentations)。書中並沒有說明作者是誰，但因猶太及基督教傳統都以耶利米為此書的作者，中文聖經才將之稱為「耶利米哀歌」。此外，「七十士譯本」更在一章1節之前加上一段序言：「以色列人被擄充軍以後，耶路撒冷成了一片荒涼之地。耶利米痛哭流淚的坐著，唱了這篇哀歌，憑弔耶路撒冷，說」。「武加大譯本」又在「說」之前加多一句：「他以悲痛的心情，歎息及嗚咽地」。學者一致相信，耶利米哀歌是公元前6世紀的作品，目的是哀悼耶路撒冷，而且無論在語調或內容上都頗為一致，故此學者大都相信是由一人寫成的作品。公元前587年，巴比倫王尼布甲尼撒在**四月初九日**領軍攻陷耶路撒冷(參王下二十五3；耶五十二6)，又在**五月初十日**焚毀聖殿及王宮(參耶五十二12；比較王下二十五8～9)。根據耶利米哀歌的內容，作者似曾目睹耶路撒冷淪陷的情況(二1～10、21～22)，並以「殯喪歌」的風格，寫成哀悼聖城被毀的詩歌。

四月初九日即猶太曆法的搭模斯月初九日；五月初十日即猶太曆法的埃波月初十日。直至今天，猶太人凡四月九日都在會堂中朗讀耶利米哀歌，以紀念被擄的日子。

6.3.2. 主題信息

從結構看，耶利米哀歌其實是由5首詩歌組合而成，一首詩佔一章，結構甚為慎密。除了第五章，其餘4首都屬離合詩(acoustic psalm)。第一、二、四章共有22節，每節首個字母均以不同的希伯來文字母開始，而這些字母是順著希伯來文22個字母次序的。第三章有66節，以3節一組，每組同樣也是按著希伯來22個字母排列。第五章並非離合詩，但它仍有22節，每節包含一個希伯來文字母，故此它仍屬字母詩。雖然耶利米哀歌結構清晰，但若從內容去分段，就不容易了，因為文中重複出現作者的苦訴；讀者是感受到作者情緒的起伏，尤其是第三章描述那若隱若現的盼望，充分表達作者因耶路撒冷被毀而悲痛的心境。

不少人閱讀耶利米哀歌，只選第三章有關盼望的信息，其中22至23節：「耶和華的慈愛永不斷絕，他的憐憫永不止息。每天早晨都是新的；你的信實多麼廣大！」（「新譯本」）更為多人背誦的金句及喜愛詩歌「祢的信實廣大」這主題。當然，作者在書中這段經文確實表達他在哀傷中的盼望，但這是否耶利米哀歌的的主題呢？

耶利米哀歌稱為「哀歌」，無疑已表明其內容以「苦訴」為主。閱讀耶利米哀歌困難在於書中的苦訴不但挑動讀者對哀傷者的同情，也勾起讀者自己那壓抑多時的悲慟情緒，這兩者都使讀者不安，惟有第三章那盼望的信息（三21～39），才能帶給讀者一點安慰。可能因這個緣故，這段的記載算是留給讀者最深刻的印象吧！不過，當留意的是，作者不是呻吟，又或期望讀者明白他困苦的心情，他哭訴的對象是上帝。他清楚說明耶路撒冷的滅亡是出於上帝（一12下～15，二1～9、17，三1～18，四11）。這些哀訴的片段主要記載在第一、二章及四章。在描述國難的哀傷中，詩人說了5次「沒有安慰」或「沒有安慰者」（一2、9、16、17、21）。詩人在第二章向耶和華的哀訴最為激烈，當中耶和華被描述為一位在戰場中失了控的憤怒戰士（二1～9），祂毀滅以色列的城堡，殺害其中的領袖及居民，甚至將祂所建造、象徵祂與子民同在的聖所，祂也沒有放過，而兒童嬰孩也遭慘殺（參四4、10～11），無怪乎詩人說，耶路撒冷的「裂口」（二13；希伯來文：***šeber***）大如海洋。上帝真可以這樣對待他的子民嗎？

你經歷過很深的悲傷嗎？因何事有這樣的悲傷？有沒有因你同胞的遭遇而悲傷？是否也有耶利米的反應？

「和合本」也將 ***šeber*** *這詞譯為「毀滅」（參三47、48；四10）。*

耶路撒冷面對滅亡中得不到任何的安慰，她感到自己「甚是卑賤」，因此她哀求上帝「觀看」（一11）她的慘情；她又向所有過路的人發出同樣的哀求（參一12），請他們觀看上帝如何在烈怒中使她受苦。她也向所有的民族哀求，請他們「聽」及「看」她被擄去的苦況（一18）。雖然她發出這樣的哀求，但得不到回應，只有她的敵人「聽見」和「看見」她在滅亡中哀傷。他們看見她的境況，心中喜樂，又嗤笑她（一21，二16）。

哭訴者所「看見」的只有困苦和上帝憤怒中的管教（三1；「遭遇」的希

伯來文與上文一11「觀看」同詞)。沒有人看見，也沒有人同情他的哀痛，連上帝也掩耳不聽他的禱告(三7、8)。他找不到出路，只有再次向上帝哀求，又多次求上帝「觀看」(一20，二20，五1)。這種絕望中的哀求，並非反映出作者對上帝沒有信心，而是作者在傷痛絕望中向上帝表達他內心真切的感受，他正在處理自己內心哀傷的情緒。訴苦哀求是苦痛的自然流露。所以，雖然作者記述耶路撒冷在第一章和第二章上半部分的內容，以及「人」在第四章中表達的苦訴非常激烈，但在第一及二章下半部分的禱文和作為接續著第四章的禱文(五章)，卻可清楚看見詩人表達對上帝的信念。這些禱文指出以色列民在非常悲痛的經歷中，仍然求上帝「看」他(們)的處境。雖然詩人沒有感受到安慰，也看不見出路，但他並沒有放棄對上帝的信念。即使上帝看似聽不到、看不見，甚至沒有任何回應，他仍向祂懇求，深深相信祂的存在。這並非一種絕望中的禱告，相反卻是一種信心的表現。這種信心，不是禱告直到有改變，而是即使沒有改變，仍然繼續信靠地禱告。

耶利米哀歌摘要

主題信息：(1)作者借用哀歌表達他對耶路撒冷被毀，聖殿被焚的悲痛心情；
(2)作者向上帝發出禱告，求祂赦免及憐憫以色列子民。

大綱：

A. 第一首哀歌：哀悼「沉默」之上帝的審判(一1～22)
B. 第二首哀歌：哀悼「強暴」之上帝的審判(二1～22)
C. 第三首哀歌：哀悼「變幻」之上帝的審判(三1～66)
D. 第四首哀歌：哀悼「毀滅」之上帝的審判(四1～22)
E. 第五首哀歌：哀痛中的禱告(五1～22)

溫習問題(6.3.)在頁140。

6.4. 以西結書

6.4.1. 寫作背景

「以西結」(希伯來文：*yəḥezqēʾl*)這名字意思是「上帝剛強、上帝使剛強」。以西結約在公元前623至622年出生，出身於祭司家族（一3）。他身處的時世，適逢約西亞王剛開始進行改革，國家充滿希望。但在公元前609年埃及法老尼哥率軍北上支援亞述，約西亞揮軍阻擋而被殺（參王下二十三28～30）。其子約哈斯繼位3個月，就被尼哥帶去埃及，後由約哈斯的兄弟約雅敬接續為王。其後巴比倫勢力逐漸強盛，進攻巴勒斯坦。約雅敬初時臣服巴比倫，後因轉向埃及而被巴比倫除掉，他的兒子約雅斤繼位。公元前597年有人來報告，說巴比倫王尼布甲尼撒親自率軍圍困耶路撒冷，並將約雅斤及眾多領袖，以及百姓擄到巴比倫，以西結也在當中。巴比倫王另立約雅斤的叔叔瑪探雅為猶大王，替他改名為西底家。以西結被擄後5年剛好30歲。按以色列的宗教條例，他應該要開始在聖殿裏事奉（參民四3），但可惜在異地未能盡祭司職務。此際，上帝在迦巴魯河邊向他顯現，呼召他作先知。自此，他不但有祭司身分，也有先知身分。

在這期間，猶大國有兩個君王。一位是被擄去到巴比倫的約雅斤，另一位是由尼布甲尼撒王在猶大所立的西底家。書中提供的日期全是根據約雅斤被擄後的年期計算，可見對於以西結，他仍以約雅斤為合法的君王。若從書中的日期，以西結最後宣講的神諭是在公元前571年，即「第二十七年」（二十九17；參4.2.2.4.「編輯的排列修訂」）。所以，他的先知生涯共歷時22年。按寫書時間上的計算，書中約三分一內容是寫在耶路撒冷接近淪陷之時，其餘的三分之二是在耶城被滅之後。然而，以西結書有超過一半的內容是與耶城被毀之前的時期有關，因此全書內容是充滿哀傷和嘆息，無怪乎當上帝命以西結吃書卷時，他看見在他面前展開的書卷，其上所寫的都是「哀號、歎息、悲傷的話」（二10）。當然，以西結書的內容並不單談論這些事情，因為還有部分內容是論及以色列人的盼望。

面對著國家領導人或君王混亂的管治，除了禱告外，你還可以作甚麼呢？

以西結與耶利米為同時期的人，以西結可能聽過耶利米的宣講，也深受耶利米影響。以西結一生經歷國家在約西亞的改革時期，以及約哈斯、約雅敬與約雅斤管治下的混亂時期。他嘗過被擄，又在異地面對當時國家將會遭到滅亡的情況。他向被擄者宣告上帝審判以色列人的信息。國家覆亡後，他仍在巴比倫向被擄者傳講上帝的信息，指出上帝的公義。祂不但審判以色列人，也審判列國。雖然以色列人遭上帝的管教，但至終祂復興以色列國，更新他們的國和信仰。

6.4.2. 主題信息

無可否認上帝揀選了以色列人，但他們沒有停止背叛上帝。你認為除了「刑罰」之外，還有沒有其他方法可以阻止他們犯罪？

以西結書可以分為3大部分。第一部分是審判猶大國及耶路撒冷(一～二十四章)。先知譴責猶大人的罪，又宣告上帝的刑罰，以及呼籲他們悔改。第二部分是向7個國家宣講審判神諭(二十五～三十二章)。先知責備他們對以色列人不當的行為，又指出他們高傲自大。第三部分是宣告以色列復興的信息(三十三～四十八章)，其中包括：以色列南北兩國的統一；被擄者獲准回歸故土；大衞王朝再次管治以色列民；外敵被滅以致回歸者得以安居；上帝的榮耀再次臨在耶路撒冷的聖殿，以致生命河從殿中流出滋潤大地。簡單來說，以西結透過宣講審判及拯救的信息，重建以色列人的信仰生活及社會結構。

以西結書其中一個特色是書中列出了14個詳細的日期標誌，說明在某年某月某日所發生的事情，又或標誌先知所宣告的神諭的內容(參下表)。在先知文學中，這種表達形式只出現在以西結書、哈該書和撒迦利亞書。作者這樣表達，一方面為確立事情發生的歷史性，但更重要的是強調先知信息的真實性及可靠性，及至後人再看這些信息時，可以確實知道這些內容並非出自先知自己，而是來自上帝。

以西結書中的14個日期標誌

經文	日期			年分	相關經文	發生的事件
	年	月	日			
一1～3	5	4	5	593	一1～三15	以西結被召
三16	5	4	12	593	三16～22，三22～五17	以西結被上帝差派，以象徵行為宣告審判
八1	6	6	5	592	八～十一章	以西結看見關乎耶城的異象；上帝的榮耀離開的異象

二十1	7	5	10	591	二十章	面對幾位長老的求問
二十四1	9	10	10	588	二十四章	以西結宣布上帝的審判立即要來臨
二十六1	1	11	11	586	二十六章	警誡泰爾
二十九1	10	10	12	587	二十九1～16	指責埃及
二十九17	27	1	1	571	二十九17～21	預言巴比倫王征服埃及
三十20	11	1	7	587	三十20～26	對埃及說預言
三十一1	11	3	1	587	三十一章	對法老說預言
三十二1	12	12	1	585	三十二1～16	寫給法老的哀歌
三十二17	12	12	15	585	三十二17～32	寫給法老及他軍隊的哀歌
三十三21	12	10	5	585	三十三21～22	報信的人宣布耶城已被攻；釋放以西結的口再宣講
四十1	25	?	10	573	四十～四十八章	聖殿的異象

以西結書另一個尤其重要的特色，就是內容強烈反映以西結的祭司背景。上帝的超越性及人的凡俗從書卷可見一斑。舊約書卷稱呼上帝為「**主耶和華**」的共293次，其中以以西結書出現最多，共217次。在以西結書，這稱呼多出現在引言或結語中，目的要指出先知的說話是出於上帝。不過，更重要的是以西結藉此來凸顯上帝的權威及超越性。只有上帝才是那位「主」，祂是掌管歷史及管治列國的主。在書中上帝稱呼以西結為「人子」(原文可直譯為「人〔亞當〕的兒子」)，共有93次。這稱號在舊約出現107次。「人的眾子」這複數名詞在舊約聖經共出現32次，「和合本」則大多將之譯為「世人」，但在以西結書卻只出現1次。這稱呼強調以西結是屬於人類的。作者的重點是指出以西結作為人與那超越的上帝有極大的差異。雖然以西結被上帝呼召成為上帝的代言人，但透過這個稱呼，上帝不斷提醒以西

除了以西結書，這神聖的名號在以賽亞書也出現不少(排列第二)，但都只不過有23次。從這麼大的差距可見「主耶和華」對以西結書是十分重要。

結，讓他知道自己只不過是凡人。

其次，就是書中採用大量的祭司用語，其中最明顯的就是「潔淨」(十六4，二十二24、26，二十四13等)、「不潔淨」(四13，二十二10、26，二十四13等)、「褻瀆」(七21，十三19，二十14等)及「顯為聖」(二十41，二十八22，三十六23等)。作者以「不潔」這詞來形容以色列人的不當行為，其中有宗教上的，如：拜偶像、不守摩西律法；也有涉及社會倫理方面的，如：行淫、欺壓等。他們的罪行會「褻瀆」上帝的名、聖殿，以及上帝所賜給他們的地土。面對這情況，上帝必定刑罰他們，為要讓以色列人，甚至外邦人，都知道祂是神聖，祂在世人中間「顯為聖」；祂要施行潔淨，使以色列人可以從新在這地土上過活。

再者，書中多處表達作者對聖殿的關注。八至十一章描述先知在異象中見到耶城的敗壞，以及上帝的榮耀離開聖殿的經過。四十至四十八章則描述先知再次看見與聖殿有關的異象。他看見新耶路撒冷的模樣和上帝返回進入聖殿的情景。以西結書對聖殿有這樣深入的關注，在先知文學中是罕見的。

以色列人要經過刑罰或痛苦才知道耶和華是他們的上帝。這是否也是你的經歷？

經文也特別強調耶和華是那位掌管歷史，並在歷史中彰顯自己屬性的上帝。「知道我是耶和華」這片語按原文在以西結書共出現超過70次，全都出現於記載上帝行完某些事情之後。這是此書表達的一種特殊公式，學者稱之為「認知公式」(recognition formula)。這樣的表達手法，目的是要指出上帝要在人類歷史向世人彰顯祂自己，使他們認識祂和祂的本性，讓他們知道無論是毀滅抑或拯救的行動，全都出於上帝的大能，也是祂親手作成的。祂也要讓全人類知道，祂有至高無上的主權，祂不單是以色列的神，也是列國的神(參結二十五～三十二章)。

以西結書一方面指出以色列因犯罪而被上帝刑罰，但另方面亦強調上帝的恩慈及憐憫。上帝所施行的拯救包括帶領以色列人有另一次新的「出埃及」，賜予新心和新靈給他們，且建立新的國度、新的領袖、新的聖殿和規則，祂又更新地土及分配之例。這些新的作為都標誌著上帝對以色列人的恩慈：縱使以色列人違約，但上帝仍會守約，也會按著祂的憐憫重新建立以色列民。

以西結書摘要

主題信息：(1)先知向被擄至巴比倫的猶大人宣告上帝的刑罰，以及呼籲他們悔改；(2)向7個國家宣講審判神諭；(3)宣告以色列民必歸回故土，上帝的榮耀必再次臨到耶城。

大綱：

A. 猶大及耶路撒冷的審判神諭(一1～二十四27)
- a. 以西結的蒙召異象(一1～三27)
- b. 針對耶路撒冷及以色列地(四1～七27)
- c. 聖殿的異象(八1～十一25)
- d. 更多針對猶大的審判神諭(十二1～二十四27)

B. 列國的審判神諭(二十五1～三十二32)
- a. 對亞捫的審判(二十五1～7)
- b. 對摩押的審判(二十五8～11)
- c. 對以東的審判(二十五12～14)
- d. 對非利士的審判(二十五15～17)
- e. 對泰爾的審判(二十六1～二十八19)
- f. 對西頓的審判(二十八20～26)
- g. 對埃及的審判(二十九1～三十二32)

C. 以色列的復興神諭(三十三1～四十八35)
- a. 耶路撒冷的淪陷(三十三1～33)
- b. 領袖的更新(三十四1～31)
- c. 以色列山的更新(三十五1～三十六15)
- d. 以色列人及土地的更新(三十六16～三十七28)
- e. 神的保護：在地土上安然居住(三十八1～三十九29)
- f. 聖殿及以色列地更新的異象(四十1～四十八35)

6.5. 但以理書

6.5.1. 寫作背景

但以理(希伯來文：*dāniyyēʾl*)這名字的意思是「上帝是審判者」。在基督教正典分類中，但以理書被列入「先知書」；在希伯來文正典中，但以理書則被列入「聖卷」。從此書的性質、作者、著作日期、書中異象的解釋，並與新約啟示錄的關係等來看，解釋此書均是極富爭議的課題。爭議的起因和本書的內容、組織和結構不無關係。

天主教聖經根據希臘文「七十士譯本」，其但以理書的版本與新教的不同。它在三章23至24節之間加插了長達68節的「三青年之歌」，與及第十三章的「蘇撒拿傳」和第十四章的「彼勒與大龍」等。全書共14章。

但以理書共有**12章**，由兩種文體組成：宮廷故事與天啟異象。一至六章，作者分別記載了6個故事，每章描述一個故事；七至十二章，則記載4個異象，七至九章每章一個異象，十至十二章記載第四個異象。簡單來說，12章可分為10個單元：6個故事與4個異象。一至九章分別記錄9個單元，每章一個，惟獨最後一個異象，作者用上了3章經文來記錄。

先故事後異象的安排，可以肯定是本書的設計。前6個故事基本上是順著時序安排：一至四章提及巴比倫王尼布甲尼撒，第五章提及巴比倫王伯沙撒，第六章提及波斯王大流士。接著的4個異象也是順著時序來編排：第七章的異象見於伯沙撒元年，第八章的異象見於伯沙撒在位的第三年，第九章發生在大流士元年，十至十二章則發生在塞魯士在位第三年。若這10個單元都是按時序編排，則第七和八章理應放在第四和第五章之間才對。換言之，本書的設計是讓讀者先看完故事，然後才一氣呵成閱讀異象。基於本書是由故事和異象組成，故此，研讀時若單著重異象部分，自然而然，此書會被歸類為「先知書」；但若果將重點放在故事部分，它亦難免被歸類為「聖卷」，視為與路得記、以斯拉－尼希米記、歷代志等同類的書卷。

在故事的部分，但以理是以第三人稱出現。但在異象部分，除了七章1、2節及十章1節外，但以理均以第一人稱出現。這不一致的現象，帶來本書作者問題的爭議。有學者認為本書作者是但以理，亦有認為不是。無論所持的觀點屬哪一方，他們分別都能從書中前後部分的不同人稱，找到支持的理據。對於聖經書卷作者的爭議，當然並不只出現於但以理書；然而對研究但以理書的學者而言，這問題的答案則事關重大。因為若本書作者是公元前6世紀的那位但以理，則書中提及波斯、希臘和羅馬時期的異象，按其本質便是預言；但若本書的作者不是但以理，而是公元前2世紀的作品，則本書提及波斯、希臘和羅馬的事情便是歷史，只是穿上預言的外衣而已。

本書除了有兩種文體、兩種人稱外，還有兩種文字。全書都是以希伯來文寫成，惟獨二章4節下至七章28節則亞蘭文。這一書兩語的現象，同樣引起學者們的爭論。

最後關於本書第二及第七章所談及的4個國家的身分，又是另一難題。雖説兩章經文都提及4個國家，但經文的焦點和讀者所關注的，其實只是第四個國家的身分。讀者關心第四個國家的身分的原因，並非對第四個國家情有獨鍾，而是因為上帝的國度將會在第四個國家之後出現。對於這4個國家的身分，主要有3個看法：一、巴比倫、波斯、希臘、羅馬；二、巴比倫、波斯、希臘、主耶穌時代的羅馬和將來在末日重現世上的羅馬；三、巴比倫、瑪代、波斯、希臘。

學者對於這些難題所牽涉的討論，實難在此有限的篇幅裏説明。對於本書的寫作背景，這裏只可以簡單交代。若本書是於公元前6世紀寫成，作者便是但以理。按這時期，作者所面對的受眾是一羣被擄到外邦的猶大人，與以西結書的背景相似，他們生活於異邦，所面對的問題，就是能否繼續堅持他們的信仰，忠於耶和華。另方面從上帝向但以理啟示將來所發生的事，暗示了將會有一位敵擋上帝的君王出現，折磨上帝的子民，但上帝必定審判他，上帝的國度最終將會降臨。

若本書成書於公元前2世紀，則本書作者是以但以理這名義，把公元前6世紀有關但以理其人的事迹和言論重新整理，寫成此書。當時的受眾——猶太人——正受希臘王**安提阿古四世**（Antiochus IV；統治期：公元前175～163年）統治。這位君王在位期間，積極推廣希臘文化，甚至到一個地步，將其習俗及宗教強加於人民，以為藉此手段可控制人民，結果遭猶太人的反抗，至終引發暴亂。面對如此的暴政，放棄信仰的也不少，而但以理書正要回應他們的宗教景況，鼓勵猶太人不單不能放棄上帝，還要效忠於祂。至終，上帝必會

他又名伊皮法尼（Epiphanes；意即「名聲顯赫的人」，是兩約中間時期希臘西流古王朝的一位君王。

審判驕傲自大、與祂敵對的君王。但凡願意為上帝至死忠心的人，上帝必保守，即或遭遇陷害，將來必能復活得賞賜。

6.5.2. 主題信息

但以理和他的同伴一同經歷一個「即或不然」的信仰。你是否在不信的羣體中同樣面對但以理的挑戰？你有沒有他們的態度？

在本書10個單元中，第一章是全書背景，交代本書主角生活的時代（公元前6世紀）。他們是生活在異邦巴比倫的猶太人（其中有但以理、哈拿尼雅、米沙利和亞撒利雅）。他們年少俊美，又有學識。可能因為這緣故，他們被選入宮接受訓練，學習巴比倫的文字語言，目的是要他們將來侍立在王前（一4～7）。亦因為這記述，而至在往後的故事中，他們總是與大流士王有接觸。值得留意的是，在受訓期間，宮中太監替他們改名，這做法有其象徵意義，王藉此要他們忘記自己的身分，歸屬巴比倫帝國。作者介紹這4個人的時候，又突出但以理這人：惟有他能明白各樣的異象和夢兆（17節）。

接著六章的內容顯示了特殊的結構。第二和七章均提及4個國家的異象。第三和六章均提及書中主角因不怕王命，仍選擇向上帝效忠，結果被扔在火窰和獅子坑中，但最後又經歷上帝的拯救。第四和五章位於這幾章的中間，內容均提及驕傲的君王，第四章的君王是尼布甲尼撒，第五章的是伯沙撒。前者最後因向稱頌上帝而復得國位，後者雖然知道尼布甲尼撒所遭遇之事，但仍向上帝自高，使用從耶路撒冷聖殿奪來的器皿飲酒；結果被上帝審判，伯沙撒當夜被殺，國度歸了瑪代波斯。

第七章談及四獸和人子的異象。天使在解釋異象時指出：這4個大獸就指將要在世上興起的4位王，然而至高者的聖民至終必得享上帝的國，直到永永遠遠。但以理追問有關第四獸的解釋，天使便進一步向他説明。這獸是指第四國，當這國來臨，必有一王（小角）出現，這王自高自大，折磨至高者的聖民，改變節期和律法，然而審判者必坐著行審判，把這王的權柄奪去，國度權柄和天下諸國的大權必賜給至高者的聖民。

第八章公綿羊及公山羊的異象中，天使明言公綿羊是瑪代波斯，公山羊是希臘。希臘時期，將有一位王（小角）出現，這王自高自大，行事與上帝敵對，又除掉獻給天象之君的常獻祭，拆毀祂的聖所，又毀滅聖民；然而這王最終非因人手而滅亡。

除了災難的預告，將來的復興也是但以理書的信息。這些信息是安慰正在受苦的信徒。你相信上帝拯救的能力實現在你生活中嗎？

天使加百列在第九章向但以理啟示了關於耶路撒冷和猶大人的「七十個七」。在最後一個七，有一位王出現，他帶領人毀滅聖城和聖殿，終止獻祭和供物，但最終上帝指定的結局必臨到這人身上。

最後一個異象涉及希臘時期。佔領埃及的多利買王朝（南王）和佔領敍利亞的西流古王朝（北王）之間必有戰爭。這時期的末了會出現一位王，這王自高自大：「他必興兵，這兵必褻瀆聖地，就是保障，除掉常獻的燔祭，設立那行毀壞可憎的。」（十一31）只是當結局來臨，沒有人可以幫助他。

從上述內容分析，不論本書是否但以理所作，不論4個國家是指哪一國，此書的中心信息仍是十分清楚：上帝的主權是在王權之上，驕傲的王必被上帝審判。忠於上帝的人，必蒙上帝保守。那只能殺身體，不能殺靈魂的，可不必怕他。

但以理書摘要

主題信息：(1)記述猶大人在異邦如何堅持他的信仰；(2)列邦國度的興衰全在上帝的主權之下，驕傲的王必被受審判，忠於上帝的人，必得蒙保守，並且與上帝同享永恆的國度。

大綱：

A. 宮廷故事（一1～六28）
   - a. 全書背景（一1～21）
   - b. 四國的異象：巨像（二1～49）
   - c. 拯救的故事：火窯（三1～30）
   - d. 驕傲的君王：尼布甲尼撒（四1～37）
   - e. 驕傲的君王：伯沙撒（五1～31）
   - f. 拯救的故事：但以理與獅子坑（六1～28）

B. 天啟異象(七1～十二13)
- a. 四國的異象：四獸與人子(七1～28)
- b. 綿羊與山羊：瑪代波斯與希臘(八1～27)
- c. 禱告的回覆：七十個七的啟示(九1～27)
- d. 南王與北王：希臘時期的鬥爭(十1～十二13)

溫習問題(6.4.～6.5.)在頁141。

溫習問題(6.1～6.2)

1. 試比較以賽亞與耶利米的生平。他們是怎樣被上帝呼召的？
2. 學者認為以賽亞書是由哪3卷書組成的？試簡述這3卷書所佔章數、寫作時期。
3. 上帝是在猶大國怎樣的國情下將「以馬內利」的應許賜予亞哈斯王？他有沒有接受這應許？
4. 自從亞哈斯之後，亞述國曾攻打猶大國多少次？結果有沒有佔領猶大國？
5. 以色列的聖者、公義、我的僕人和錫安這4個詞如何凸顯以賽亞書的中心信息？
6. 猶大王約西亞是怎樣死的？他的死對猶大國有何重大的影響？
7. 往後的10年，巴比倫王怎樣對待猶大的君王？
8. 耶路撒冷是怎樣被巴比倫王攻陷？西底家的結局怎樣？
9. 耶城被攻陷前，耶利米的宣講以怎樣的內容為主？耶城被攻陷後，他如何繼續他的宣講工作？
10. 耶利米向哪幾個外邦國家宣布審判的信息？他又如何以「另立新約」這信息來鼓勵以色列人？

溫習問題(6.3.)

1. 為何耶利米哀歌不是稱為「哀歌」？
2. 耶利米哀歌是在怎樣的背景之下寫成的？

3. 誰是此書的作者？它由多少篇詩歌組成？這些詩歌屬哪一類體裁？
4. 耶利米哀歌的作者是向誰申訴他的苦情？他怎樣描述耶和華？
5. 作者如何使用「看見」這詞來刻劃他的苦況？文中如何流露出他對上帝仍有信心？

溫習問題(6.4.～6.5.)

1. 以西結出身於怎樣的家庭？他與哪一些人一同被擄至巴比倫？
2. 以西結書大部分的內容是與猶大國哪一段日子有關？內容充滿著怎樣的氣氛？
3. 「日期」對於以西結書有何特別的意義？
4. 「主耶和華」對以西結書有何含義？它的內容如何反映祭司的背景？
5. 「聖殿」在以西結書有地位？「耶和華榮耀」的離開與歸回帶著甚麼信息？「知道我是耶和華」這片語所表達的是甚麼？
6. 希伯來文聖經將但以理書歸入哪一類書卷？對於天主教聖經而言，這卷書在內容上與新教的有何不同？
7. 但以理書共12章，前6章的體裁與後6章的有何分別？學者對作品寫成的日期上，有哪兩方面的立場？這些立場如何影響他們對但以理書的解釋？
8. 學者對4個獸所象徵的4個國家有何不同的看法？「人子的異象」包含甚麼意思？
9. 「公綿羊及公山羊的異象」、「七十個七」、「南方王和北方王」這3個異象是指甚麼意義？
10. 整體而言，但以理書最明顯的中心信息是甚麼？

第七章
先知書的信息（二）

- 何西阿書
- 約珥書
- 阿摩司書
- 俄巴底亞書
- 約拿書
- 彌迦書
- 那鴻書
- 哈巴谷書
- 西番雅書
- 哈該書
- 撒迦利亞書
- 瑪拉基書

7.1. 何西阿書

7.1.1. 寫作背景

先知何西阿(希伯來文：*hôšēac*；意即「耶和華已拯救」)與北國以色列最後的王何細亞同名。除了何西阿書外，我們沒有先知生平的其他資料。因作者在書中提及許多北國以色列境內城市的名稱，如：吉甲、伯．亞文、基比亞、拉瑪、撒馬利亞等(參四15，五8，七1)，但卻沒有提及任何猶大國內的城市；而且他又稱以色列王為「我們王」(七5)。因此，先知何西阿很可能是來自北國的一位先知。有學者相信，何西阿的父親備利(一1)可能就是被亞述王提革拉．毘列色擄去的那位備．拉(參代上五6)。不過，這點說服力不足夠。備．拉屬呂便支派(參代上五1～5)，但何西阿書從沒有提及這支派境內任何一座城，卻經常提及屬便雅憫支派境內的，如：亞割谷(二15)、伯．亞文(四15，五8，十5、8)、吉甲(四15，九15，十二11)、基比亞(五8，九9，十9)等。他又以便雅憫(五8)這名稱來比喻北國以色列的子民，這反映他對便雅憫支派認識最深，因此沒有證據反映到備利就是備．拉。

耶羅波安二世統治北國歷41年，在北國列王中，國祚最長，可見他影響以色列國之深遠，特別在拜偶像的事上。聖經形容他與耶羅波安一世(參王上十二25～十四20)所行的相同。

據書中的引言(一1)，上帝的話臨到先知何西阿之時，猶大國正是烏西雅、約坦、亞哈斯及希西家作王，而以色列則由**耶羅波安二世**統治。基於書裏沒有提及撒馬利亞城的被毀，而猶大王烏西雅在公元前8世紀初至中期執掌猶大國，因此先知何西阿很可能在公元前8世紀期間開始在以色列傳講上帝的信息。在這段日子，耶羅波安二世為了避免亞述的入侵，一方面與亞述立約，另方面又與埃及結盟，以防禦亞述(參十二1)。耶羅波安二世又為以色列爭戰，先後收復大馬士革、哈馬口至亞拉巴海岸一帶地方(王下十四23～29)，釋放了受欺壓的以色列人。

你現時所處的環境是否與何西阿相似？作為上帝的子民，若生活在如此敗壞的社會中，你會如何作回應？

國家在這情況下自然可享受一段安寧的日子，生活也繁榮穩定起來。但可惜的是，以色列人政治的成就反成為他們的絆腳石，導致他們對上帝不忠。因著與別國聯盟，所帶給他們的不但是安靖的生活，也將鄰國的偶像帶入國內，使一向沒有尊上帝為大的以色列人，更陷入拜偶像的風氣中，他們為自己鑄造偶像，當中的祭司又為以色列民施行拜異教的儀式，向偶像獻祭（四4～14，八6，十三2），背叛耶和華與以色列所立的約（十1～8）。還有更甚的是，整個國家都陷入淫行的氣氛中。行淫、淫亂、邪淫等詞在短短的12章經文中竟出現25次之多。君王要他的侍臣以行惡來討他的歡心，而且生活極為奢淫。作者形容他們行淫的情況，「像火爐被烤餅的燒熱……首領因酒的烈性成病。」（七3～5）。他們恃財，為了圖取更大的利益，他們以詭詐賺取財利。這行徑是違背上帝的律法及所定下的商業道德（十二7～8）。

7.1.2. 主題信息

現代人只求暫時擁有，不求一生一世。上帝對以色列百姓愛的態度卻與人相反，也反映出「約」背後的真正意義。你對人對上帝的愛是否也如此堅貞？

何西阿宣講的信息是基於記錄在摩西五經中耶和華上帝與以色列人所立的聖約，這也是其他許多先知書的情況相同。先知何西阿借用他自己的婚姻的景況，展示耶和華與以色列人之間的盟約。此書前部分（一～三章）是以詩歌體裁表達，敘述何西阿的婚姻及3個子女的出生。何西阿的妻子歌篾不貞，違背與他丈夫的約，這位妻子遭遇痛苦及被遺棄，結果她丈夫尋她回來。上帝借用何西阿的婚姻來比喻以色列人與祂的關係。這妻子就是以色列人，她背約離棄了丈夫耶和華上帝，另尋新歡，亦即敬拜迦南地的神祇巴力（二8）。後部分（四～十四章）是何西阿代表上帝發言，向以色列宣告審判神諭及拯救神諭。不過，書中大部分篇幅都屬前部分，說出審判是背約帶來的後果。雖然這審判很快實現，但較遠的將來，上帝的祝福定必臨到他們。談到祝福，何西阿書有7篇拯救神諭，論及上帝對以色列人的慈愛、信實、誠實、憐憫、認識、知識等（一10～二1，二14～23，三1～5，六1～3，十12，十一8～11，十四1～8）。上帝與以色列有聖約的關係，祂定必看顧保守（參5.2.2.2.「拯救神諭」）。

書中審判及拯救的信息可按以色列人成為上帝的選民的歷史作分析，而以色列民的歷史可從他們出埃及入迦南開始。在這過程中他們經歷上帝許多的恩典。何西阿借用上帝把以色列人從埃及奴役中拯救出來的經歷，作為拯救神諭的典範(參二14～15，十一1)。以色列人離開埃及後，在西奈山與上帝立約，成為上帝所揀選的民族。如果以色列守約，上帝定必賜福(申二十八2～14；參四20)，若果他們背約，上帝的咒詛就臨到以色列(申二十八15～68；參四23～28)，包括被毀及被擄(申二十八41、63～64)。何西阿就使用解約這樣的詞彙(何一9)，宣告以色列民因背約，而要面臨上帝的審判，這些審判包括被棄、遭毀滅、被擄等(參三4～5，四6，五7、14，七16，八13～14，九3、17，十15，十一5～6，十三16等)。不過，如果以色列民經過審判的日子後，願意回轉歸向上帝，上帝會與以色列重新立聖約，祝福也會隨之臨到以色列(三5，六1，十四2；參申四29～31)。何西阿書中的7篇拯救神諭就是宣告這個盼望。書中所說的拯救，並非表示以色列人可以避免背約的審判，而是當聖約中的咒詛完結後，祝福才會臨到。以色列人必須承擔背叛聖約的後果，這是約所定規的，只是祝福是在審判之後。因此，咒詛是可見的將來臨到的，而祝福是更遠的將來才臨到的，這是上帝所應許的。

何西阿書摘要

主題信息：(1)藉著何西阿所娶不忠的妻子來比喻上帝與以色列人的關係；
(2)宣布上帝的審判與祂的拯救。

大綱：

A. 引言(一1)

B. 先知婚姻：象徵耶和華與以色列的關係(一2～三5)
- a. 先知、淫婦、兒女(一2～二1)
- b. 耶和華與以色列(二2～23)
- c. 關係重建(三1～5)

C. 先知宣講(一)：審判神諭和拯救神諭(四1～十一11)
- a. 耶和華控告以色列不忠(四1～19)
- b. 耶和華刑罰以色列(五1～15)
- c. 先知呼籲以色列悔改，但不受重視(六1～七16)
- d. 以色列拒絕耶和華，耶和華責罰(八1～十一7)

e. 耶和華對以色列的慈愛超越怒氣（十一8～11）

D. 先知宣講（二）：審判神諭和拯救神諭（十一12～十四8）

a. 耶和華控告以色列不忠（十一12～十二14）

b. 耶和華刑罰以色列（十三1～16）

c. 以色列悔改而蒙福（十四1～8）

E. 結語：給那些智慧的人的挑戰（十四9）

7.2. 約珥書

7.2.1. 寫作背景

「約珥」（希伯來文：*yôʾēl*；意即「耶和華是上帝」）這名字在舊約聖經共出現19次，其中15次出現在歷代志。本書的標題「耶和華的話臨到毘土珥的兒子約珥」（一1）已指出約珥是毘土珥的兒子，除此之外，書中沒有交代任何關於約珥的個人資料，以及他身處的任何歷史背景。所以，讀者只能從此書內容推測關於作者的資料。有學者認為從書中作者對禮祭的關注，可以推測約珥可能出自祭司門戶（參一9、13、14，二14～17）。

就寫作日期而言，由公元前9世紀到5世紀初都各有支持者。支持本書寫於公元前9世紀的學者認為書中提及的埃及和以東是指著猶大王羅波安管治期間埃及王示撒攻擊耶城這事件，以及約蘭管治期間以東背叛猶大國之事（三19；王上十四25～26；王下八20～22）。此外，書中沒有提及亞述和巴比倫，是因為這些國家對猶大國的威脅尚未出現。所以他們認為此書是寫於較早的時期。不過這兩點論據不足，因為書中不提及亞述與巴比倫，未必因為這兩國當時還未有政治地位，反而可能是這兩國當時已被滅，再沒有需要談論的內容，故不會出現在書中。認為本書是寫於公元前7世紀的學者，則相信三章2節的「以色列」不是指猶大，而是指北國的以色列，所指的是北國滅亡一事；而4至8節提及的泰爾、西頓和非利士等國作為獨立王國則符合公元前630至625年期間的情況。另有學者又認為此書寫於公元前6世紀後期到5世紀初。主要有以下5個論點：

耶利米書與以西結書都是寫於被擄時及以後。當時以色列國已亡國，但這兩位作者仍稱猶大國的人為以色列人或以色列家。

從個人的信仰而言，審判是個人的；但先知所提的是「國家」。這顯出了上帝是一位怎樣的神？祂與你現時的社會處境有何關連？

- 當猶大被稱為「以色列」(二27，三1～2、16)，便表示北國應已亡國，其稱號也可是指猶大國，而不是以色列國(**參耶三12；結四4**)。
- 書中沒有提及亞述和巴比倫，表示這些國家在當時已成歷史一部分，所以它可能是屬較後期的作品，大概是公元前539年之後。
- 書中沒有提及任何君王，但卻強調祭司的地位，這該反映波斯時代猶大人內政的情況。
- 書中有某些用字，如「事奉耶和華」(一9，二17)，似是被擄後的用語。
- 書中引用不少其他先知書的內容(二3比較結三十六35；二10比較結三十二7；二27比較結三十九28～29)，其中一個最明顯的例子是二章32節「到那時候，凡求告耶和華名的就必得救；因為照耶和華所說的，在錫安山，耶路撒冷必有逃脫的人，在剩下的人中必有耶和華所召的。」是引用俄巴底亞書17節「在錫安山必有逃脫的人，那山也必成聖；雅各家必得原有的產業。」若俄巴底亞書屬被擄期間甚或被擄後初期的作品，則約珥書就屬更後期了。所以該是較為後期的作品。

雖然說法眾多，而上文所列出的論點也不全都有說服力，但從眾多不算有說服力的推論中，以成書日期定於被擄後期，仍是較為合理，也是大部分學者所接納的。

7.2.2. 主題信息

本書可分為兩大部分。第一部分是論及臨到猶大的災難(一2～二17)，第二部分則論及上帝對猶大的拯救(二18～三21)。

在第一部分，作者將猶大所面臨的災難以3種方式表達出來：蝗災、旱災及耶和華的日子。雖然有不少學者認為耶和華降災予以色列人是與他們敬拜偶像、驕傲，或是違約有關，但值得留意的是書中並沒有清楚指控以色列犯罪。即使是當上帝呼喚以色列歸向祂時，也沒有説明他們的過犯。面對災難，以色列人的回應不是認罪，而是以哀號作為回應。

作者在第二部分，從兩方面信息論及上帝對猶大的拯救。第一方面是直接對猶大施行拯救，這段內容有兩個重點：

- 使以色列人的土地重得生命，因為上帝要使地再有豐盛的出產，把原來因毀壞的地土重新生出樹與果，又讓走獸重回地土之上（二18～27）；
- 上帝要將祂的靈賜給猶大人，使所有男女老少和各階層的人，都能説預言及看見異象（二28～32）。

第二部分除了以上所提的，作者第二方面要指出的，是上帝透過刑罰列國去拯救猶大。約珥書對列國抱負面的態度，這是因為他們惡待以色列人，將他們分散在列國中，又將他們販賣為奴。所以，上帝也會以同樣的方式對待列國。當耶和華的日子來臨，祂必使分散於列國的猶大子民領回來（三2；參申三十3），又招聚列國到**約沙法谷**（三2、12），為要施行審判。書中提及錫安及聖山時，都強調其排外性（三17）。所以，約珥書的作者對列國的態度是負面的，這是有別於彌迦書或是以賽亞書那種對列國的包容性。

約沙法谷原意是「審判谷」（參「現代中文譯本」），此詞在聖經只出現1次。上帝要聚集列國，為要審判他們，因為他們將祂的子民分散於列國。

若比較第一部分及第二部分的寫作特色，便發現第一部分的經文主要是形容災難的情形，而甚少提及上帝是如何參與在其中。但到了第二部分，經文中的動詞有不少是以第一人稱出現，而其主詞則是耶和華（二19、21、27等）。經文也記載耶和華親自説話（二19～30），以及祂的行動作為（二21～27）。而且，祂的行動也不只是侷限於猶大中間，也擴展到列國（三4～8），甚至宇宙，即日月星宿（二10，三15）。所以，書中有很強烈反映以上帝為中心的信息。

約珥書包含很多命令式的用語（一2、3、5、8、11等），目的為要帶出所傳遞信息的緊急性。雖然約珥書極少出現其他先知書常用的公式如「耶和華宣告」或「耶和華如此説」，但作者卻利用極多猶大人傳統的宗教用語及概念，包括：北方來的敵人（二20；參耶一14；結二十六7；但十一15）、耶和華的日子（一15，二1、11，三14；參賽十三6；結十三5；摩五18）、伊甸園（二3；參結三十六35）、聖山及錫安傳統（二1，三17；參賽十一9；耶三十一23；結二十40；但九16；亞八3）。作者曾用「照耶和華所說」（二32）這片語，清楚表示他在此引用其他的傳統（參俄17節）。

就寫作手法而言，作者用了不少重複用語，而其中有某些字詞是同時出現在書卷的第一部分及第二部分，如：五穀（一10、17）。第一部分用這詞來表達審判使五穀毀壞，令到新酒與油都缺乏，但上帝復興猶大後，使五穀生長，新酒和油也不缺乏（二19）。除此之外，還有：蝗蟲（一4、6，二2、25）、聖山（二1，三17）等。這樣的比較，為要帶出災難引來的後果，以及上帝施行拯救後，一切都必更新。

這卷書另一個特色是用了許多比喻，例如：將蝗蟲之災形容為軍隊犯境（一6，二4～5）；將以色列子民形容為死了丈夫的妻子（一8）；將還未毀滅的地形容為伊甸園（二3）。這些手法大大加強了作者所傳講的信息的影響力。

約珥書摘要

主題信息：(1)藉著蝗災、旱災及耶和華的日子，宣告上帝審判的來臨；(2)宣布上帝定必審判列國，也施恩給願意悔改的以色列人，使他們得飽足。

大綱：

A. 標題（一1）

B. 降災給猶大（一2～二17）
   a. 與地土被毀有關的神諭（一2～20）
   b. 與耶和華日子有關的神諭（二1～17）

C. 賜福給猶大（二18～三21）
   a. 與猶大復興有關的神諭（二18～32）
   b. 與審判列國有關的神諭（三1～21）

7.3. 阿摩司書

7.3.1. 寫作背景

「阿摩司」（希伯來文：*ʿāmôs*）這名字的意思可能是指「重擔／默示」。

除了阿摩司書外，我們沒有其他的資料，可得知他的生平。書中記載阿摩司的家鄉是提哥亞。按照聖經記載，提哥亞是一座保障城（代下十一6），位於耶路撒冷城附近（耶六1），守護著耶城。這城大概位於伯利恆以南10公里。不過，阿摩司主要是向北國以色列人宣告信息，因此有學者認為另一座位於加利利區的提哥亞城才是阿摩司的家鄉。

阿摩司原本的職業是一個牧人，又是修理桑樹的（一1，七14）。在舊約聖經裏，「牧人」（希伯來文：***nōqēḏ***）這稱呼，不是指牧養羊羣的人。聖經描述摩押王米沙「牧養許多羊」（參王下三4）。若這個詞真的指「牧養／看守」，這似乎不大合理，因為米沙是一位王，他沒理由要這樣行。因此，有學者認為「牧人」是指「售賣羊畜的商人」或是聖所中「管理羊羣的高官」，可見「牧人」的身分屬富裕的人或官員階級的人。「修理桑樹」可指桑樹園的管理員或售賣桑樹的商人，所以有學者認為阿摩司是一個富裕的商人。但這也未必一概而論，因為一個管羊的官不可能同時是賣桑的商人。阿摩司亦有可能真是一個看管羊羣的牧羊人，又因貧窮，他在放羊之餘，同時「兼職」作「**刺桑果**」的園工。但無論他的背景如何，耶和華上帝呼召了他作先知，向北國以色列宣講神諭（七15）。以色列的祭司亞瑪謝曾質詢他先知的身分，他也表白他雖無認可的先知身分，但他有先知的本質，甚至預言亞瑪謝一家必遭殺害（七1～17）。

桑果與無花果屬同科植物，於當時社會，實屬貧窮人的食物，又或家畜用的飼料。「刺果」是將果子刺穿，將果內的氣體釋放，為要催逼果子早點成熟。

據書中記載，阿摩司是在猶大王烏西雅（約公元前781～740年）和以色列王耶羅波安二世（約公元前783～743年）在位時宣講他看見的異象（一1），當時亦是「大地震前二年」（一1）。究竟這地震是在哪一年發生，就無從查究，不過，撒迦利亞書曾提及在烏西雅作王年間曾發生地震（十四5）。此外，阿摩司書曾預言以色列人必遭欺壓，這欺壓從一國而來，由**哈馬口**延展至**亞拉巴的河**（這是巴勒斯坦南北的邊界；參六14）。這欺壓極有可能是指亞述國。據聖經記載，耶羅波安

哈馬口位於巴勒斯坦以北接近敍利亞境一座城，座落於小亞細亞向南伸展其中一條主要貿易路線上。而亞拉巴海則位於死海以南，是埃及北上巴勒斯坦必經之地。

二世曾收復哈馬口及亞拉巴海一帶（王下十四25），而烏西雅統治的版圖則從東伸展至亞捫，而西南是包括非利士，甚至「他的名聲傳到埃及」（參代下二十六6～8），所以一國而來的欺壓還未來到。以色列耶羅波安及猶大烏西雅的時代，兩國所統治的土地，與大衛及所羅門時代相約（參代下九26）。所以，此書是寫於亞述入侵以色列之前，而阿摩司書宣講的背景可推斷為公元前8世紀初至中葉。阿摩司可能與何西阿是同時期的先知，他們都是在同一個政治及宗教背景中宣講信息（參7.1.1.「寫作背景」）。

安定繁榮是否一定內含罪惡？貧窮也是否上帝的祝福？你如何定義「祝福」？

對於以色列人而言，安定繁榮就是上帝的祝福，滿以為上帝喜悅他們一切；但對阿摩司而言，繁榮背後會有人的欺壓與不公義，這是上帝所憎惡的。所以審判即將來臨！

7.3.2. 主題信息

除了最後一段復興的應許（九11～15），阿摩司書的內容大都是審判神諭。雖然這些審判神諭主要對象是以色列，但也包括鄰近的國家：亞蘭、非利士、泰爾、以東、亞捫、摩押、猶大（參一3～二5）。此外，也有向以色列／猶大的城市發出的審判神諭，如：迦密（一2，九3）、撒馬利亞（三9、12，四1，六1，八14）、伯特利（三14，四4，五5～6，七10、13）、吉甲（四4，五5）、別是巴（五5，八14）、**羅底巴**（六13）、**加寧**（六13）、但（八14）。阿摩司也有向外邦的城鎮宣布神諭，如：吉珥（一5，九7）、埃及（二10，三1、9，四10，八8，九5、7）、大馬士革（一3、5，五27）、甲尼（六2）、迦特（六2）、哈馬（六2、14）、古實（九7）、迦斐託（九7）、以東（九12）等。阿摩司的宣講反映一個重要的信息：耶和華上帝的審判並不只限於祂的子民以色列，也包括列國不同的民族，任何人的過犯都不能逃過上帝的審判，祂的公義彰顯全地。

六章13節：「你們喜愛虛浮的事」原文有另一種譯法：「你們自誇打垮了羅底巴」。而「角」亦可以譯作「加寧」（參「現代中文譯本」。

阿摩司的審判神諭反映了他當時社會的不公義及公正。雖然巴勒斯坦區內一帶是穩定繁榮，但作官的及富裕人家都濫用財富及權力，導致社會產生許多不公義的事。在以色列傳統中，城門口是他們審判民間訴訟的地方（五10），但以色列人就在這施行法紀的地方歪曲正直（五7～24；參二6～8，三10，六12），將公義扭曲（二7），欺壓貧窮人（二6，四1，五12，八4、6）、貧弱者（二7，四1，五11，八6），以及困苦人（二7，八4）。阿摩司不但譴責他們，更具體指出他們欺壓的情況，包括：強取貧窮人的糧食（五11），收受賄賂（五12），假秤欺騙（八5）等，而財主就坐享不義之財（三15，四1，六4）。阿摩司稱那些受欺壓的人為「義人」（二6，五12）。按耶和華與以色列人立約時所定的律法典章中，義人應當受保護（出二十三6～7；利十九15、35；申十六20；另參創十八32～33）。所以，以色列人的欺壓不單是一個社會的問題，更是顯出他們違背了與上帝所立的約，因此導致先知宣布審判神諭。

阿摩司不怕強權，定要表達他作為先知職責應有的行為。凡信徒是否都應有社會責任？我們怎樣去表達信仰立場？這與新約保羅所說對待權大位高的人的態度有何共通之處？

除了社會公義，阿摩司的審判神諭的內容也針對以色列人偶像的崇拜，而這兩者是有連帶關係的。阿摩司譴責南國猶大被他們列祖所信奉的偶像所迷惑（二4），又指責北國以色列自立神像，信奉「他們」的神祇（8節），這些神祇有「**摩洛**」、「**神星**」（五26），以及「**撒馬利亞牛犢**」（八14），還有耶羅波安一世在伯特利及但城所設立的金牛犢（參四4，八14）。以色列人將吉甲、別是巴、撒馬利亞等城建立為偶像中心（參三14，四4～5，五4～5，八14），這些異教中心明顯是違背了摩西之約中有關偶像崇拜及中央敬拜的律例（參申十二1～19）。

「現代中文譯本」將「摩洛」譯作「撒固王神」（撒固是偶像名稱的音譯，指亞述一個戰神），「星神」譯作「迦溫神星」（迦溫是神像名稱的音譯，是指掌管星際的神明）。

這個撒馬利亞牛犢可能就是「亞示瑪」。這偶像原本是哈馬人的神祇（參王下十七30），他們被亞述人擄至撒馬利亞後，將這偶像帶入這城，所以在這城立了這偶像。

經過九章多沉重的審判神諭的經文後，阿摩司書以一段復興的應許作結束（九11～15）。耶和華應許要堵塞破口，重建以色列國。這應許甚至伸展到其他願意「稱為我【耶和華】名下的國」（九12），上帝對以色列人及列國的審判是十分嚴厲的，但祂對以色列的應許充分顯露祂的慈愛，在他的審判中仍有恩典。

信徒常感覺到舊約先知書所描繪的上帝是威嚴不可接近的，能否從阿摩司的宣講中尋找到上帝富有感情的一面？

整卷書有強烈的宣講意味，但中間卻加插了5個異象的記載（七1～9，八1～3，九1～10）。這些異象是要顯出刑罰是無可避免的，也顯示上帝是全地的主，以色列是祂的子民。但在異象中上帝與阿摩司的對話裏，上帝曾兩次說「後悔」，然後「這災也可免了」（七3、6）。這片語似乎表達了上帝施行刑罰時的掙扎，同時反映了上帝對以色列人那憐憫的心。

阿摩司書摘要

主題信息：(1)宣判以色列人拜偶像及欺壓的罪；(2)上帝的審判必臨到普世行不公義的人身上，無論是祂的子民以色列抑或外邦人；(3)上帝至終要復興祂的子民。

大綱：

A. 導言（一1～2）

B. 8個審判（一1～二16）
   a. 亞蘭的大馬士革（一3～5）
   b. 非利士地的迦薩（一6～8）
   c. 泰爾（一9～10）
   d. 以東（一11～12）
   e. 亞捫（一13～15）
   f. 摩押（二1～3）
   g. 猶大（二4～5）
   h. 以色列（二6～四13）

C. 3首哀歌（五1～六14）
   a. 呼求以色列家悔改及哀悼他們的滅亡（五1～17）
   b. 禍哉！耶和華的日子（五18～27）
   c. 哀嘆錫安和撒馬利亞山（六1～14）

D. 5個異象（七1～九15）
   a. 蝗蟲（七1～3）
   b. 火災（七4～6）

c. 準繩、附錄一：阿摩司與亞瑪謝的對話（七7～9、10～17）
d. 夏果、附錄二：宣判以色列的結局（八1～3、4～14）
e. 祭壇、附錄三：以色列必復興（九1～10、11～15）

溫習問題（7.1.～7.3.）在頁183。

7.4. 俄巴底亞書

7.4.1. 寫作背景

「俄巴底亞」（希伯來文：*ʿōḇaḏyāʰ*）的意思是「耶和華的僕人」。這名稱在舊約聖經相當普遍，按原文計算，共有13個人取這名字（參王上十八3～7、16；代上三21，七3，八38，九16、44，十二9，二十七19；代下十七7，三十四12；拉八9；尼十5，十二25）。究竟先知俄巴底亞與所提的13人有沒有關連？而這是否也影響此書的先知宣講的日期？

據猶太人的傳統，有認為先知俄巴底亞是以色列王亞哈的家宰俄巴底（王上十八3）。若是的話，他便是在公元前9世紀作先知，書中所描述劫掠猶大國這事（10～11節），可能發生在猶大王**約蘭**在位之時。因為當時以東人曾成功地背叛了約蘭（王下八20～22；代下二十一8～10），而非利士人和阿拉伯人同時也入侵猶大，「擄掠了王宮裏所有的財貨和他的妻子、兒女……」（參代下二十一16～17，二十二1）等。聖經沒有交代以東人有沒有加入這次戰爭，不過有學者推斷以東人可能有加入搶掠的事中。亦有另一傳統認為：先知俄巴底亞屬公元前8世紀的人。據聖經記載，以東人在猶大王亞哈斯統治期間亦曾入侵猶大，「擄掠子民」（代下二十八17），或許這都有可能的。但還有學者提出更有力的證據，指出這書是寫於巴比倫入侵猶大的時期（即公元前6世紀）。

聖經形容約蘭王因為娶了以色列王亞哈的女兒為妻，所以他所行的，也像亞哈般惡（參王下八17～18）。

學者引用一首於猶大被擄至巴比倫時期寫成的詩篇：「耶路撒冷遭難的日子，以東人說：拆毀！拆毀！」（詩一三七7）此外，被擄時期的先知耶利米和以西結曾記載當猶大人被擄時，以東確實是嘲笑猶太人的被擄若俄巴底亞是被擄時期的人，他必定看見自己同胞遇難。他用這種借用宣布別國的罪來安慰同胞的方法，你認為於今天可行嗎？

(哀四21～22；結二十五12～14)。再仔細讀俄巴底亞書，便發現內中描述猶大國所面臨的，不單是外敵的入侵，也是整個城遭受破壞，人民被擄掠(參11～12節)；書中對以東的說話，與巴比倫時代耶利米書所形容的十分相似(1～4節 // 耶四十九14～16；5～6節 // 耶四十九9～10；8節 // 耶四十九7；16節 // 耶四十九12)。因此，若這書是以巴比倫時代為背景，就較為符合書中所描述的內容。

以東人又稱為西珥人，因為在族長時期，他們的先祖以掃曾居住在西珥，又與當地的人同化(創三十二3)。所以，以東人亦稱西珥人。

以東又稱**西珥**(創三十六20～21；民二十四18；士五4；結三十五15等)，這一帶地位於約但河東、撒烈河以南的高原。以東人擁有從紅海的亞喀巴灣(Gulf of Aqabah)到摩押地區，以及死海以東長達100多公里的大道和沙漠大道的控制權，國家部分收入來自徵收商賈及過境旅客的路稅。

以東人是以掃的後代，所以俄巴底亞稱他們為雅各的兄弟(10節)。在族長時期，以東人曾拒絕幫助以色列人(民二十14～21)，但上帝卻命令以色列人不得惡待他們(申二十三7～8)；約書亞分地時，也沒有侵擾以東(書十五1、21)。王國時期以東人與以色列有密切關係，亦有多次過節(參撒上二十一7；撒下八13；王上十一15～16；代下二十章)。以東人有他們的智慧傳統。約伯3個朋友中的以利法是來自提幔，這城位於以東南部(9節；參伯二11)，屬以東地。耶利米書曾形容他們的智慧是眾所皆知的(參耶四十九7)，可惜的是耶和華卻憎惡他們的智慧，所以連以東的「智慧人」也受祂的審判(8節)。

7.4.2. 主題信息

以東可算是以色列人的宿敵，他們在舊約不同的時代也曾入侵猶大。無論先知俄巴底亞屬哪個時代，他很確實的控告以東在耶路撒冷城淪陷時，他們不但袖手旁觀，還趁火打劫，行搶掠、施強暴(10～11節)。俄巴底亞向以東宣布的審判神諭，主要並不在於讓以東人知道自己的行徑是上帝所憎惡的，更重要的是讓面對被擄之劫的猶大百姓明白，上帝不是不體恤祂子民的苦況，祂必報應那些惡待祂百姓的人，藉此安慰及鼓勵飽受迫害的猶大百姓。無可否認，猶大百姓是犯了罪，而耶和華審判的日子亦已臨到他們，他們亦正遭受國破家亡之苦。不過，以東也不能倖免受罰，因為他們自高自大、幸災樂禍，看見弟兄有難也沒有加以援手，還參與搶掠，又將自己的弟兄交付敵人（參11～14節）。因此，他們亦將面對另一個耶和華審判的「日子」（參8、15節）。這審判的日子不但臨到以東，還有他們周邊的列國。結果，猶大的遭遇也會成為以東及列國的經歷，上帝會照著他們的所作所為，報應在他們的頭上（15節）。上帝將向以東和列國伸展他的公義，受害而仍生還的猶大人可因此而得到安慰。

以掃為了一碗紅湯出賣自己長子的名分。這事不但影響他與雅各的關係，也影響著他的後代。你認為上一代的行為是否對下一代的人影響如此深遠？

與此同時，上帝亦向猶大發預言，指出他們的毀滅並非永遠，上帝將會復興猶大國，因為這國永遠屬於上帝的。先知說：「必有拯救者上到錫安山，審判以掃山；國度就歸耶和華了」（21節）。這暗示以東對兄弟的迫害只是暫時的，日後以東要承擔迫害兄弟的結果——刑罰。相反，猶大卻將重獲上帝國度的祝福（17～18節）。這對信賴上帝的百姓而言，是一個很大的安慰。

從歷史看，以東一直對以色列人的態度都不好，這是否因為過往的歷史因由，抑或出於民族之間的妒忌？從俄巴底亞的信息中，似乎上帝沒有恩待以東。上帝是否不公平，偏愛猶大？

俄巴底亞書摘要

主題信息：(1) 指責以東不念手足之情，對猶大國的遭遇幸災樂禍；(2) 宣布凡惡待猶大的以東和列國必遭懲罰；(3) 猶大國至終必獲復興。

大綱：

A. 標題（1節）

B. 控告以東（2～4節）

C. 宣告耶和華的日子臨到以東（5～9節）

D. 陳述以東受罰的原因（10～14節）
E. 宣告耶和華的日子臨到列國（15～18節）
F. 猶大國的復興（19～21節）

7.5. 約拿書

7.5.1. 寫作背景

約拿的故事是聖經人物中，可算是較多人認識的一位。他名字（希伯來文：*yônāʰ*）的意思是「鴿子」。先知名字的意義一般都與其書中心信息有關，惟獨約拿書為例外，此書內容似乎與「鴿子」無關。關於約拿的背景，書中只說他是亞米太的兒子。據列王紀下的記載，以色列在耶羅波安二世統治期間，也有一位上帝的僕人「**迦特希弗人亞米太的兒子先知約拿**」（十四25），曾為耶和華向以色列王傳遞信息。所以有學者相信約拿便是耶羅波安二世時期以色列國的一位先知。

迦特希弗可能位於西布倫（參書十九10～13），也是新約時代位於拿撒勒東北約5公里的迦特希弗城。

至於寫作背景方面，便要談一談尼尼微城。這城屬亞述國。亞述國早在公元前18至10世紀已蓬勃一時，後國家經歷一段底沉時期，直至公元前8世紀，亞述漸漸興起。據聖經的記載，以色列王耶羅波安二世統治期間（約公元前783～743年）「收回以色列邊界之地，從哈馬口直到亞拉巴海」（王下十四25；參7.1.1.「寫作背景」），亦即回復到差不多到大衛和所羅門時代的國界（參王上八65）。可見耶羅波安二世早期亞述仍未強盛，不算是一個強國，但已在蠢蠢欲動。在耶羅波安二世統治後期，亞述已開始重新振作。約公元前8世紀下旬他們雄霸近東（這時期尼尼微城已成為亞述首都），後來甚至滅了北國以色列。

那麼，約拿書是在哪一段時期寫成？它是否由耶羅波安二世時期的先知約拿寫的？至今學者對此仍未得到共識。有學者認為此書寫於耶羅波安二世作王時期，這是基於列王紀下曾提及約拿這名字。但從約拿書稱尼尼微為一座「大城」可推測，尼尼微當時可能已是廣為人知的城市。因此，亦有學者推算此書為較後期的作品，甚至推遲至被擄後。這一切的推測都未能定斷。但當細心研讀此書，便發現作者記載此書的重點是在一座屬於外邦國家，而又是人所共知的城，所以它屬哪一年代的城市根本不重要。從這角度看，著書的時期已不是要關注的事了。作者表達到這城的惡達到上帝面前（參一2），而上帝卻差派一位非亞述本族的人向這城宣布信息。

7.5.2. 主題信息

約拿書全書都以敘事手法表達，而先知宣講的話就只有一句（三4）。約拿的故事成為全書的宣講。它充滿濃厚的文學色彩；因著它充滿戲劇性的情節，諷刺性的表達，以及**誇張的修辭手法**，使它看像一個虛構的故事。整個故事發生在4個場景裏：船上（一章）、魚腹（二章）、尼尼微城（三章）、城東（四章），真如一齣戲劇。

誇張的修辭手法包括：約拿被一條大魚吞了（一17）；約拿只宣告一句說話，全城的人包括君王便立刻悔改，甚至牲畜也要披上麻衣（三2～8）。

因著這樣的描述，許多學者質疑其歷史性。此外，故事中還有一些難題，如：約拿為何能夠在大魚腹中3天仍可生存？為何只提約拿一人的名字而沒有提尼尼微城的王的名字？為何這王是一城之王，而不是一國的王（參三6）？無論約拿的故事屬史實或只屬一個寓言的故事，作者目的是要透過這故事，向讀者傳遞某些信息，使讀者得到某些教誨。因此，故事本質虛實與否，可說是與故事本身的教導無關。

若要明白約拿書的教訓，就要從約拿的表現及上帝的作為這兩方面入手。約拿這角色在書中經歷很大的起伏。他蒙上帝吩咐，到尼尼微傳講祂的話，但他逃避上帝，走了相反方向，從約帕起行往**他施**。在大魚腹中3日後，他似乎願意順服，向上帝禱告。約拿繼而去了尼尼微城，宣講信息。但當全城因聽道而悔改，約拿卻又感不滿，走到城東與上帝爭論。整個故事的核心及最精彩的情節，便是城東那段上帝與約拿爭辯的故事。短短的一章經文卻4次出現「發怒」這詞（四1、2、4、9）。因約拿強烈的不滿，上帝兩次問他發怒的原因（參四4、9）。約拿第一次發怒是因為他不滿意上

他施與尼尼微的位置相反（尼尼微城位於巴勒斯坦東北部）。現今仍未能肯定它的正確位置，估計可能是位於地中海以西沿岸的一座城。

帝沒有毀滅尼尼微；他第二次發怒是因為上帝毀滅蓖麻樹。上帝要讓他知道他兩次發怒都是不合理的。上帝透過一棵樹的生死來讓約拿明白，祂所顧念的不單是約拿一人，也是悔改的尼尼微這外族人。深受上帝憐憫的約拿不明白上帝同樣也憐憫外族人。這反映了當日約拿的「民族主義」是與上帝的「普世主義」之間產生了張力。

最後，作者以上帝一個提問結束這故事。上帝要教導約拿明白：人尚且愛惜一棵植物，何況上帝呢？祂又怎能不愛惜尼尼微城12萬多的人和其中的牲畜呢（11節）？作者沒有記載約拿的回應，而以問句作為全書的結束語，為要讓讀者思考約拿的回應；或更重要的是，如果讀者是約拿，他又如何回應？

從上帝的作為入手，書中強調耶和華上帝是世人及大自然的主宰：祂使「海中起大風」（一4），「安排」一條大魚吞約拿（一17），又吩咐大魚把約拿吐出來（二10），祂又「安排」蓖麻給約拿遮蔭（四6），再「安排」蟲子咬枯蓖麻（四7），後「安排」炎熱的東風（四8）等。最使約拿不滿的是為何上帝要改變初衷，不滅尼尼微人？從他的反應已暗示世人是不明白耶和華上帝是怎樣施行公義和憐憫。祂究竟甚麼時候彰顯公義而施行審判，甚麼時候施下憐憫而不行審判呢？是否人的悔改就是上帝施憐憫關鍵所在？如果上帝擁有一切事物最後的主權，那麼，先知的角色又是甚麼？無論從約拿的表現，抑或從上帝的作為作起始點去思考，至終還須讀者反思故事中的主角：耶和華上帝，以及祂與我們的關係。

約拿書摘要

主題信息：藉著記述約拿的故事，表達上帝憐恤世上一切願意悔改的人。

大綱：

A. 上帝的話初臨約拿（一1～17）

B. 約拿與上帝對話（二1～10）

C. 上帝的話再臨約拿（三1～四1）

D. 與上帝對話（四2～9）

E. 結語：上帝第三次提問（四10～11）

7.6. 彌迦書

7.6.1. 寫作背景

「彌迦」(希伯來文：*mîḵāʰ*) 這個名字的意思是「誰像？」。耶利米書二十六章18節曾出現「彌迦」這名字，但它的原文是*mîḵāyāʰ* (音譯為「**米該亞**」)，意思是「誰像耶和華？」彌迦這名字可能是「米該亞」的簡稱。從一章1節的標題可見，彌迦是在猶大王約坦、亞哈斯及希西家在位期間作宣講，約為公元前736至687年。他很可能是一個與以賽亞同期，卻較為年輕的先知。他出身於耶路撒冷西南面的一個名為摩利沙的小城。相比於以賽亞這位貴族先知，彌迦的社會地位可能是較為低微。這是有關彌迦的一些資料。

米該亞這名字在聖經其他地方曾出現過（王下二十二12；代下十三2；尼十二35；耶三十六11、13），但它與此書所提的彌迦是沒有關係。

彌迦身處動盪的年代。在烏西雅管治的40年裏，國家是在平安興盛中度過；之後以色列及猶大國就活在當時新興起的勢力——亞述——的陰影下。在亞哈斯管治時期，亞述的勢力逼使以色列與亞蘭聯盟，他們亦因此向猶大王亞哈斯施壓，期望他也加入聯盟。亞哈斯拒絕參與，於是以色列及亞蘭在公元前735年聯合攻擊猶大，為要迫使亞哈斯下台，另立新王 (參王下十六5；賽七5～6)。面對他們的攻擊，亞哈斯向亞述王提革拉毘列色求救。雖然亞述幫助猶大擊敗以色列及亞蘭，但猶大卻因此成為亞述的附庸國，並引入亞述的宗教及祭祀儀式 (參王下十六10～18)，後希西家接續亞哈斯作猶大王。在他管治期間，亞述王撒珥根攻陷撒馬利亞 (約公元前722年)，北國以色列從此便亡國。這事明顯對南國猶大有極大的影響。公元前703至701年間，亞述王西拿基立對當時由埃及與猶大等國組成的反亞述聯盟進行攻擊，終於進佔猶大部分領土；當時耶城被圍困，處於被攻陷的邊沿。雖然亞述後來因種種原因揮軍折返 (參王下十八13～十九37)，但猶大仍需向亞述進貢，並受亞述控制，失去獨立自主權。彌迦就是在這樣的歷史處境下向猶大宣講上帝的信息。

7.6.2. 主題信息

雖然本書的標題提到撒馬利亞（一1），但這標題只列出南國君王的名稱，而書中論撒馬利亞的事也很少（一5～7、9），所以彌迦主要關注的，很可能只是南國猶大。

當猶大正處四周列國對它虎視眈眈的處境中，彌迦宣告上帝是「普天下的主」（四13）。耶和華上帝不單是猶大的神，也是列國的神。縱然猶大正受列國的攻擊，但上帝定必拯救她脫離列國的手，而列國也是在上帝的管治之下（五15），他們至終都必認識到上帝的王權（四1～5），在耶和華面前懼怕驚慌（七17）。

在這個急功近利的社會，你認為怎樣才算被剝削？你有此經歷嗎？你如何面對？

彌迦書的內容看似平淡，也沒有豐富的故事內容，但若仔細研讀，作者強烈譴責那些有權勢的人。他們利用自己的身分和地位行惡，欺壓及剝削平民百姓。作者又將欺壓人的官，比喻為嗜食人肉的人（三1～3）。他又指責宗教領袖：作先知的是為達到個人利益而以上帝的名作虛假的宣告；作祭司的是為財利而宣講訓誨（三11）。

提到欺壓，作者關注到「田／田地」（希伯來文：*śāḏeʰ*）。猶大百姓主要是以農耕為生，所以掠奪田地就相等於欺壓百姓（二2）。作者形容這些奪田地的人徹夜思想，圖謀如何奪走別人的地。上帝不會袖手旁觀，任由欺壓的出現而不施以懲罰，祂以奪回田地來懲罰欺壓人的（二4，三12）。田地亦與拯救有關。將來猶大要流亡，住在田間，再經過被擄，然後救贖才臨到他們（四10）。從彌迦書作者的眼中，「田」是令猶大跌倒的地方，也是他們得蒙救贖的必經之地。

作者又關心耶和華與同胞的關係。他們的關係是建基在所立的約之上。在上帝與以色列人的爭辯中（六1～8），先知指出以色列人是上帝的子民，而上帝是他們的神。在這個立約關係中，上帝彰顯祂的恩慈及拯救，但祂卻在他們中間找不到這個立約關係，也找不到應有的公義公平（六8）。以色列實在是背了約，這會使咒詛臨到以色列民中（六14～15）。彌迦也強調宗教上的純正，所以他宣告上帝必應許將來要從民中除掉偶像及邪術等事（五11～14）。彌迦不像以賽亞般重視耶路撒冷，看它為上帝所保守的城，反而指出這城將被徹底毀滅（三12）。這可能與他出身的背景有關。他是來自摩利沙這小城，自然對耶城的感情不及以賽亞般濃厚。

若從信仰的角度看，怎樣才算真正富有？奪回來的物是上帝所喜悅的嗎？

雖然上帝是審判的神，但祂也施行拯救。祂應許必救拔猶大脫離列國的手，又招聚以色列人回歸，親自引導他們（二12～13），又會在錫安山親自教導百姓（四2）。他既作百姓的王，也賜予他們一個君王領導他們（五2～4）。他們也不必再懼怕亞述及其他列國，也不必再依靠馬匹。上帝必因為曾向雅各及亞伯拉罕所起的誓赦免以色列的罪過，憐憫他們。

彌迦書摘要

主題信息：(1)指責猶大國剝削的現象；(2)指責猶大國違背了上帝與他們所立的約；(3)上帝是施行審判，也是拯救的神。

大綱：

A. 標題（一1）

B. 審判神諭（一2～三12）
   - a. 審判耶路撒冷及撒馬利亞（一2～16）
   - b. 審判猶大人所犯之罪（二1～13）
   - c. 審判猶大的領袖官長（三1～12）

C. 拯救神諭（四1～五15）
   - a. 上帝末後在錫安管治（四1～8）
   - b. 耶城從列國手中被救（四9～五1）
   - c. 新君王的來臨與得勝（五2～9）
   - d. 以色列的更新及潔淨（五10～15）

D. 審判及拯救神諭（六1～七20）
   - a. 上帝與祂子民的爭辯（六1～8）
   - b. 指控不義及宣告刑罰（六9～16）
   - c. 先知以哀歌回應審判（七1～6）
   - d 先知仰望神施行拯救（七7～20）

溫習問題（7.4.～7.6.）在頁184。

7.7. 那鴻書

7.7.1. 寫作背景

「那鴻」(希伯來文：*naḥûm*) 的意思可能是「安慰」、「安慰者」或「憐憫」。從古代近東文獻 (如《**亞拉得陶片**》〔Arad Ostraca〕及《**拉吉陶片書信**》〔Lachish Ostraca Letters〕) 及猶太人的文獻〈米示拿〉(Mishnah) 的資料顯示，那鴻這名字十分普通，但那鴻在聖經中只出現兩次：那鴻書的標題 (一1) 及耶穌的家譜 (路三25)，這兩者沒有任何關係。據那鴻書記載，那鴻是「伊勒歌斯人」(一1)。對於伊勒歌斯這地方位置，就有4個不同傳統的看法：亞述首都尼尼微以北一座村落；位於加利利一個村落；新約時代位於加利利湖邊的迦百農 (迦百農的意思是「那鴻之村」)；猶大區域的一個城鎮 (接近彌迦的家鄉摩利沙)。如果那鴻的家鄉是在亞述，他的先祖就可能屬於早期被亞述擄去的以色列人；如果他的家鄉是在加利利或猶大，他便是親身體驗亞述多次入侵猶大。無論他身居何處，書中的內容反映出他十分熟悉亞述這國。

《亞拉得陶片》與《拉吉陶片書信》都是古代近東以陶片刻劃的文獻，由希伯來文寫成。估計是屬於公元前約6世紀的作品。這些文獻記錄許多列王時期的事迹。

《拉吉陶片書信》第四塊陶片。內中記載：「願我主知道我們是照著我主給予的兆頭看守拉吉的高塔，因我們看不到亞西加 (Azekah) 的〔兆頭〕」。

單從書卷表面的字眼，是無法知道作者寫此書的背景，因為他並沒有交代神諭臨到他的時代。但從作者記載的事件，可尋索宣講信息的年代。書中提及**挪亞們**的傾倒。傳統歷史記載亞述王亞述巴尼帕 (Asshurbanapal) 登基之時 (公元前664年)，攻取了埃及

挪亞們其實就是埃及的首都底比斯，位於尼羅河兩岸之間。三章8節的「海」就是指尼羅河 (「現代中文譯本」)。

首都底比斯，而那鴻書的作者也知道這場戰爭的後果（參三8～10），所以此書必定寫於這事之後。書中也提及尼尼微人「勢力充足、人數繁多」（一12），並多次對此城宣告審判神諭（參一1～14，二1～10），但卻沒有記載尼尼微淪陷之事。從這種種痕迹，可推算這書的內容是發生於亞述衰弱之前，亦即是亞述亡於巴比倫聯軍之前（公元前612年）。

7.7.2. 主題信息

原文是有「神託、異象、書」這3個用詞，但「和合本」卻沒將它們譯出來。

那鴻書的標題：「以下是關於尼尼微的神託，是伊勒歌斯人那鴻的異象書。」（一1；參「呂振中譯本」）使用了**3個特別的用詞**：神託、異象、書。「神託」（希伯來文：*maśśāʾ*，即神諭；參4.2.1.1.「先知書的標題」）可能是這書最常用的文體，他主要是向尼尼微城的人（即亞述國）宣告審判神諭，因為這些神諭是與戰爭有關，故亦可稱為「戰爭神諭」（War Oracle）。那鴻雖然稱為「異象」的書，但只有二章3至10節和三章2至3節含有「異象」式的描述。而「書」這用詞，若相比其他先知書，就沒有一卷是以「書」來描述他們所寫的，這明顯說出此書原初已是一本書，而不是結集數分記錄，再輯成書。因此全書結構較為清晰。

這卷書用了很大的篇幅譴責尼尼微城的罪行，但提到猶大，卻沒有任何指責與審判，而只有安慰的拯救神諭（參一12～13、15，二2）。

一般學者都稱一章2至8節為「神聖戰士之歌」（Divine Warrior Hymn）。這位神聖戰士就是上帝。

這卷書的審判對象雖是尼尼微城，但宣講的對象卻是猶大國。先知要藉著尼尼微城的遭遇，讓猶大國的人知道耶和華上帝不單是他們的神，也是列國的神。在審判尼尼微之先，先知寫了一首讚美詩，讚揚上帝（參一**2～8**）。他強調上帝是列國歷史的主宰（一8），也是全地的主宰（一4～5）；祂向惡人施報，以公義審判，以仁愛為無助者伸冤（一2～3節）。作者雖是猶大國的人，但當他宣告尼尼微審判神諭時，並非出於他對此城的怒恨，或民族意識，而是出於上帝公義的本性（一7），祂是不容許人與人之間出現任何不義，無論是哪一種族。當以色列人在亞述入侵的陰影下，這卷書的信息實在帶給他們很大的安慰。

由二章9節開始，先知嚴厲的指責尼尼微城的人。作者看亞述人所攻擊的不是人，而是耶和華（一9、11），他們行為鄙陋，專拜偶像（一14），至終他們必遭受嚴酷的懲罰。作者一方面描述亞述國沒落的境況，讀來令人觸目驚心，另方面又用許多諷刺的言詞來嘲諷亞述人，形容他們是沒有洞穴的**獅子**（二11～13），又是醜陋的妓女（三4～7）。一章9節至二章2節輪流穿插著對尼尼微的審判神諭和對猶大的拯救神諭，導致有些學者相信，這段經文成為以色列人在宗教節期的禮儀中朗誦的啟應經文。這個民族式的聖禮一方面是慶祝強敵尼尼微的滅亡，同時也要在以色列人面前宣揚耶和華為王的信息。這種誦讀方式與傳統，也曾出現在巴比倫人在慶祝民族的節期時朗讀文獻的一種方式。不過，這是否就是那鴻書在以色列人中間的地位及用處，就很難考究了。

亞述人以獅子作為偶像敬拜。獅子是他們「力量」的象徵。

那鴻書與約拿書有許多相似的地方。約拿書與那鴻書同是發出審判尼尼微城的信息，但城內的人對信息的反應卻截然不同，約拿書形容聽眾立刻悔改，但那鴻書的並沒有悔改。約拿書形容上帝是「不輕易發怒，有豐盛的慈愛，並且後悔不降所說的災」（四2），那鴻雖曾形容上帝為「不輕易發怒」的神，但接著所說「大有能力，萬不以有罪的為無罪」，卻與約拿的不同（一3）。前者表達了上帝必定赦免凡悔改的人，後者卻表達了上帝必定追討人的罪。當然，這暗示了行惡的人沒有認罪！約拿的信息引致悔改，這是上帝而不是約拿的計劃；而那鴻的信息就沒得到尼尼微人的回應，這卻非上帝的原意。兩卷先知書都以反問句作結束（拿四11；鴻三19），約拿書的反問句要求讀者反思上帝的慈愛；那鴻書的反問句則要求讀者反思自己是否有受過亞述的苦害。後者要讓讀者知道：亞述豈是無辜！

尼尼微城的假神至終會傾倒。現代人所崇拜的是甚麼？為何他們戀戀不捨那些偶像？這些偶像能長久居於他們心靈嗎？

那鴻書和哈巴谷書都有記錄一首較長的詩歌，那鴻以詩開始（一2～8），而哈巴谷以詩結束（三2～19）。兩卷書都是在一個國家面對政治危機的處境中寫成的，而兩卷書的作者都相信上帝是宇宙及歷史的主宰。那鴻書與哈巴谷書都有宣告審判的信息。那鴻書的審判神諭是針對亞述，而哈巴谷宣告的5個禍的信息，是針對巴比倫(二6～19)，但前者為要安慰及鼓勵以色列人，而後者則鼓勵猶大對上帝要忠誠，即使災難臨到。

「上帝是宇宙及歷史的主宰」這話對你有何意義？當祂主宰一切之時，是否也是你生命的主宰？試反省你與祂的關係。

那鴻書摘要

主題信息：藉著宣有尼尼微城的傾覆，而安慰面對政治危機的猶大國。

大綱：

A. 標題(一1)

B. 神聖戰士之歌(一2～8)

C. 對尼尼微的審判神諭及猶大的拯救神諭(一9～二2)

- a. 審判神諭：毀滅奸惡(一9～11)
- b. 拯救神諭：欺壓終止(一12～13)
- c. 審判神諭：毀尼尼微(一14)
- d. 拯救神諭：好消息(一15)
- e. 審判神諭：備戰吧(二1)
- f. 拯救神諭：重建猶大(二2)

D. 宣告尼尼微覆亡(二3～三19)

- a. 尼尼微被毀的異象(二3～10)
- b. 審判神諭：嘲笑尼尼微像孤立的獅(二11～13)
- c. 禍哉神諭(三1～3)
- d. 審判神諭：嘲笑尼尼微像妓女(三4～7)
- e. 嘲笑不可毀的尼尼微(三8～17)
- f. 嘲笑亞述王(三18～19)

7.8. 哈巴谷書

7.8.1. 寫作背景

除了哈巴谷書外(一1、三1)，哈巴谷(希伯來文：*ḥăḇaqqûq*；意思是

「被緊抱」）這名字並沒有在聖經其他地方出現，也非希伯來常用詞。猶太傳統對哈巴谷的身世有不同的說法。基於哈巴谷的名稱與以利沙對書念婦人的預言生子中的「抱」（希伯來文：*ḥḇq*；參王下四16）這動詞同一字根，有猶太拉比便認為哈巴谷是書念婦人的兒子。另一個重要的傳統來自次經（《彼勒與大龍》1.33～39；參「思高譯本」達尼爾書十三33～39），其中記載一位猶大先知哈巴谷。哈巴谷書同樣亦有記載他的禱告「調用流離歌」及「這歌交與伶長，用絲弦的樂器」（三1、19），這已顯示哈巴谷屬利未人中的一位音樂家（參拉三10；尼十二27），而一些利未人的音樂家同時也會**說預言**，因此當中也許會有先知（參代上二十五1～8）。因此，哈巴谷可能是在聖殿中參與聖職的先知。

*歷代志上二十五章1至8節出現「唱歌」這詞，原文是「說預言的」（**hannibbā'**），與先知（**nāḇî'**）的字根相同。*

若要尋索哈巴谷書寫作的背景，或許要先處理第一章提及的欺壓者是誰。這一章有兩段經文提到欺壓者（2～4、12～17節）。究竟這兩段經文所指的，是否同一羣人？若不是的話，他們又是哪些人？如果2至4節的「惡人」是指猶大人、亞述人或迦勒底人，而第12至17節的「惡人」是指迦勒底人的話，這書所描述的，就包括從新巴比倫帝國剛崛起直至猶大國面臨巴比倫軍的入侵的時期。但如果12至17節的「惡人」是指埃及人或希臘人（6節「**迦勒底人**」可譯為「希臘」），那麼書中描述的時代就可推算為較後期的日子，甚至可能是公元前4至1世紀期間。不過，無論內容是發生在哪一個時代，讀者當時都是面對著一個很大的壓迫，而作者便在這處境中宣講他的信息。

「迦勒底」在原文只出現於一章6節。二章4至6節的「迦勒底人」（參「和合本」）原文是「驕傲自大的人」，而不是「迦勒底人」。「和合本」的譯者在此作了一些推敲，將之譯為「迦勒底人」。

7.8.2. 主題信息

哈巴谷書不像大部分的先知書般，那些先知主要是代表上帝向人宣講上帝的信息，哈巴谷卻是代表人向上帝發言。全書以哈巴谷兩次的申訴及上帝兩次回應為主要脈絡。哈巴谷要問的一個命題是：「上帝的公義」。

在第一次申訴中，哈巴谷質疑上帝為何看見強暴奸惡卻不理（一2～4）。第二次的申訴是質疑上帝為何差派更邪惡的人來解決本來沒有這麼邪惡的人（一13）。從哈巴谷的申訴中，可發現它的內容與舊約智慧文學中反思的表達方式十分相似。哈巴谷書所探討的，是上帝的公義與義人受害的關係。它與約伯記不同的之處，在於約伯記是處理個人的問題，但哈巴谷是處理整個民族的問題。上帝為何不審判罪惡？聖潔及公義的上帝為何容許「惡人」得逞，「義人」受害？上帝為何使用殘暴的迦勒底人來懲罰猶大？這些問題不斷縈繞著哈巴谷的腦海。上帝有解答他的問題，只是先知哈巴谷不滿意第一次的回應，於是上帝再向他表明惡人必定受罰，只是不會即時發生，但將來定必實現（二3）。這樣，上帝又怎樣回應那些被「惡人」欺壓的「義人」呢？為何主宰世界及公義的上帝會任由惡人迫害義人？

二章4節「義人因信得生」可能就是全書最關鍵的經文。這節經文正要處理哈巴谷所苦惱「惡人」和「義人」的結局問題：惡人雖得逞，義人雖受壓迫，但至終，義人必然得救。據一位猶太拉比分析，這節經文不只是哈巴谷書的重點，也是舊約聖經的中心信息。猶太人相信傳統五經有**613條誡命**，但哈巴谷則撮要為1條，就是「義人因信得生」（二4）。「因信得生」可直譯成「靠著他的信實而活」。「他」這代名詞通常被譯為是指涉「義人」。新約聖經曾3次引用這節經文（羅一17；加三11；來十38），全都沒有包括「他」這代名詞。雖然如此，每段經文的上下文已顯示了「信實」所指涉的是何人。按希伯來書十章38節，「信實」是指信徒所堅持對上帝的忠誠，亦即義人對上帝的信心。這情形義人是處於主動的位置上；但其他的兩卷書，「信實」似乎是強調上帝的信實，而義人是被動的，他是靠著上帝對他的信實而得生。那麼，「他」這代名詞在哈巴谷書二章4節究竟是指上帝抑或義人？

公元16世紀一位猶太哲學家及釋經學者邁蒙利德(Maimonides)將摩西五經裏清楚而明顯的613條誡命列出，成為猶太人守律法的核心。

若參照二章3節，上帝即使會延遲施行公義，但至終一切定必應驗。這暗示上帝是信實的，祂所應許的永不落空。但從三章，尤其禱告的亞伯拉罕的信心表現與哈巴谷的有何相同相異？他們的態度對你的信仰反省？

末段：「[17]雖然無花果樹不發旺，葡萄樹不結果，橄欖樹也不效力，田地不出糧食，圈中絕了羊，棚內也沒有牛；[18]然而，我要因耶和華歡欣，因救我的上帝喜樂。[19]主耶和華是我的力量；祂使我的腳快如母鹿的蹄，又使我穩行在高處。」(17～19節）卻又可見到先知是向上帝的認信。若從這角度看，這「信」所強調的就是先知對上帝的信心。

當面對惡人得逞，義人只可相信上帝的公義必定來，即使現今沒有上帝施展公義的迹象，仍要堅信祂的信實。從哈巴谷的禱告，可暗示他在此已解決了心中的疑團，他願意在上帝面前靜默下來。他明白到他是從自己的角度看「公義」，但上帝卻並不如此，祂看公義是一致且普世的；無論何人，凡自高自大的人必受審判，但凡義人都必得生。

哈巴谷書摘要

主題信息：(1) 上帝必懲罰行惡的人；(2) 義人須用信心等候上帝施行公義。

大綱：

A. 標題（一1）
B. 第一次對話（一2～11）
   a. 先知的疑問（一2～4）
   b. 耶和華的回答（一5～11）
C. 第二次對話（一12～二20）
   a. 先知的疑問（一12～17）
   b. 等候回答（二1）
   c. 耶和華的回答（二2～20）
D. 先知的禱告（三1～19）
   a. 標題（三1）
   b. 祈求（三2）
   c. 神的顯現（三3～7）
   d. 公義伸展（三8～15）
   e. 信心回應（三16～19）

7.9. 西番雅書

7.9.1. 寫作背景

西番雅書的標題：「當猶大王亞們的兒子約西亞在位的時候，耶和華的話臨到希西家的玄孫，亞瑪利雅的曾孫，基大利的孫子，古示的兒子西番雅。」(一1) 已告訴讀者，這一卷書的信息來自一個名叫西番雅（希伯來文：*ṣəp̄anyāh*；意即「耶和華收藏／耶和華珍愛」）的先知。

舊約聖經除這卷書外，還有3處地方提到西番雅這名字：大衛時期他哈的兒子西番雅，是利未的後裔（代上六36～37）；西底家時期瑪西雅的兒子西番雅，他是一位祭司（耶二十一1，二十九25、29）；波斯王大流士時期的西番雅（亞六10）。本書的先知與這3個人應該沒有關係。從他的家譜追溯至元祖是希西家，這人與猶大王約西亞的曾祖同名，所以有學者認為這希西家可能就是猶大王希西家。因此，西番雅可能也是猶大王室的成員。無論這說法是否屬實，舊約聖經以元祖的身分介紹一個人的身分是十分罕有的（另一個人是掃羅；參撒上九1～2），這顯出被介紹的人有非凡的背景。即使西番雅的元祖希西家不是猶大王，也肯定他是個重要的人物，至少當時的讀者是認識他的；不然的話，寫這標題的作者亦不會把西番雅的家譜追溯到希西家身上。

西番雅是在約西亞作王時期傳遞耶和華的話（公元前640～609年）。關於約西亞時期的背景，可參考耶利米書的寫作背景（參6.2.1.「寫作背景」）。按列王紀下（二十二～二十三章）及歷代志下（三十四～三十五章）的記載，約西亞作王之時最突出的事，就是在他作王第十二年（公元前628年）進行宗教改革；第十八年（公元前622年）在殿內發現律法書。因著這律法書的出現，改革愈發加強，令致全國發動宗教復興運動。這本來是一件好事，可惜約西亞在公元前609年因出兵攔截前往幫助亞述的埃及軍隊，不幸戰死於米吉多。約西亞死後，猶大人拜偶像之陋習亦隨之死灰復燃。

有學者根據西番雅書一章4節「我必……從這地方剪除所剩下的巴力」，認為西番雅傳達耶和華信息之時，正值宗教改革，惟仍未完全成事，國內還有「剩下的巴力」存在。但也有學者認為基於西番雅書均沒有提及列王紀及歷代志所記載約西亞所作的種種改革活動，又按書中講及百姓各種拜偶像的情況看，改革甚至可能還未開始。那麼，到底西番雅傳上帝話語之時，改革活動開始沒有？這實難以從書中內容得到肯定的答案。

面對著一個宗教混亂及道德敗壞的社會，西番雅勇於發言。你所處的境況與這先知有類同的地方嗎？

由於先知信息之中，提及耶和華審判的日子即將來臨（參一7「耶和華的日子快到」、16「是吹角吶喊的日子，要攻擊堅固城和高大的城樓」），戰事似是快將發生。學者便要追問究竟先知所言犯境的敵人是誰？不同學者對這「敵人」的身分各持己見，有的說是公元前633至610年間曾大舉侵犯非利士亞實基倫，並與埃及人作戰的西古提人（Scythian）；不過，由於先知曾提到「耶和華必伸手攻擊北方，毀滅亞述，使尼尼微荒涼，又乾旱如曠野」（二13），所以亞述亦在耶和華伸手攻擊的名單之內。若要符合這歷史事件，西番雅作先知時期，極有可能是在亞述衰落，而巴比倫帝國正在興起的時期（即公元前612年之前）。若是這樣，他就與那鴻及耶利米同時代作先知的。無論怎樣，即使真的無法肯定西番雅書寫作的年代，但這卻不影響本書的信息，因為它很清晰的描繪了當時的社會背景，就是猶大國人民拜偶像，同時亦有外敵犯境。

7.9.2. 主題信息

「日子」這詞在西番雅書顯得非常突出，在短短的3章裏共出現20次（參一7～8、14～16、18，二2～3，三8等），且大多都是以負面的字眼表達，如：憤怒的日子、急難困苦的日子、烏黑的日子（一15）；擄掠的日子（三8）等來形容這日子。對作者而言，這日子是一個審判的日子，而審判的對象是猶大和耶路撒冷（一1～18），因為他們在敬拜的事上惹上帝的憤怒。他們中間有人拜巴力，又拜天上的萬象。他們指著耶和華起誓，同時又指著**瑪勒堪**起誓。這顯出了當時代整個社會在宗教上混亂的情況，而先知正在呼喚百姓要重整他們的信仰。除此之外，他們中間作領袖的不但沒有盡本分管治社會，反而四處行惡。西番雅形容

*瑪勒堪（希伯來文：**malkām**，與王〔**meleḵ**〕相同字根，可直譯作「他們的王」）又稱米勒公，是亞捫人的一個神祇（參撒下十二30；王上十一5、33；王下二十三13；代上二十2）。從名字反映出亞捫人看這神祇為他們的王。*

這些領袖、審判官極為兇狠，他們就像「[3]咆哮的獅子……是晚上的豺狼，一點食物也不留到早晨。[4]她【指耶路撒冷】的先知是虛浮詭詐的人；她的祭司褻瀆聖所，強解律法。」(三3～4) 西番雅對有權位的人的譴責毫無保留，這對社會現象的批判，已顯出他那先知的角色。

除了對本國宣告信息，西番雅也向猶大鄰近國家宣布審判。這些國家包括：非利士、摩押、亞捫、古實，甚至亞述強國。先知向列國宣布的刑罰是十分嚴厲，當中包括：被拔出根來 (二4)，永遠荒廢 (二9)，成為野獸躺臥之處 (二15)。似乎上帝對列國的刑罰是不留餘地的，是徹底的。

西番雅的名義有「耶和華珍愛」的意思。一本充滿嚴責的書，卻由一位這樣名義的先知宣講，這是否顯出刑罰背後的愛？試反省。

整卷先知書雖然充滿強烈責備的味道，但至終作者仍要向讀者宣布一個重要的信息：歡樂的日子定必來臨。在此先知再次提到「日子」(三16)，但這日子與之前的不同，是帶著正面信息的，因為上帝要在那日復興以色列民。以色列人可得蒙拯救，並且在列國中間被高舉，他們也歡然歌唱。

西番雅書摘要

主題信息：(1) 指責猶大國的宗教混亂及當權者的行惡；(2) 向列國宣布刑罰；(3) 以色列人至終必復興。

大綱：

A. 標題（一1）

B. 審判神諭：猶大（一2～二3）

C. 審判神諭：從列邦到猶大（二4～三7）

D. 拯救神諭：猶大（三8～20）

溫習問題 (7.7.～7.9.) 在頁185。

7.10. 哈該書

7.10.1. 寫作背景

「哈該」(希伯來文：*ḥaggay*) 這個名字源自希伯來文 *ḥag*，意思是「節期／筵席」。這名字除了在本書中出現外，就只見於以斯拉記五章1節及六章14節。除此之外，再沒有關於這人的資料。從哈該書記載宣告信息的日期是在大流士王第二年（一1），便知這書信息是在波斯管治時期發出的。在了解大流士一世前，須先認識波斯王國的一些歷史事件。

波斯人一直聚居於伊朗的紮格羅斯山脈一帶（Zagros Mountains）。公元前9世紀期間，波斯仍是一小國，由阿契美尼德王朝（Achaemenid Dynasty）管治。公元前6世紀中期波斯日漸強盛，於公元前559年塞魯士二世（Cyrus II）登基，大肆擴展國家版圖。直至公元前539年，統一了鄰國瑪代，又征服巴比倫，建立波斯帝國。統一國家版圖後，於同年他在全國推行安撫政策，下詔猶太人回歸巴勒斯坦地，准許他們重建家園，以及恢復宗教禮儀（參**拉一1～4**）。根據以斯拉記，當時約有5萬名猶太人由所羅巴伯及耶書亞（即哈該書所指的約書亞）帶領下回歸，而塞魯士二世亦批准他們取回被巴比倫王尼布甲尼撒從耶路撒冷聖殿擄去的器皿，他們便浩浩蕩蕩的返回耶路撒冷。

以斯拉記一章1節所說「波斯王塞魯士元年」所指的不是塞魯士登基的第一年，而是指塞魯士成為波斯帝國的王的第一年。

所羅巴伯為當時波斯帝國20區裏屬河西地區的猶大省長，而耶書亞則為當時的祭司。這羣回歸者回到耶城之後，第一件事要做的，就是在城中築一座壇，以斯拉記說明是「以色列上帝的壇」（三2），然後聚集所有百姓在城中獻祭。回歸後第二年（即公元前538年），他們開始重建聖殿。然而，工程開始不久便有阻滯，面對外憂內患。從外而來的，有當地各族及波斯官員的阻撓反對，從內而有的是各樣的人事困難。所以，立了殿的根基後工程就停止了。

上帝會使用朝代的轉易來成就祂的旨意，促使停頓的工作重新被建立。你相信上帝會如此帶領你的一生和你所處的羣體嗎？

波斯王塞魯士二世於公元前530年戰死沙場，後由岡比西斯二世繼位（Cambyses II；統治期：公元前530～522年）。他管治期間，波斯帝國的版圖延展至埃及邊界，很可能波斯帝國在此時才完全控制巴勒斯坦地。在他死後，阿契美尼德王朝就被皇室一個待衛大流士（Darius I；統治期：公元前522～486年）所篡。大流士作王第二年六至九月間，正值哈該作先知

（約公元前520年8月～12月）。從書中的表達，明顯發現他是在耶路撒冷宣布信息的（一1、4、8、11），他的工作前後不足4個月。他所處的境況，正值同胞放棄了修葺聖殿的意向與行動。而這位先知主要的工作就是要鼓勵猶太人重建聖殿。直到公元前516年，建殿工程才完滿結束。

7.10.2. 主題信息

本書雖只有短短38節經文，卻出現了3個詳盡記載大流士在位時所發生事件的年、月、日（一1、15，二10）；此外，還有3個只有月及日的日期標記（二1、18、20）。這類詳細的時間標記的重要性，可參以西結書的討論（6.4.2.「主題信息」）。按照本書出現的日期標記，可將本書分為4個神諭。每一個神諭都以「耶和華的話臨到（先知）哈該」作開始（一3，二1、10、20）。

在內容上，本書有3個主要信息。首先，先知要強調上帝的同在（參一13，二4～5），祂一直在猶大餘民當中，並且十分主動在他們中間行事。書中有超過29處地方以耶和華自己或透過先知說話，而說話的對象有猶大省長或大祭司，其中主要的人物是所羅巴伯及約書亞（一1，二2、11），也有餘民（二2）。說話的內容包括提醒、指責、鼓勵、應許、祝福留下來的猶人百姓。此外，他也提及上帝在地上的行動，其中有2次提及上帝要震動天地，為要向列國彰顯祂的能力（二6～7、21）。

聖殿若成為荒涼，是一件悲慘的事。當你看見教會荒涼之時，你會掩眼不見，繼續過你安舒的生活嗎？

此書另一個信息，就是鼓勵百姓重拾修葺聖殿的決心。在書卷開首，猶大領袖說出他的百姓的心態，就是不覺得是時機重修聖殿（一2）。先知指出缺乏雨水及地不出土產，原因是百姓不關心上帝的事，不去修葺聖殿，只關心自己的事（一3、10、11）。接著，先知指出上帝會供應建殿所需物資，以此來鼓勵百姓。先知又以重建後的聖殿的榮耀比以前為大這點去激起百姓建殿之心。最後，先知指出由他們開始重建聖殿之時，上帝的祝福已經臨到他們，賜予他們豐富的土產。所以，先知先指責百姓不理會聖殿，後鼓勵他們繼續建殿，指出行這事的人必蒙上帝的祝福。

> 所羅巴伯是猶大王約雅斤的曾孫（拉三2；參代上三17～19）。約書亞是被擄至巴比倫的大祭司約薩答的兒子（代上六15；參拉三2、8）。

> 「印」（希伯來文：*ḥôṯām*）可直譯為有蓋印的戒指。只有君王或屬於皇室的人員才有資格帶上這戒指，它代表著王權（參王上二十一8；斯八8；但六17）。

最後，書中浮現出「二重領袖觀」(dual leadership)。先知指出當時有兩個人同時作猶大人的領袖，其中一個負責政治，而另一個則負責宗教事務。除了二章20至23節只提及所羅巴伯一人外，每當先知向領袖宣布信息時，往往都會將**所羅巴伯**（名字的意思是「巴比倫之子」）及**約書亞**（名字的意思是「耶和華拯救」）連在一起（一1、12、14；二2、4），而每次都是先及提所羅巴伯，然後才是約書亞。這可能表示前者優先的位置。所羅巴伯的職銜是猶大省長，他是管治猶大百姓的，在政治管理上，他有其位置。在二章23節中，他甚至被上帝稱為「我的僕人」，是上帝所揀選，並以他為**印**的，表示他有王這獨特的身分。而約書亞一直都被稱為大祭司，指出他是當時羣體在宗教禮祭上的至高領袖。即使所羅巴伯的位置看似比約書亞重要，但整體而言，先知所強調的是，昔日只有君王為至高的，但今天卻不如此。除了政治上的領袖，宗教領袖也同樣重要。這種強調兩類型領袖的觀念在撒迦利亞書尤為明顯。

哈該書摘要

主題信息：(1) 上帝與餘民同在；(2) 重修聖殿是一件美事；(3) 管理猶大羣體的同時也有政治上與宗教上的領袖。

大綱：

A. 第一個神諭（一1～15）
   - a. 先知呼籲百姓重建聖殿（一1～11）
   - b. 百姓回應耶和華的鼓勵（一12～15）

B. 第二個神諭（二1～9）
   - a. 鼓勵領袖和百姓要剛強壯膽（二1～5）
   - b. 應許新的殿比前的更有榮耀（二6～9）

C. 第三個神諭（二10～19）
   - a. 查問祭司的律法（二10～14）

b. 宣告祝福已來臨（二15～19）

D. 第四個神諭（二20～23）

a. 宣告上帝將設立新的秩序（二20～22）

b. 宣告上帝已揀選所羅巴伯（二23）

7.11. 撒迦利亞書

7.11.1. 寫作背景

撒迦利亞（希伯來文：*zəḵaryāʰ*）這名字的意思是「耶和華記念」。根據舊約聖經，在猶大境地及巴比倫都有人使用這名字，而且在公元前8世紀已有這名字出現。舊約記載了至少有29個人用這名字，多是出現於歷代志、以斯拉記及尼希米記。本書提及的撒迦利亞是比利家的兒子，易多的孫子（一1）。若這位易多就是從巴比倫回歸的祭司之一（尼十二1、4、16），則撒迦利亞就是出身於祭司之家。

試想一個經歷被擄日子的先知，對國家及同胞的情懷會是怎樣？一個沒經歷上帝的信徒，能明白上帝多少？他的生命又會如何？

從本書出現的3個日期（一1、7，七1），可得知本書首8章的背景屬波斯時期，且與哈該同期（該一1），而且以斯拉記也可證明這點（拉五1，六14）。這部分記載的日期是從大流士王第二年八月至第四年九月（約公元前520年～518年），他是與哈該同時傳遞信息的，其歷史背景與哈該書相同（參7.10.1.「寫作背景」）。雖同時期的作品，撒迦利亞書的篇幅較哈該的長。它與哈該書觀點上最不同的是，它似乎假設了重建聖殿的工程已經開始。

接著八章之後的內容卻與之前的完全不同，它不但沒有任何日期標記，且其寫作風格、體裁及主題都與前8章迥異。因此，不少學者認為九至十四章與一至八章是出自不同人的手筆（甚至還有學者認為十二至十四章與九至十一章的作者不同），而後部分的寫作日期更眾說紛紜。有的說是由公前8世紀一位名為撒迦利亞的祭司所記錄的（參賽八2），因為它曾提及一些被擄前出現的君王的名字（參九5，十11）；亦有說是由公元前7世紀的耶利米所寫的。這樣的推算，似乎在日期上早了一點。有些學者這名詞曾在舊約出現13次（創十2、4；代上一5、7；賽六十六19；結二十七13、19；但十20，十一2）。

認為九章13節*yāwān*這詞是指「**希臘**」（「和合本」除了將它譯作「希臘」，也有譯為「雅完」）。從內文看，它清楚指出聖殿當時已有正常的運作（十四16～21），它的內容也較首8章有更重的末世性意味（十四4～8）。九至十四章其中一個特色就是引用不少其他舊約書卷的經文（亞十3～12與耶二十三2～3、7～8；亞十一1～3與耶二十五34～38），藉著詮釋舊約過去的信息來展望將來的情景。從種種迹象，引致學者推算這段經文要比一至八章更遲完成，估計可能是公元前4至2世紀期間的作品。

7.11.2. 主題信息

撒迦利亞書與哈該書有許多相似的地方。但哈該書關注的是鼓勵百姓重修聖殿，而撒迦利亞書則較為著重講述聖殿存在的意義，以及象徵與「二重領袖觀」之間的重疊關聯。因此，撒迦利亞書可以說是延續及補充了哈該書的重點。

撒迦利亞書一至六章是以8個夜間的異象作為內容的主線。首4個異象的對象的範圍先從全地開始（一7～17；騎士巡視全地），接著是猶大與列國（一18～21；四匠打散四角），然後帶到耶路撒冷（二1～13；準繩量度耶城），最後是聖殿及領袖（三1～10；約書亞的服飾）。接著的4個異象的對象的範圍卻與之前的相反，先由領袖開始（四1～14；燈臺與橄欖樹），接著是對行惡的以色列人（五1～4；飛行書卷發咒），然後是針對列國（五5～11；量器中人被移），最後是全世界（六1～15；四車遍地往來）。這段經文的中心思想，是指出上帝是以兩種行動來建立以色列羣體。祂一方面以懲罰列國來表達祂的公義，另方面祂又潔淨以色列羣體，為他們設立領袖，以此來建立以色列國。作者在此又提及「二重領袖」這觀念（參哈該書7.10.2.「主題信息」），再次申明上帝所要求的領袖的條件是如何。透過回應伯特利人的詢問，七至八章帶出一系列的神諭。其中心信息都是指出上帝正在掌權，並且祂對其子民的道德操守是有要求的，作者同時亦指出上帝是列國的神，萬國都屬於祂，將來列國也也要歸上帝國度之下。

有別於一至八章，九至十四章沒有再提及所羅巴伯、約書亞及撒迦利亞等歷史人物的名字。這整段經文有幾個重要的信息。先知首先以一首「神聖戰士之歌」(九1～8)來述說上帝就像一個戰士為祂的子民與列國爭戰，懲罰列國。這些列國包括：腓尼基(哈馬、推羅、西頓)、亞蘭(大馬士革)、非利士(迦薩、亞實基倫、以革倫)，而上帝的子民必受到保護。其次就是攻擊以色列羣體中的領袖沒有盡本分管理祂的子民。此外，先知要指出上帝要為以色列民另立一個美好的國度，這國度是由一位謙謙和和的王來管理。上帝又將自己當作牧人一般牧養祂的子民。接著先知也用一些篇幅來描述以色列國將來的遠景。將來上帝必洗淨人的罪，又滅絕一切先知。祂要作全地的王，祂的子民也要敬拜這位大君王——萬君之耶和華。那時，外邦人也可參與在敬拜中，將所有「歸耶和華為聖」。

先知所指「歸耶和華為聖」是甚麼意思？是否單指道德行為上？過聖潔生活最基本的條件是甚麼？

雖然有學者相信一至八章及九至十四章極可能出自不同人的手筆，但兩者能夠被編排在同一卷書，它們彼此之間一定存在某些共同的主題，以使它成為一卷帶著完整信息的一卷書。它們的信息內容有以下共同點：

1. 耶路撒冷在上帝計劃中佔有中心性的地位(二1～13，九8～11，十二1～14，十四1～21)；
2. 上帝在末世時要行最重要的事，就是潔淨以色列這羣體(三1～9，十三1～2，十四20～21)；
3. 普世主義同時出現在兩部分的內容中。它們同是指出雖然列國會受上帝的刑罰，但它們在上帝的國度中仍有其位置(二11，八20～23，十四16～19)；
4. 作者引用過往先知的著作來宣告信息，可見他將權威訴諸於從前的先知，並否定當時代的先知(一4，七4～10〔參賽五十八章〕，九1～8〔參摩一9～10〕，十一1～3〔參耶二十五34～38〕)；
5. 關注在新時代中誰是領袖及其特質的問題(三1～8，四1～10，九9～10，十一1～17，十三7～9)。

撒迦利亞書摘要

主題信息：(1) 上帝要潔淨列國和祂的民；(2) 重建百姓。

大綱：

A. 引言（一1～6）

B. 在大流士王管治期間的信息（一7～八23）
   - a. 8個異象與宣講（一7～六15）
   - b. 回應伯特利人的查詢（七1～八23）

C. 兩個宣告（九1～十四21）
   - a. 第一個宣告（九1～十一17）
   - b. 第二個宣告（十二1～十四23）

7.12. 瑪拉基書

7.12.1. 寫作背景

瑪拉基書是先知書卷中最後一卷，也是舊約聖經最後一卷書。「瑪拉基」（希伯來文：***malʾāḵî***）這名字的意思是「我的使者」。這名字在舊約聖經中只出現在這書一章1節。本書的標題沒有標明任何日期，因此也沒有交代任何的寫作背景。不過，書中的一些內容反映了波斯時代的背景。這可從3方面看出：首先，它提及的「**省長**」（一8），應該是波斯帝國時期的一種職銜。第二、以東成為荒涼是發生於早期波斯時期（一3）。第三、當時聖殿的禮祭已重新進行（一9～10）。所以，這書可能寫於聖殿重建之後。有學者認為書中所關注的內容與以斯拉記、尼希米記的相似，例如：制訂獻祭之物及節期（一9～14；參拉六19，八35；尼八13～18），十一奉獻（三6～12；參尼十37～39），與外族女子通婚（二10～16；參拉九2，十2；尼十三23～27）及欺壓貧窮者（三5；參尼五1～13）。這些都可以證明本書的背景與以斯拉及尼希米時代相似；即使不是同時代，也是後於他們，估計大約是公元前5世紀中葉。

*「省長」的希伯來文是**pĕḥāh**。這字不是源自希伯來文，而是借用自巴比倫文。至今無法考究這官階確實的職能和權責範圍。*

若後於以斯拉及尼希米時代的話，瑪拉基作先知時，聖殿可能已重建有四、五十年之多。按照先知哈該及撒迦利亞所傳的信息，當聖殿被重建後，猶大民族的生活便漸漸安定下來，甚至繁榮起來，而那位掌管他們甚至全地的王也很快要來。但結果並不如此，猶太民族仍不能得波斯王國批准獨立，他們雖有家園，但卻沒有屬於自己的國；而公平、公義的王也沒有來，大衛的國度也沒有實現。不但如此，波斯政府向他們施加壓力，徵收重稅。省內的官長也腐敗不堪，人民遭受剝削。再加上天然災害的來臨，加重他們生活的擔子。在這情況下，猶太羣體開始對上帝失去信心。他們認為事奉上帝是徒然的，以至不再有一個嚴謹的宗教生活，在禮祭事上敷衍了事，甚至連祭司也如此，他們回復昔日表面化的宗教生活。此外，在他們羣體中較為富有的人就欺壓貧窮的人。他們又棄信背約，不守婚約，與外邦的女子通婚，敬拜他們的偶像。先知就在這社會及宗教背景中發言，他一方面向犯罪的人發出警告，同時亦鼓勵他們回轉。

為何宗教表面化比不信上帝的人的境況更可憐？為何上帝不准許猶太民族與外邦女子通婚？這與上帝和他們所立的約有何關係？

7.12.2. 主題信息

整卷書最明顯的特色就是先知是透過對話，甚至可說是辯論的形式來傳遞信息。在辯論過程中，是以提問方式表達，全書記載多達22個問題。這些問題有從先知向百姓提出的，也有些是百姓以問題方式回答先知的問題的，後者尤其多出現的是「甚麼」的問題(參一2、6、7，二17，三7、8、13)。雖然書中記載了祭司和百姓發出問題，但這不一定是他們真實要發出的問題，這可能只是表達他們的看法或態度而已。先知使用辯論的模式，為要清楚指出他講論的目的並不單純只為指責會眾，而是透過辯論讓他們反省自己的境況，說服他們承認自己的軟弱，以及鼓勵他們回轉，引導他們重拾對上帝的信心及盼望。

從先知與猶大民族的對話中，反映了上帝是一位願意與人對話的神。你願意坦然的將你的心結或不明所以的地方向上帝傾訴嗎？

透過22個提問便引入了6個辯論，這些辯論表面上是澄清猶大民族的一些錯誤觀念，但實際上是要透過這些辯論，帶出上帝的性情，以及祂與祂子民之間的6種關係：上帝是愛祂的子民(一2～5)；上帝除了是位該受敬畏的父親，也是位受尊敬的主人（一6～二9）；上帝是位該受忠心對待的創造者（二10～16）；上帝是以公義審判人的（二17～三5）；上帝永不改變，所以人要回轉歸向祂（三6～12）；上帝是信實的，定必善待義人，報應惡人（三13～四3）。

除了上帝的性情，瑪拉基書的作者也十分重視「立約」這觀念。書中提及3種約：利未之約（二4～5、8）、列祖之約（二10）及婚姻之約（二14）。此外，也提及「立約的使者」（三1）。先知在卷首便指出上帝一直都沒有背棄祂與猶大民族的祖宗所立的約，這可從祂對雅各與以掃的態度上看出來；但是猶大民族卻因著種種原因沒有守約，這可從他們的行為上表現出來。他們的祭司及百姓在獻祭的事上，在教導律法上，在婚姻生活上，在社會公義的事上都沒有按照約的要求去行，這就是對上帝不忠。先知對這些不同事情的關注顯示出他不單重視禮祭敬拜，也重視生活層面上的道德操守。

「馬所拉版本」及「七十士譯本」將四章1至6節歸入三章。因此這兩個版本只有三章，而三章共有24節。

本書短短的**55節經文**中，卻出現了「萬軍之耶和華說」這公式22次（參一4、6、二2、8，三1、10，四1、3等）。不過，這公式沒有如早期先知書般，以這片語作為分段標記之用（參5.3.2.「明確的段落」），而是不規則的出現在全書的討論內容中，所以其功用更似是強調先知之言論是來自上帝的權威。

作為先知書的最後一卷，瑪拉基書在最後加上一段附錄：「4你們當記念我僕人摩西的律法，就是我在何烈山為以色列眾人所吩咐他的律例典章。5看哪，耶和華大而可畏之日未到以前，我必差遣先知以利亞到你們那裏去。6他必使父親的心轉向兒女，兒女的心轉向父親，免得我來咒詛遍地。」（四4～6）這段附錄帶出兩個重要的信息。作者一方面要讀者回顧摩西律法，指出全書的信息是植根於這個傳統；另一方面則提醒讀者要前瞻一位以以利亞作為先知代表的人物將會來臨，這可能是暗指這人就是「立約的使者」（三1），他要預備耶和華日子的來臨。

全書以「免得我來咒詛遍地」這片語作結束，也成為新教舊約聖經最後一句話。若以「咒詛」作為結束，看來都頗負面。它其實是要指出真正的祝福是在「大而可畏之日」。

瑪拉基書摘要

主題信息：(1)透過辯論述說上帝的性情；(2)重提猶大民族與上帝所立的約；(3)宣告上帝的公義及憐憫。

大綱：

A. 標題(一1)

B. 耶和華的愛(一2～5)
  a. 質疑耶和華的愛(一2上)
  b. 回應質疑(一2下～5)

C. 指控祭司(一6～二9)
  a. 指控祭司在獻祭上的缺失(一6～14)
  b. 指控祭司在教導上的缺失(二1～9)

D. 指控百姓不忠(二10～16)
  a. 褻瀆列祖之約(二10～12)
  b. 破壞婚姻之約(二13～16)

E. 耶和華公義的審判(二17～三5)
  a. 質疑耶和華的公義審判(二17)
  b. 回應質疑(三1～5)

F. 勸民回轉歸耶和華(三6～12)
  a. 一般性的呼籲回轉(三6～7)
  b. 特殊性的呼籲回轉(三8～12)

G. 義人與惡人的結局(三13～四3)
  a. 質疑事奉耶和華的好處(三13～15)
  b. 回應質疑(三16～18)
  c. 義人與惡人的命運(四1～3)

H. 附錄(四4～6)
  a. 記念摩西的律例(四4)
  b. 耶和華差遣以利亞的重臨(四5～6)

溫習問題(7.10.～7.12.)在頁185。

溫習問題(7.1～7.3)

1. 怎樣知道先知何西阿是北國的先知？
2. 試略述先知何西阿個人的資料，以及他身處的歷史和宗教背景。
3. 何西阿如何藉著他不忠的妻子來比喻上帝與以色列人的關係？
4. 何西阿如何表達上帝的審判與拯救來臨的情況？
5. 有學者認為約珥書寫於公元前6世紀後期到5世紀初。他們有何論證？試列明。
6. 從約珥書看，以色列人的罪如何影響「地」？上帝又如何使這「地」重新復興？
7. 從約珥書的信息內容看，上帝如何對待列國？為何上帝要這樣對待他們？
8. 試略述阿摩司的個人背景。他身處於甚麼的社會背景下？亞瑪謝如何評價他的身分？他又怎樣回應亞瑪謝？
9. 阿摩司書大部分的內容以哪方面的信息為主？欺壓和拜偶像與以色列人跟上帝所立的約有何關連？
10. 阿摩司書有記載哪幾個異象？這些異象的內容意義何在？

溫習問題(7.4～7.6)

1. 對於俄巴底亞作先知時的時代，是有3個可能。哪一個較為合理些？試詳述之。
2. 以東與猶大有何特別的關係？他們在歷史中關係如何？
3. 俄巴底亞書用了很大的篇幅宣布以東的惡行，但其實他的信息主要是向誰發的？他寫此書最後的目的何在？
4. 約拿是哪個時代的一位先知？他與以色列國哪一個時期的君王最有關連？
5. 尼尼微城屬哪一國的城？約拿書的作者形容它是一座怎樣的城？
6. 約拿曾經蒙上帝多少次呼召，去尼尼微城宣講信息？約拿的反應如何？作者描述約拿曾發了多少次怒？
7. 上帝借用3個提問來教導約拿明白祂的心意，試描述這3個提問。約拿書的中心信息是甚麼？
8. 彌迦是在哪一年代作先知？當時的政治及社會背景是怎樣的？

9. 彌迦書信息主要是針對哪一國的人？這國的人出現甚麼現象？從哪些信息看見彌迦愛國的心？
10. 彌迦如何將國民的生活與他們和上帝所立的約連上關係？上帝拯救的信息如何臨到他們？

溫習問題(7.7～7.9)

1. 學者對那鴻的身世有何不同的看法？估計他是在哪一個時代作先知的？
2. 那鴻書的標題使用哪3個特別的用詞？這對整卷書有何特別意義？
3. 先知那鴻是向哪一國發出審判神諭？此書與約拿書及哈巴谷書有何相同相異之處？
4. 傳統認為哈巴谷是誰？他是在哪一個年代作先知？
5. 哈巴谷向上帝有多少次申訴？上帝又如何回答他的申訴？
6. 「義人因信得生」這片語有何意義？在哈巴谷書裏又帶著甚麼意義？
7. 如何顯出哈巴谷是一個有信心的先知？
8. 西番雅書一章1節如何介紹西番雅？這先知處於怎樣的社會背景？
9. 「日子」這詞在西番雅書有何特別的意義？試簡述西番雅如何描述他身處時代的宗教境況？
10. 西番雅如何向列國宣布審判神諭？至終哪些人可得享上帝所賜的喜樂的日子？

溫習問題(7.10～7.12)

1. 哈該作先知時，猶大處於甚麼宗教境況中？當時的社會背景如何？猶大百姓出了甚麼問題而遭致哈該的譴責？
2. 哈該如何表達上帝是與猶大餘民同在？若他們不願修葺聖殿，他們將面對甚麼處境？
3. 哈該如何突出所羅巴伯與約書亞的身分？
4. 整卷撒迦利亞書可分為哪兩部分？為何學者會質疑這兩部分是由不同作者寫成的？
5. 怎樣看出撒迦利亞書後部分是較後於前部分寫成的？

6. 撒迦利亞書一至八章共記述多少個異象？其中心信息是甚麼？九至十四章的信息是甚麼？
7. 撒迦利亞書一至八章與九至十四章信息內容有何共同點？試列出。
8. 瑪拉基書的內容如何反映它是寫於波斯時代？它的內容有哪幾方面與以斯拉記及尼希米記相似？
9. 瑪拉基包含多少個提問？這些提問形成了多少個辯論？
10. 先知瑪拉基是在甚麼的社會及宗教背景中宣布信息？先知如何描述上帝的「約」？猶太民族如何背約？

第四部分

先知書卷主題綜覽

第六和七章是對先知書卷作精簡的內容分析，論及每卷書的寫作背景及它的主題信息。本章的內容是將17卷先知書整體的內容作綜合性的概覽。

讀完先知書卷的內容後，讀者不難發現先知書大部分的內容都是記載先知的宣講。既是宣講，這必定涉及領受宣講的對象。所以，談到先知信息的內容，必先釐清先知傳信息的對象，因為這與宣講的內容息息相關。又因為要令聽眾明白宣講的內容，他們的宣講基本上是直接的，特別在宣布受眾的罪行，更是具體清晰的。

以色列先知都有一個信念，就是相信耶和華上帝雖然深深影響著以色列這民族，又在他們的歷史中運行，但祂不單是以色列人的神，也是全地的神，世界的主宰。因這緣故，有部分先知不單向以色列民族傳遞上帝的信息，也向世人宣告祂的心意。所以，論到先知講話的對象除了以色列人之外，也包括外邦人，因為先知的目光並不單單注視於以色列這羣體，也有廣闊的視野，及至當時的列國。從這個角度出發，就會發現某些先知書內容，如以西結書，是按著3個主題來編排全書的內容。這3個主題是：審判以色列人的神諭，向列國發出的神諭，以及復興以色列人的信息。這部分就以這3個主題作為出發點概括地討論先知書卷整體的神學主題。

第八章
審判與選民

- 審判的宣告
- 審判的內容
- 審判的理據
- 審判的目的
- 耶和華的日子
- 總結

8.1. 審判的宣告

> 試選取其中一位先知的審判信息，然後花一點時間閱讀它，看看這段經文對你有何啟迪。

第五章談及「審判神論」的格式（參5.2.2.1.「審判神論」），在此再深入探討這類宣講的內容及對象。審判的信息在先知書卷的內容中佔很大的部分，也是一般讀者對先知書的印象。按聖經記載，絕大部分的「著作先知」（參2.2.3.「公元前8世紀的發展」）及沒有著作的先知都曾宣告審判信息。在非著作先知中，最為人認識的有：撒母耳（撒上十五14～23）、以利亞（王上二十一17～24）及以利沙（王下七1～2）。即使是較不為人熟識的女先知戶勒大，她惟一被記載的講話都是審判的信息（王下二十二14～20；代下三十四22～28）。聖經有提及某些非著作先知，但卻沒有記載他們宣告審判的信息，這些先知大多記載在歷代志中，如示瑪雅（代下十二15）、易多（代下十二15）、亞薩（代下二十九30）。另一方面，沒有一位著作先知是不曾宣講過審判的信息的。

一篇宣講是為針對聽眾的需要或問題而發出信息的，否則所宣講的就變得沒有意義。所以當宣講者要宣布一篇審判信息時，他是要看看誰是受審者。若仔細觀察先知書的審判神諭，便發現先知所宣講審判信息的對象是因應以色列歷史的進程而有所轉移。先知起初的工作主要是向個人傳達信息，後來轉而向羣體或者國家，甚至是向列國發出信息。

> 撒母耳較為特別，他是士師與王國建立轉接時期的一位先知，所以他有向個人，也有向羣體宣布信息（撒上八10～18），但這信息不是審判神諭。

以王國成立以前的先知為例，有一位神人向祭司以利發出審判神諭（撒上二27～36），內容是宣判他家將要面對的懲罰。值得留意的是同時期的**先知撒母耳**。這位偉大的先知蒙召後第一篇要講的信息，就是宣布教養他的以利家的結局（撒上三11～15、18）。這兩個例子反映了王國時期之前，先知所宣告的審判神諭，是針對一個人。王國成立後，先知的審判神諭就臨到一些特殊的人物——君王。最明顯的就是先知撒母耳向當時的以色列王掃羅發出審判神諭（撒上十三8～14，十五10～31；參2.2.3.「公元前8世紀的發展」）。公元前8世紀，首個對全以色列國宣告的審判神論是先知阿摩司（參7.3「阿摩司書」）。有別於他之前的先知，他的宣講特別之處在於宣告耶和華對全以色列民的具體的審判。他宣告「以色列民定被擄去離開本地」(摩七11)；另一個特別之處，是指出全以色列民將要滅亡，他直接說出「以色列的結局到了」(摩八2)。在阿摩司之前作先知的，當審判個別君王時，雖有具體說出君王會被處罰而死，但沒有提及整個國家的命運，以色列國或是猶大國仍能繼續存在。但自阿摩司開始，整個國家的滅亡成為先知宣講審判神諭中經常出現的課題。整個國家的存亡代表著上帝與以色列人立約關係的終結。這樣的宣講對當時的以色列民來說誠然是難以接受，又是難以理解的信息。須留意的是當阿摩司宣告耶和華的審判時，他所強調的是這審判的事實性多於說出這個審判出現的形式。

8.2. 審判的內容

大部分的審判信息都是直接且嚴厲的，這是因為宣講的對象較廣闊。當先知審判以色列人，他當然是按著上帝公義和神聖本質的要求去對以色列人的罪行作出批判。這些罪行大概可以分為社會、政治及宗教3個層面。對先知來說，這3個層面並不是獨立，而是互相連繫，互相影響的。

8.2.1. 社會層面

先知於當時的以色列人社會中，可算是擔負著一個「社會良心」的角色。他們是以色列人社會倫理的指引者，藉著指責以色列人在社會裏行不公義的事情，來指引他們如何按著上帝公義的要求去生活。先知所指責的對象，尤其與那些有權勢的人有關。他們藉著自己的財富及權勢剝削那些社會中的貧窮人。以先知彌迦為例，他斥責那些「貪圖田地就佔據，貪圖房屋便奪取」的人「欺壓人，霸佔房屋和產業」(彌二2)。阿摩司更具體的說了這類不公義的事情：「[4]你們這些要吞吃窮乏人、使困苦人衰敗的，當聽我的話！[5]你們說：月朔幾時過去，我們好賣糧；安息日幾時過去，我們好擺開麥子；**賣出用小升斗，收銀用大戥子**，用詭詐的天平欺哄人，[6]好用銀子買貧寒人，用一雙鞋換窮乏人，將壞了的麥子賣給人。」(摩八4～6)

「新譯本」將「和合本」的「賣出用小升斗，收銀用大戥子」這句子按原文譯作「我們賣東西就把升斗弄小，收銀子卻用加重了的法碼。」

先知所指責不公義的事，大多與「欺壓」有關。為何欺壓勞苦的人會帶來如此大的社會問題？

此外，耶利米針對另一類社會不公義的事情。他所指責的，是人與人之間弄詭詐，彼此以謊話欺哄，又或讒謗他人：「[4]你們各人當謹防鄰舍，不可信靠弟兄；因為弟兄盡行欺騙，鄰舍都往來讒謗人。[5]他們各人欺哄鄰舍，不說真話；他們教舌頭學習說謊，勞勞碌碌地作孽。[6]你的住處在詭詐的人中；他們因行詭詐，不肯認識我。這是耶和華說的。」(耶九4～6)。除此之外，不同的先知也有指出社會其他層面不公義的事情，當中包括：欺壓寄居的，虧負孤兒寡婦，行姦淫，行賄賂，借錢取利，輕慢父母，殺人流血等(參賽五8～30，十1～2；耶二十二3；結二十二6～12；摩二6～8，五10～13；彌七3；亞七10)。總括來說，先知是關注及渴求公平公義。他們一方面以負面方式，批評百姓缺乏這些素質，如阿摩司斥責以色列人「使公平變為茵蔯」及「將公義丟棄於地」(摩五7)；另一方面也正面地鼓勵百姓過公義的生活，正如彌迦宣告上帝所喜悅的是百姓能「行公義，好憐憫，存謙卑的心」，並與上帝同行(彌六8)。

8.2.2. 政治層面

那些政治領袖在決策時面對甚麼壓力？他們如何與先知的關係產生張力？

談到政治層面的罪行，可包括兩方面：以色列內政的敗壞及外交政策的不當。當先知指責以色列國內政治敗壞，其實是指那些政治領袖不但沒有按照上帝頒布給他們列祖的律例典章來治理百姓，而且還利用權位從中圖謀個人利益，沒有好好的管理百姓。當指責以色列的外交政策時，是指那些領袖沒有按著上帝的心意對抗外邦國家，反與列國聯盟，這只能反映君王對耶和華上帝缺乏信心。耶利米曾嚴厲的責備猶大王及首領為「極壞、壞得不可吃的無花果」(耶二十四8)。他也曾指出國中的領袖如先知及祭司都行惡(耶五30)。先知以西結在一次所見的異象中，稱呼民間的首領為「圖謀罪孽的人」，指控他們在「城中給人設惡謀」(參結十一1～12)，他又批評首領為豺狼，因為他們「殺人流血、傷害人命，要得不義之財」(結二十二27)。先知何西阿將首領類比為

「挪移地界的人」，因而使上帝「將憤怒倒在他們身上，如水一般」(何五10)。先知彌迦指控首領及審判官收受賄賂，以致徇私枉法(彌七3)。先知西番雅將首領比喻為「咆哮的獅子」，將審判官類比為「晚上的豺狼」(番三3)。以上所列的經文都強調以色列的政治領袖的敗壞。

接著是提及以色列的錯誤外交政策。先知以賽亞曾藉著一個兆頭向亞哈斯提出警告，提醒他不應懼怕亞蘭和以法蓮聯手的攻擊，更不應與亞述結盟，以增強國家勢力，因為這樣行只能表示他是憑己意，而不是依靠上帝來治理國家(賽七1～25)。以賽亞又稱呼耶路撒冷的領袖為「褻慢人」的(賽二十八14～22)，暗示他們不單自己違背上帝，甚至譏笑那些行義的人。這些領袖以為與埃及結盟就能為他們帶來平安，但先知指出這些行徑無異於與**死亡結盟**，只是「以謊言為避所，在虛假以下藏身」(賽二十八15；另參三十1～5)。先知以西結也曾透個比喻指出西底家在面對巴比倫的攻擊時，去尋求埃及的幫助，這是違反與巴比倫王立約的行為(結十七1～22)。當猶大國與巴比倫王立約時，立約的人須以他們所信奉的神明的名字起誓，以示其約是真實的，但猶大王西底家卻背棄與巴比倫王所立的約，向埃及尋求幫助。在這情況下，猶大國就是濫用上帝的名字與人立約，他們在上帝、在人面前顯得不忠。

學者認為以賽亞書二十八章15節「與死亡立約，與陰間結盟」是指與埃及結盟，而「敵軍」是指亞述。這段歷史故事可參列王紀下十八、十九章。

8.2.3. 宗教層面

舊約歷史書從約書亞記至列王紀下，無一不記載以色列人敬拜偶像的事。無可否認，當以色列人進入迦南後，他們的文化肯定受迦南人所衝擊。而宗教也不例外，他們敬拜迦南的偶像可能已成為很自然的事。不過，這不是上帝的心意，因為他們在曠野時曾藉著十誡與上帝立約，要尊祂為聖。當他們入迦南前，約書亞也曾3次提醒他們作出選擇，要專一事奉耶和華抑或敬奉其他的偶像。若他們選擇敬拜耶和華，就必須除掉所有外邦神像，專心歸向上帝。他

宗教表面化經常出現在信主年日長的信徒身上。你認為怎樣才可以經常對上帝保持一個單純信靠的心？

們亦很堅決的說「我們必事奉耶和華——我們的上帝，聽從祂的話。」(參書二十四章) 但當他們進入迦南後，卻心裏剛硬，背信棄義，跟著迦南人的風俗習慣，信奉他們的宗教。上帝沒有因為以色列人離棄祂而放棄他們，祂要藉著先知向他們說話。

因此，先知亦一直以來不遺餘力地指責以色列人拜偶像這方面的敗壞。在何西阿的著作中，指責以色列人在宗教祭禮上的罪行所佔的比例較其他的罪行多。這些宗教禮祭的罪行包括敬拜巴力 (二8，十三1)，求問木偶 (四12)，在各處燒香獻祭及增添祭壇 (四13，八11)，製造偶像及敬拜金牛犢 (八4～6，十三2)。耶利米指責以色列民把耶和華上帝當作巴力及其他「無益的神」(耶二8)，從而隨從虛無的神祇，使自己成為虛妄。被擄時期的以西結比耶利米更強烈指責那些留在國內的百姓及被擄到巴比倫的猶大民族，在宗教上的敗壞。以西結書有不少篇幅都是與敬拜偶像有關，其中包括審判以色列人在各處的邱壇獻祭，並指出這是使他們遭致地土荒涼的原因 (結六1～14)。以西結書又在一個異象中4次描述以色列人敬拜偶像，情況極之嚴重。他們將偶像放在聖殿不同的地方，甚至是聖殿的牆裏。敬拜這些偶像的包括以色列的百姓及他們的官長及長老。結果是上帝決定離開聖殿，容讓聖所被外人褻瀆 (結八1～18)，猶大國亦遭受刑罰 (結九章)。

先知除了譴責以色列人拜偶像，也指責他們在敬拜耶和華這事上的不當。他們雖然有依律例守節期，但他們的態度及動機卻受先知質疑。先知以賽亞在書首開宗明義的譴責祂的子民一方面獻祭，但另一方面卻犯罪；他們祈禱，但同時也欺壓孤兒寡婦 (賽一章)。阿摩司清楚說出上帝厭惡以色列人的節期及嚴肅會，也不悅納他們所獻的祭 (摩五21～22)，這是因為他們雖按規矩守節期和獻祭，但卻不依照上帝的要求去行公義，所以他們的敬拜生活只是徒有外表，這是上帝所不能接納的。

以色列人的宗教生活不但徒有外表，甚至在這表面的敬拜禮儀中也顯得不恭。先知瑪拉基指責以色列人獻祭的態度隨便，他們獻上有殘缺的，更可笑的是甚至祭司也不認為這是不對的，沒有提醒獻祭的人這些錯誤的行為，反竟認同他們，接納他們這樣的祭牲 (瑪一6～14)。先知既於你而言，持守十分一奉獻困難嗎？難在哪裏？有沒有想過遵行十一奉獻是一種信心的行為？

針對祭牲本身是否可以符合獻祭之用，也針對獻祭的人的態度。先知指責獻祭的人在獻祭時竟說：「這些事【獻祭的事】真煩死人！」(瑪一13節「現代中文譯本」)他們這樣的表現完全反映他們藐視上帝。在獻祭的事上，上帝的子民還出了另一個問題，就是他們沒有將當納的十分一獻給上帝。先知形容這行為是「奪取」(瑪三8；希伯來文：*qāḇaᶜ*，意即「偷、搶」) 上帝的物 (瑪三7～12)，看來以色列人是犯了一個很嚴重的錯誤。無論怎樣，輕率的信仰生活及行為都為上帝所審判的。

不納十分一就等於奪取上帝的物？

當以色列人仍在曠野之時，上帝已吩咐以色列人進入迦南後，必須將他們從種植所得的產物及所畜牧得來的收穫的十分一全奉給上帝，目的是要讓他們記念他們身處的那地是屬於上帝的，所得的產業也不是他們應有的，是上帝所賜的(利二十七30、32；申十二5～18)；所以上帝的物要歸還上帝是理所當然的。上帝又將從以色列人各支派所奉出來的十分一，全賜給利未人(民十八21～24)，好使利未人不用耕作，專心打理會幕，負責以色列人的宗教事務。利未人也要將他們收取的十分一獻予上帝，再賜予祭司(民十八25～29)。若所有以色列人都如此行，上帝就喜悅，因為他們使全地的以色列人，包括利未人及祭司都在無憂慮中生活。如此，上帝定會賜福給他們，使他們平安度日(申十二12)。若果以色列人不再納十分一，他們就是打劫上帝了，因為他們不但將屬於上帝的地、牲畜搶走，歸為己有，兼而利未人及祭司也不再得到供養。這直接影響他們的宗教生活，接著也影響他們與上帝的關係。在這情況下，上帝又怎能繼續賜福給他們呢？

值得留意的是，社會、政治及宗教上這3方面的罪行是互相牽連的。先知指出即使一個人完全按律法的要求獻祭及守節期，但卻行事不公義，上帝不但不接納他的獻祭，反而會感到厭煩。因此，敬拜上帝不能不注重內心正確的態度或動機。此外，一個錯誤的政治決策，不但反映當權者的不信，也破壞國民與上帝的關係。當權者既然不著重他們與上帝的關係，整個國家也不會以上帝為他們信仰的核心。此外，因著政治關係，國家領導人將外邦的神祇引入國中，成為國家人民信仰上的絆腳石，整個國家也落在拜偶像的氣氛中。故此，不正確的政治策略會遭致整個國家不再尊耶和華為聖。此外，若人隨意守節期或獻祭，這也是宗教上的罪行，因為他們藐視上帝。

8.3. 審判的理據

上文提及先知審判以色列人在社會、政治及宗教層面所犯的罪行。當留心他們審判的內容，便可察覺到他們似乎是按著一些已有的原則或一些規範而作出判斷，因而施行審判。那麼，這些原則究竟是甚麼？

8.3.1. 上帝與人之約

首先，也是最明顯的，就是按著上帝與以色列人之間所立的約而作審判。換言之，上帝是因為他們的違約而作出審判。上帝曾在西奈山（或何烈山）與以色列人立約（參2.1.2.「先知與西奈」），因著這約，上帝藉摩西與以色列人制訂律例典章，作為以色列社羣中生活行為的規範。這些律例典章結集於「五經」裏（出二十22～二十三33；利十七～二十六章；申十二～二十六章）。

學者稱這話為上帝與以色列人「立約公式」（covenant formula）。這雖是一個條款，但事實上是要表達耶和華上帝與以色列人的關係。

在這約中，以色列人與上帝也建立了一種特別的關係，正如先知耶利米在他的宣講曾說過：「我【指上帝】只吩咐他們這一件說：『你們當聽從我的話，我就作你們的上帝，你們也作我的子民。你們行我所吩咐的一切道，就可以得福。』」（耶七23）其中「**我就作你們的上帝，你們也作我的子民**」是上帝與祂的子民立約中最重要的條款（參耶十一4，三十22；結三十六28；另參何一9）。在這條款中，上帝要作以色列人的神，並以恩慈信實對待他們，而以色列人必須盡忠於上帝。彌迦書的上帝對以色列人控訴的基礎，就是在祂與祂子民所立之約（彌六1～8）。先知阿摩司所指責以色列人三番四次所犯的罪行（摩二6～8），都是建基於出埃及記所記載的律法（參出二十二21～27）；先知何西阿指責以色列人違反十誡，依次為第三、九、

六、八及七條誡命(何四1～2；參出二十1～17)。同樣，先知耶利米也指責聽眾違反十誡，依次序為第八、六、七及九條誡命(耶七9)。

上帝與以色列人之間的約最核心的內容，就是單單敬拜耶和華，以祂為上帝、為主。所以敬拜偶像就是動搖上帝與人之約的基礎。換言之，不當的禮祭，如不依規則獻祭，也同樣違反上帝與祂子民交往的正確程序，從而被視為違反上帝與祂子民所立的聖約。除此之外，不依照這約所訂的生活準則而生活，也是一種背約的行為。

8.3.2. 公平公義

先知作出審判的第二個原則，就是按公平公義的準則。雖然上帝與以色列人所立之約包含公平公義的要求，但似乎先知所指責以色列人不行公平公義的準則，是放諸當時普遍人都知道，而不是以色列人特有的。當阿摩司斥責受眾「使公義變為苦膽，使公義的果子變為茵蔯」(摩六12)，他明顯相信受眾是明白何謂公平公義。當留意的是阿摩司竟然呼籲**亞實突**和埃及地宮殿的人見證以色列人所行不正直的事(三9～10)。阿摩司期望那些不熟悉以色列律例的外邦人，也可以理解到以色列人如何違反普遍人都認為公平公義的事。由此可見阿摩司所認為的公義公平，都是指當時近東的人認同的準則，而不是獨特為以色列國而設的標準。先知以賽亞說「祂【指耶和華】指望的是公平，誰知倒有暴虐；指望的是公義，誰知倒有冤聲。」(賽五7)可見以賽亞眼中的公平公義都是當時為人所知的，但可惜的是，犯事的人竟然好像是懵然不知！這些先知在指責以色列人欺壓弱小及屈枉公義時，都沒有特別引用具體律例去指出他們的錯誤，只是指出他們違反了普遍的人道及公義的理念。所以，上帝也會因為人行事違反公平公義的原則而作出審判。

亞實突城位於猶大國以北，近地中海沿岸，屬非利士一個首領管轄。約書亞分地時，這城是歸入猶大支派(書十五47)，但從沒有歷史記載猶大支派曾征服它。

8.3.3. 內心態度

至於審判的第三個原則，就是按著人內心的光景作出審判。凡驕傲、剛愎自用的人，上帝必定審判。論到驕傲必受罰這主題的神諭，先知以賽亞說過多遍。他曾兩次提出高傲的被降為卑（賽二7～17）；他又指出狂傲的錫安子民必被上帝刑罰，他們要變為悲傷哀哭（賽三16～17）；又說明因為以色列「憑驕傲自大的心」說話。所以耶和華上帝會激動列國來攻擊這國（賽九8～12）。以賽亞亦指責以法蓮「心裏高傲，以所誇的為冠冕」（賽二十八1），上帝必使它的冠冕「被踏在腳下」（賽二十八3）。另一位先知阿摩司也指出上帝「憎惡雅各的榮華，厭棄他的宮殿」**(摩六8)**，「榮華」這詞的希伯來文（*gā'ôn*）原本就是「驕傲」。因此，上帝不是憎厭以色列人的榮華，而是憎厭他們誇耀自己的榮華這行為。除此之外，先知何西阿指出以色列人因為驕傲，所以不肯認識上帝，而且拒絕歸回耶和華（何五4～5，七9～10）。驕傲是一種自滿自足的心態，這心態往往使人拒絕依靠上帝，亦使人因過於相信自己的能力，而行事乖戾。所以，即使驕傲這表現，沒有特定的行為表達的方式，但這種心態產生出來的行徑，是受到上帝的審判。

阿摩司書六章8節「呂振中譯本」譯作：「我厭惡雅各所自豪的建築，我恨他的宮堡。」

8.4. 審判的目的

8.4.1. 宣告審判的目的

先知宣告上帝的審判的目的有多個。第一、為要定以色列人的罪。宣告審判就是將犯罪的人不當的行為說明出來，並指出這些行為是一種罪行。先知以賽亞指出上帝要離棄猶大百姓，是「因他們充滿了東方的風俗，作觀兆的，像非利士人一樣……」（賽二6）。先知耶利米指出以色列該受懲罰，是「因為你【指以色列人】在各高崗上、各青翠樹下屈身**行淫**」（耶二20）。先知以西結清楚的說明上帝刑罰人的原因是：「[9]『以色列家和猶大家的罪孽極其重大。遍地有流血的事，滿城有冤屈，因為他們說：『耶和華已經離棄這地，他看不見我們。』[10]故此，我【指上帝】眼必不顧惜，也不可憐他們，

按耶利米書二章20節，耶利米指責以色列人「行淫」，主要是指他們拜偶像。但在敬拜偶像的儀式中有否涉及行淫，可能不是這經文所指的意思。

要照他們所行的報應在他們頭上。」(結九9～10) 這一點是非常重要的，否則受審判的人會認為審判他的沒有理據。先知彌迦指出他要藉著上帝的靈「向雅各說明他的過犯，向以色列指出他的罪惡」(彌三8)。

第二、藉著宣告審判，先知要指出因著審判而來的刑罰是合情合理的。在審判神諭中不可或缺的元素就是指控及宣告刑罰，而這兩者是由「所以」聯繫著，這片語正好指出刑罰的原因及其合理性。(參5.2.2.1.「審判神諭」) 所有審判的宣告若沒有指控，所帶來的刑罰就顯得無緣無故了。

第三、既然罪帶來的刑罰是合情合理，這刑罰就不能避免了，正如先知以賽亞所說：「六十五年之內，以法蓮必然破壞，不再成為國民。」(賽七8) 先知耶利米也說過：「[18]列國啊，因此你們當聽！會眾啊，要知道他們【指以色列人】必遭遇的事。[19]地啊，當聽！我必使災禍臨到這百姓，就是他們意念所結的果子；因為他們不聽從我的言語，至於我的訓誨，他們也厭棄了。」(耶六18～19) 人是不能逃脫上帝的審判。以西結書十二章21至25節記載以西結與他的聽眾辯論一個有關上帝的宣告是否會應驗的論題。論到刑罰的來臨，哈巴谷很堅定的說：「[2]他對我說：將這默示明明地寫在版上，使讀的人容易讀。[3]因為這默示有一定的日期，快要應驗，並不虛謊。雖然遲延，還要等候；因為必然臨到，不再遲延。」(哈二2～3) 當先知宣告審判時，他同時強調刑罰是不能避免的。

當上帝向以利宣布審判時，他欣然接受（撒上三15～18）。你如何評價他的反應？

第四、雖然先知多番強調上帝的刑罰必然來臨，不可逃避，但他們卻又指出刑罰在某些條件下，仍是可以避免的。在先知書中，除了出現「必然」外，也偶有「或者」這詞。耶利米書很清楚有這樣的記載：「[1]耶和華的話臨到耶利米說：[2]『你取一書卷，將我對你說攻擊以色列和猶大，並各國的一切話，從我對你說話的那日，就是從約西亞的日子起直到今日，都寫在其上。[3]或者猶大家聽見我想要降與他們的一切災禍，各人就回頭，離開惡道，我好赦免他們的罪孽和罪惡。』」(耶三十六1～3；參二十六1～7) 阿摩司書也曾有類似的記載：「[14]你們要求善，不要求惡，就必存活。這樣，耶和華─萬軍之上帝必

那麼，受詛咒的是否必定永遠受詛咒？蒙揀選的是否理所當然的得到揀選？上帝為何撇棄了又要挽回？這是否表示祂不信實？

照你們所說的與你們同在。[15]要惡惡好善，在城門口秉公行義；或者耶和華——萬軍之上帝向約瑟的餘民施恩。」(摩五14～15)。這兩卷書有一個共同點：先知一方面斬釘截鐵地說明以色列的結局已經到了，而刑罰也是無可避免的，但從所引的經文，卻表達出刑罰的施行也有「或者」的存在。而這「或者」的條件之一是在於以色列人是否願意「回頭」，並且「離開惡道」。若他們真的如此，上帝「或者」會向他們施恩。所以，向以色列人宣告審判的一個目的在於透過宣告將臨的刑罰，讓受眾因而改變他們的行為，回轉歸向上帝，並以上帝「或者」會原諒他們作為鼓勵，期望他們不再違背上帝，與上帝重新建立聖約的關係，上帝亦可能因此不再降災於他們。

8.4.2. 施行審判的目的

在宣告審判的信息中，先知亦指出這些審判很快便要來臨，甚或已經來臨。上帝的審判並不是停留在先知的宣告這個階段上，祂也會親自或藉著其他人施行審判。由於宣告審判及施行審判是兩個不同的行動，所以這兩方面的目的也未必完全相同。先知書的內容可綜合上帝施行審判的4個主要目的。

第一、上帝施行審判，為要證明祂是公義的上帝，祂必報應凡作惡的。先知書多次指出上帝是按著人所犯的罪去報應他(參賽三11；耶十四16；結九10；何四7)。所以，當上帝報應行惡的以色列人，是為彰顯祂公義的性情，祂的報應不是過於以色列人所應承受的，而是按著他們罪行的性質及嚴重程度去刑罰他們，正如以賽亞所說：「惡人有禍了！他必遭災難！因為要照自己手所行的受報應。」(賽三11)。此外，當上帝施行審判時，同時顯出上帝不是一個只說不做的神，祂是確確實實的向人報應他們所行的。這是表明上帝是信實的，祂定必忠於自己所說的話，並且也有能力執行祂自己的判決。

第二、刑罰的施行不單是向犯罪的人指出上帝會按著祂的公義審判人，也向其他聽見這信息的人提出警戒。先知以西結清楚指出上帝對他說話，要他審問兩位「淫婦」阿荷拉及阿荷利巴的罪，並按例施行刑罰，以此象徵對撒瑪利亞和耶路撒冷的審判(結二十三4)。上帝指出執行審判一方面是要止息淫行，另一方面要藉此警戒其他婦人不要學效阿荷拉及阿荷利巴般行淫(結二十三48；參二十三36～49節)。

第三、從上文看，先知強調刑罰是帶著教育意義。先知何西阿指出當以色列人執意行羞恥的事，上帝便「用荊棘堵塞她【指以色列】的道，築牆擋住她，使她找不著路。」(何二6)。上帝所行的一切，為要令到受罰的人領悟到回歸到耶和華那裏，才是最好的選擇，因為「那時的光景比如今還好」(何二7)。同樣地，何西阿又指出當起初上帝刑罰以法蓮及猶大時，他們不明白所以，於是他們嘗試從亞述身上尋求幫助。但當他們發現亞述不能醫治他們，也沒有其他人能搭救他們，他們就「自覺有罪」，並在急難的時候學會尋求上帝(何五8～15)。這些刑罰正教導以色列人相信，惟有回歸到上帝那裏才能得到醫治。所以，審判的執行對受罰者來說是有教育意義的。

從上帝刑罰人的目的上，如何看見上帝的慈愛？

第四、上帝的審判並不只報應或刑罰犯罪的人，也是將原本錯置的關係糾正過來。當人犯罪違背上帝，他就是將上帝與人的關係這秩序破壞。上帝便要藉著施行審判，阻止這個已受到破壞的關係繼續惡化下去，免致去到無可挽救的地步。先知何西阿曾有這樣的呼喚：「[1]來吧，我們歸向耶和華！他撕裂我們，也必醫治；他打傷我們，也必纏裹。[2]過兩天他必使我們甦醒，第三天他必使我們興起，我們就在他面前得以存活。[3]我們務要認識耶和華，竭力追求認識他。他出現確如晨光；他必臨到我們像甘雨，像滋潤田地的春雨。」(何六1～3) 何西阿指出上帝「撕裂」(即「懲罰」) 後定必「醫治」(即施恩)。那些曾經受過傷的定必得醫治，並且至終他們必得復興。從這個角度來看，審判的執行就是重整一個受到破壞的關係的第一步。沒有審判的執行，也不能有更新的機會，亦不會達致進一步的復興。因此，刑罰可以說是上帝拯救性行動的第一步。

刑罰可以重整秩序。你經歷過這境況嗎？你怎知道上帝參與在這些事情上？在這過程中，你的心情如何？

8.5. 耶和華的日子

8.5.1. 來源

不少先知書經常出現「耶和華的日子」(希伯來文：*yôm-yhwh*) 這個主題。不過，學者對於它的來源有不同的看法。其中最為經典的看法，是認為「耶和華的日子」是源自記念上帝戰勝了海怪的禮儀 (參詩八十九9～10；賽二十七1，五十一9～10等) 。這些經文提及上帝殺死鱷魚、拉哈伯，或海中的大魚。以賽亞書五十一章更說明耶和華上帝在遠古時代與海怪爭戰並早已戰勝牠們。詩人曾說：「洪水氾濫之時，耶和華坐著為王；耶和華坐著為王，直到永遠。」(詩二十九10) 詩人沒有交代是誰令到海浪翻騰，而至氾濫，但卻表達到上帝戰勝了海。當祂得勝之後，便管治這世界，並坐著為王。其後，以色列人為了記念上帝戰勝海怪，便在新年這節期裏的祭禮中慶祝及記念上帝的作為，並在這日再次宣告耶和華為王。因此，耶和華的日子就是指耶和華作王的日子。

第二個理論則認為「耶和華的日子」是源於「聖戰」(Holy War) 這觀念。在這觀念裏，耶和華上帝就如一位「神聖的戰士」(Divine Warrior) ，為祂子民以色列爭戰，幫助他們戰勝外敵。耶和華為以色列人爭戰的事例多次出現在以色列人的歷史中。例如：當以色列人離開埃及後，埃及軍兵繼續追趕他們，直至紅海。上帝便使紅海分開，讓以色列人平安逃過埃及人的攻擊。在這場戰役中，以色列人不但可以脫離埃及人的手，並且耶和華上帝為他們爭戰，令埃及全軍覆沒。出埃及記就記載了一首詩稱頌上帝這大能的戰士 (出十五1～18) ，其中有這樣的記載：「耶和華是戰士，他的名是耶和華。」(十五3) 當迦南的五王聯盟攻打基遍時，約書亞基於曾與基遍人立約，因此要為基遍人出戰。在這場戰爭中，上帝使天降下冰雹。被冰雹打死的人比以色列用刀殺死的人還要多。上帝又使日頭停住有一天的時間，讓以色列人可以向敵人報仇 (書十8～14) 。可見這是上帝為以色列人爭戰。此外，當迦南王耶賓被以色列人殺死，士師及女先知底波拉作了一首詩歌頌上帝，詩中提到上帝以天上的星宿作為爭戰的工具，用來攻擊耶賓的將軍西西拉 (士五20) 。民數記甚至提及一本名為「耶和華的戰記」的書（民二十一14）。所以，「耶和華的日子」就是耶和華為以色列人爭戰的日子。

除了以上兩個經典理論以外，不少學者也提出其它觀念；但無論如何，以上兩種看法都強調那日子是指上帝戰勝了祂的敵人，無論這敵人是神話中的海怪，抑或是歷史中確實出現過的以色列的敵人。

8.5.2. 意義

雖然「耶和華的日子」的來源，很可能是與上帝戰勝祂的敵人，又或幫助以色列人戰勝了他們的敵人有關，但先知書所提及「耶和華的日子」，卻與以色列傳統對這個日子的理解有很大的分別。首先提及「耶和華的日子」的先知是阿摩司。在他的書卷中，他曾提醒聽眾不要期望耶和華日子的來臨，因為那日將會是黑暗悲慘的一日。在那日，耶和華不再為以色列人爭戰，而是刑罰以色列人（摩五18～20）。何西阿亦指出這日是上帝施行刑罰的日子（何九7）。以西結在這一點上，與何西阿有相同的表達，他指出這日是上帝懲罰以色列人的日子（結七10～13）。以賽亞同樣視這日為審判的日子，但將審判的對象從以色列人擴展至外邦列國（賽二12～13）。西番雅認為這日是上帝施懲罰予以色列人的日子，他也認為這日子不但臨到以色列，也屬於列國（番一7、14～18）。有先知將這日形容為天昏地暗、地震天動的日子，並視為末世時出現的日子（參賽十三10、13；珥二1～11）。

當先知談及耶和華的日子，他們都強調這是上帝臨近及顯現的日子。上帝的臨近是令人感到恐懼驚慌，甚至天地都為之震動。不單如此，先知亦指出這日子很快便來臨（參結七7、12，二十二4；珥二1，三14；番一7）。有先知甚至認為這個日子立刻就要來到（參結七10，三十九8；瑪四1）。

> *試想想一個犯罪的人當面對「耶和華的日子」的來臨之時，他們的反應或心情會是如何？*

與耶和華的日子有關的一個重要信息，就是上帝來臨的目的是去毀滅罪惡。上文提及這是耶和華戰勝不公不義的日子，又是審判及刑罰以色列人的日子。對以色列人來說，那日將會是災難的日子。以賽亞稱這日為「降罰的日子」（賽十3），也是「潰亂、踐踏、煩擾的日子」（賽二十二

對於犯罪的人，耶和華的日子是可怕的；但對於一直都信靠上帝的人，這日子卻是蒙福的日子。那麼，「耶和華的日子」對你而言，有何意義？

5）。而耶利米則稱這個日子對以色列人來說，是個「災禍的日子」（耶十七18），又是「遭難的日子」（耶十八17）。因此，「災難」可以說是「耶和華的日子」一個重要的信息。值得一提的是當「耶和華的日子」是指帶著審判的日子之時，先知從沒將這個日子與彌賽亞來臨之日相提並論。

雖然耶和華的日子多與審判刑罰有關，先知看耶和華的日子並不是一面倒只有負面的意義，他們還將它理解為另一個新時代的開始，所有事情都必更新：

- 在那日不再有戰爭（賽二2、4；彌四1、3）；
- 患病的得醫治（賽三十26）；
- 地土重新有豐富的出產（何二21～23；珥三18；摩九13～15），而人亦可以在其中安然居住（何二18；彌四4）；
- 以色列人在這日子將會認識及倚靠上帝（賽十20，五十二6；結三十九22），以及求告祂的名字（珥二32～33；番三9～12）；
- 在那日，被擄的以色列人將會歸回故土（賽十一11～12，二十七12；番三20）；
- 以色列人得著上帝的拯救及恩惠（賽十二1～4；耶三十一1～6；番三16～17；亞十四21；瑪三17）。

8.6. 總結

以色列人是上帝的選民，也是上帝立約的對象；因著這約的緣故，上帝對以色列人有一定程度的要求。祂期望以色列人守約，並且又能符合那些甚至列國也會遵守的公義公平的要求，更不應懷著自傲的心態對待祂及周邊的人。但當以色列人未能達到此要求，而又背約行惡，上帝就向他們施行審判。上帝的審判一方面是為報應，讓犯罪的人承擔應有的懲罰；另一方面也作為周邊的人的警戒。上帝施行刑罰不外乎要求以色列人經過受罰之後能夠回轉悔改，重新歸向祂。值得留意而又是十分重要的是，上帝的審判其實是祂施行拯救的第一步。

溫習問題

1. 在非著作先知中，有哪幾位曾經宣布審判信息，而又最為人所認識的先知？
2. 為何宣講對象對於一篇審判信息是這麼重要？在以色列的歷史中，早期的先知宣講審判信息的對象與後期的有何分別？
3. 審判的信息分哪幾類的主題？這些主題如何互相牽連著？
4. 從社會的層面看，先知怎樣成為「社會的良心」？先知當時所針對的社會問題是甚麼？
5. 在宗教層面上，先知所指責以色列人所犯的罪有哪幾方面？以色列領袖在政治上的決定如何影響以色列百姓的信仰？
6. 先知憑著哪3方面的原則來審判以色列人？「約」的關係怎樣成為審判的原則？
7. 先知是基於哪一個公義的標準來指責以色列人沒有公義？為何「驕傲」都是上帝審判以色列人的原因？
8. 在審判之下，先知指出刑罰是無可避免的。那麼，以色列人是否完全無法免於刑罰？他們在甚麼情況中或可避免刑罰？
9. 宣告審判及施行審判這兩個行動彼此有何不同？刑罰帶來甚麼教育意義？
10. 於先知而言，「耶和華的日子」有何負面及正面的意義？

第九章
列國與選民

- 對列國施行審判
- 列國將來的命運
- 總結

在先知著作中，有不少的神諭都與列國有關。在17卷先知書中，惟一沒有記載審判列國的神諭的就是何西阿書。這觀察反映以色列與當時列國有密切的關係，這關係可以說從遠古就已經存在。上帝祝福亞伯拉罕時，曾直言亞伯拉罕的後裔所建立的國家，將會是列國得福的渠道（創十二1～3）。當以色列人出埃及，上帝藉著帶領以色列人離開埃及和過紅海，向以色列民族彰顯祂的能力，並且也藉著十災向埃及顯示祂的能力。以色列人離開埃及前，法老甚至請求摩西和亞倫為他祝福（出十二32）。在以色列立國前後的歷史中，它與周邊列國有著錯綜複雜的關係。以色列國既曾擊敗列國，但亦遭列國打敗。以色列國曾視列邦為仇敵，卻又與它們立約。這是因為它不信任上帝的主權，投靠外邦列國。結果，北國以色列及南國猶大亦先後被亞述及巴比倫所滅。

先知書提及的列國主要有：亞述、巴比倫、埃及、泰爾、西頓、非利士、摩押、亞捫、以東、撒瑪利亞、大馬士革、亞蘭、古實、基達、夏瑣、以攔等。它們都是當時以色列及猶大國周邊的國家和城市。其中最常提及的國家有亞述、巴比倫和埃及，因為這3國與以色列國有特別密切的關係。列國的角色在先知眼中也是多樣化的。列國既是上帝刑罰的對象，也是上帝用來懲罰以色列的工具（賽十5～6；耶二十五8～11），又或是當上帝懲罰以色列時，他們成為見證上帝作為的觀眾（結三十六19～20；珥二17），列國甚至可以因為見證上帝對以色列的作為，而認識祂就是耶和華，是萬國的神（結二十九6，三十六23、36，三十八16）。接著便簡單討論先知書審判列國神諭中的主要內容，以及列國將來的命運。

9.1. 對列國施行審判

9.1.1. 審判的原因

對先知來說，除了以色列外，列國也是上帝宣講的對象。耶利米更明言是被上帝差遣作「列國的先知」（耶一5）。在這些與列國有關的神諭中，審判神諭佔絕大部分。現從先知書內容綜合上帝審判的原因。

列國被審判的第一個原因，是他們對待以色列態度或行動極為負面，他們譏笑，並且欺負以色列人。耶利米曾宣告因為亞捫人奪取以色列人的土地，而遭致上帝的刑罰，上帝定必為以色列人奪回失去的土地（耶四十九1～2）。先知以西結也指責亞捫人不應在猶大人被擄掠時說「阿哈」（結二十五1～3；希伯來文：*he'āḥ*）。這種說話流露了亞捫人對猶大人幸災樂禍的心態。論到摩押人，先知西番雅不但指責摩押人（及亞捫人）辱罵以色列的百姓，而且還侵犯以色列人的境界（番二8）。此外，以西結又斥責摩押人（及西珥人）看「猶大家與列國無異」（結二十五8）。這些外邦人對猶大人有這樣的看法，暗示了他們否定猶大與上帝立約的那特殊關係。論到非利士人及以東人，以西結宣告以東人及非利士人因向猶大報仇，所以帶來上帝的刑罰（結二十五12、15）。俄巴底亞論到以東時，也指控以東人向以色列說狂傲的話及行強暴（俄10～14節）。從這角度看，外邦列國與以色列人的關係，大都不是和諧共處，而是互相對敵的。或許更具體的說，外邦列國一直對以色列虎視眈眈，想奪取以色列的土地。

列國受審判的第二個原因，都是與以色列的相似，就是因為他們的驕傲自大（參8.3.3.「內心態度」）。這是先知在審判列國的神諭中，最為普遍的原因。雖然上帝使用亞述作為祂刑罰以色列的杖，但亞述有「自大的心」和「**高傲眼目的榮耀**」（賽十12），並認為自己是有能力及聰明智慧去成就大事，而不需要任何人或上帝的幫助。對上帝來說，這種心態無異於斧頭向著拿斧頭的自誇，結果只遭致滅亡（賽十15～19）。以西結書曾以哀歌的表達方式來描述泰爾的景況。他形容這城自誇，稱自己為「全然美麗的」，但卻忘記令它美麗的是創造它的上帝（結二十七3～4）。泰爾王自誇到一個地步，甚至自稱為「神」，但以西結卻指責它「雖然居心自比神，也不過是人，並不是神」（結二十八2）。無疑這城的人不但有財富，而且有智慧，又因他們的智慧高，所以能賺取更多的財富。他們自恃擁有智慧，行了許多不公義的事（結二十八18）。只是上帝並不是按他們的美麗及智慧來衡量他們的價值。在上帝眼中，他們

*「高傲眼目的榮耀」希伯來文（**tip'ereṯ rûm ʿênāyw**）的意思是「態度傲慢」。「聖經新譯本」將這片語譯作「眼目高傲的態度」。*

列國自誇的表現正反映人的本性。中國俗語有云：「一朝得志，語無倫次」。權勢如何充昏人的頭腦？人又要怎樣才學曉於強大時亦能謙卑？

是看自己過於所當看的，甚至僭越上帝，因此，上帝要懲罰他們。他們遭外邦人所殺害，並且徹底遭毀滅，不再存在於世。上帝還要在列國眼前行這事，一方面要向這城的人證明城中的王只是人而不是神，另方面也令列國驚恐（參結二十八4～19）。

除了泰爾之外，埃及也曾有類似的行為，他們誇耀自己的力量，他們曾說：「這河【指尼羅河】是我的，**是我為自己造的**。」（結二十九3）可見他們將自己抬高至創造主的位置上（結二十九～三十二章），不過上帝要懲罰埃及。祂不但藉以西結宣布審判埃及的信息，也曾藉以賽亞具體說出這河將來的結局：成為乾涸（賽十九5）。上帝又藉阿摩司指出真正叫這河氾濫的，不是甚麼神靈，而是祂自己（摩八8）。

*「是我為自己造的」希伯來文（**waʾănî ʿăśîṯīnî**）可直譯為「我造了自己」。「現代中文譯本」譯作「是你【指法老】造的」。*

尼羅河與埃及

尼羅河長6,695公里，它源自烏干達（Uganda）的白尼羅河（White Nile），以及埃塞俄比亞（Ethiopia）高原的青尼羅河（Blue Nile）。兩河聚集後再向北穿過埃及和蘇丹，直流入地中海。數千年以來，尼羅河定期在每年6至10月期間氾濫。在氾濫期間，埃及人會暫居高地；水退後，河邊積上一層厚厚的淤泥，利於耕種。所以氾濫後，他們又會回來耕作。尼羅河灌溉著埃及兩岸，使沙漠地形成一道「綠色走廊」，因而成為埃及人生活、文化及宗教的核心地帶。對埃及人來說，因著不能控制氾濫，他們便賦予一個宗教思想在其中。他們對這河充滿神祕感，相信是由一位神靈管理著它。這神靈同時亦掌管著整個埃及民族的命運，也是他們的命脈。他們稱這神靈為哈備（Hapy），是一位生育之神，因為它帶來水，也帶來生命；故此，是埃及人生命的源頭。

埃及人沒有為哈備建神廟，他們相信這神祇是住在河中。當獻祭之時，他們將祭牲拋入河中。他們甚至將人作為祭牲獻給這神祇。埃及人認定這神祇為埃及的創造主，是埃及一切的尊榮。這神靈與埃及法老有密切關係，法老有著一切權力，管理全埃及，也包括這河，所以這河的神靈也要緩服於他之下；所以當法老說：「河是我的，也是我自己造了自己。」（參結二十九3「呂振中」）是反映埃及法老將自己高舉至神的位置。

先知西番雅亦提到自誇自大的摩押、亞捫及亞述（番二8、15），他們定會遭到上帝的審判。哈巴谷對巴比倫作出十分嚴厲的審判，指責他們「自高自大，心不正直」（哈二4）。雖然先知嚴厲指責列國自誇自大，但卻沒有具體指出他們從這心態所引發出來的行動是甚麼，只是強調他們因著自己的能力恃財自誇，甚至把自己當作神。就是因為他們將自己看為與上帝同等，所以遭致上帝的刑罰，使他們知道自己能力的限制，即使他們如何富強，上帝伸出公義的手時，任何人都無法敵擋。當經過這些失敗後，他們便明白自己根本不可能是神。

上帝懲罰外邦列國的第三個原因，是列國違反國際慣例。先知阿摩司曾宣講6篇針對列國的神諭（摩一3～二3），所包括的國家有：大馬士革、非利士、泰爾、以東、亞捫及摩押。先知為何特別要針對這6個國家呢？學者對於這些列國受審的原因有不同的看法。

1. 有認為是這些國家侵犯以色列國。不過，值得留意的是某些列國受審的原因，明顯是與侵犯以色列無關，例如摩押是因為它焚燒以東王的骸骨而遭審判（摩二1）。此外，即使其他看來是與以色列有關的指控，都不具體，所以難以斷定列國是在何事上得罪了以色列國而遭審判。故此，這些國家受審，並不全然是因為他們曾對付或是攻擊以色列。因此，列國受審全因以色列這說法的論證不足。
2. 阿摩司在這裏引用上帝所定下普世性道德準則去審判列國。這看法背後已假定上帝就是全世界的神，所以祂對人在道德上的要求不單適用於以色列，也適用於列國，無論這些國家接受與否。不過，這看法亦引來一個難以處理的事情，就是我們必須假設列國知道這些道德標準的要求，也知道自己違反了這些要求。然而，這假設似乎也不是阿摩司的看法。阿摩司所指出列國的罪，是他們明顯知道自己所行是違法的，然而他們仍然繼續去犯錯，因此遭受上帝的審判。既然如此，則不應將外邦人當作是知道以色列的上帝所定下的旨意。
3. 這些準則是當時列國慣常用的規例，是當時所有國家都認同的道德準若要多了解巴頓的看法，可參考其著作：*Understanding Old Testament Ethics* (Louisville: Westminster John Knox, 2003), 77～129。

則。近代學者較多認同這樣的看法，其中表表者為**巴頓**(John Barton)。根據這看法，違反這些慣例的都被視為不符合人道精神的，也因此是犯了罪，並且得罪了上帝。這些準則被稱為慣例，原因在於這些慣例不一定是國家憲法的內容。所以，阿摩司在此針對列國違反明顯的國際慣例，而以色列人也應當同意他的看法。

9.1.2. 審判的目的

上帝不會無緣無故對列國作審判。綜合先知書的內容，可發現上帝審判列國的目的，可以分為兩方面：第一是與列國有關；第二則與以色列有關的。

上帝這樣審判列國，是否反映出祂的專橫？祂為何要人尊崇祂？祂是否沒有恩待外邦人？

以西結書三十章13節的挪弗(即孟斐斯〔Memphis〕，是古埃及王國(約公元前2000年)的首都。耶利米書四十六章25節提及供奉埃及神亞捫的城挪(即底比斯〔Thebes〕)，是公元前1500年埃及的首都。

至於與列國本身有關的審判，是有5個目的。當上帝宣告列國因為自高自大而向他們施行審判，以及刑罰之時，這個審判的目的就是要除去他們的驕傲，讓他們知道自己的限制，好叫他們不再自高，也沒有能力自高。這是一個在審判列國神諭中最常見的主題(參賽十5～19，十三11，十四9～20；耶四十八28～33，五十31～32；結二十九13～15；俄3～4節；亞九6)。上帝向列國施行審判的第二個目的，是要指出列國的神祇是無能的，亦藉此除去他們對這些神祇的敬拜。以西結書清楚指出上帝要除去埃及首都所建立的所有偶像及神像(**結三十13；參耶四十六25**)。以賽亞書也指出埃及的神祇在耶和華面前只能戰兢，而「埃及人的心在裏面消化」(賽十九1；「現代中文譯本」譯作「埃及的人民喪失了勇氣」)。若果埃及的神靈真的能夠幫助他們，他們何以會喪失勇氣？他們的神祇明顯是無能的。那鴻書又指出上帝要除滅尼尼微城廟中的神像(鴻一14)。與列國有關的第三個目的，是從上文所提兩個目的所引申出來的一個神學目的，就是上帝要向列國顯明祂自己才是惟一值得尊崇和敬拜的神明。上帝對列國的懲罰暗示了列國不應依賴他們的神祇，也不應靠自己的智慧、財富、軍事力量或政治聯盟。上帝要他們認識到沒有不朽的帝國，也沒有無上權威的王。他們需要認識到耶和華才是那位不朽的神，是有無限的能力及權威，至終萬國都要向祂跪拜(參賽十七7～8，十九16～25；耶五十一15～19；結二十八22，三十8)。

保羅曾教導信徒待人原則：「堅固的人應該擔代不堅固人的軟弱。」(羅十五1)但世界的看法卻不同，強者往往都是欺負弱者。你的教會或你的周邊的人出現的，是前者抑或後者居多？

上述3個目的是與受審的國家自己有關的。最後兩個目的則是與受審以外的其他國家有關的。當上帝使強大的國家滅亡的時候，其他依賴或與這些強國結盟的國家，便會認識到世界真實的面貌。地上的君王即使如何強盛，仍是沒有可依靠的，因為他們也有自己的限制和能力，衰落或毀滅足可改變一國一君的命運。非利士人曾與埃及和古實結盟，但當他們看見埃及和古實被擄，非利士人便知道他們的盟友是沒有能力與他們一同對抗亞述(賽二十6；參1～6節)。以西結也強調泰爾及埃及是在列國的面前遭毀滅，好使觀看的列邦驚惶失措，知道誰是真神(結三十9，三十二9～10)。同樣地，當巴比倫滅亡時，列國就不會歸向巴比倫的**彼勒**(耶五十一44)。所以，上帝刑罰列國，為要讓其他的列國知道，獨一的真神就是耶和華上帝，祂能勝過其他的神明。

彼勒(希伯來文：Bel；參賽四十六1；耶五十2)是巴比倫一個主要神衹瑪爾杜克(Marduk)的別名。

上帝審判列國最後一個目的，是要指出強大帝國遭滅亡，為要使到其他受欺壓的國家得著解放。地上的君王獲得權勢後，若真的按公平公正管治他的民，又恩待周邊列國，上帝又何須毀滅他們？只是他們得到權勢之後，便自高自大，蔑視其他國家甚或他們的子民，欺壓弱者，以不公對待受管治的人。先知清楚指出當埃及這強國變得卑微，其他列國也就得釋放，不再受埃及的轄制(賽十四4～8；結二十九15)。這反映出上帝看欺壓、欺淩是可惡的；凡

巴比倫主神瑪爾杜克神像圖

欺壓的必遭受懲罰，無論是出於列國或是祂的子民（參8.2.「審判的內容」）。

上帝審判列國的方向，除了從列國本身的景況作出發點，也是為祂自己的子民以色列。因為以色列的存亡興衰與列國有密切的關係，所以審判列國自然影響著以色列國。首先、由於以色列受當時的強國如亞述、埃及、巴比倫，以及其他列國不同程度上的侵擾，所以任何一個外邦受審判，以色列國自然可得一時的喘息，不受轄制，特別是當巴比倫沒落後，他們還可歸回故土（賽十四1～2；耶五十17～20）。此外，就以巴比倫為例，當猶大被擄至巴比倫後，以色列的領土被列國，如摩押、以東等侵佔。當巴比倫亡國，以色列人不單可以從被擄之地歸回故土，而且可以得回先前被奪走的地土，重得上帝向他們列祖所應許賜予他們之地（耶四十八40，四十九1～2；番二7、9）。還有的是，因為列國受審，以色列不但得回國土，並且得以在回歸的地土上安然居住，得享平安，不必再受到驚嚇（耶四十六27；結二十八24～26；亞九8）。不但如此，當以色列國在危難時，他們沒有倚靠上帝，用了自己的方法解決問題。例如：他們滿以為與埃及人結盟，借助他們的力量去對付亞述，必能解決厄運；結果埃及不能幫助他們，他們仍遭亞述的侵略。上帝在此不但懲罰以色列，同時也懲罰埃及。祂這樣行為要以色列知道依靠埃及是無用的（賽二十1～6；結二十九6～7）。經過這慘痛事件後，以色列便明白到列國的神祇、智慧及軍事能力，是不能幫助他們的。他們在困厄中才認識到主耶和華才是他們的神（結二十九16）。所以，審判列國就是要打破以色列人羨慕列國的夢想，也除去他們對列國的仰賴。

人在困厄時，往往會從其他人身上求幫助，而忘記上帝。不過，上帝會讓我們經歷一些事情，使我們轉向歸回祂。這是任何信徒都經驗到的。試從這個角度反省你與上帝的關係。

9.2. 列國將來的命運

先知書中不單記載上帝對列國的審判，藉此解釋某些國家遭受滅亡原因，同時也說明那些經過審判後仍然存活的列國的命運將會如何。即使是同一個國家，不同的先知所預言他們將來的情況，也會有不同的描述，而這些國家的命運大多與以色列相關。

9.2.1. 列國的回歸

先知以西結宣講埃及的神諭中，指出埃及是因為驕傲和成為以色列的依靠而受審，以致國中地土荒涼，人民四散到列國之中(結二十九6～12)。接著以西結又指出40年後，四散的埃及人會回歸故土。不過，埃及只能成為一個小國，永不能如從前般興盛。他們沒有能力轄制其他的國家，更不能成為以色列的依靠(結二十九13～16)。先知耶利米也有講及埃及人的回歸(耶四十六26)。除了埃及之外，他也提過摩押人、亞捫人及以攔人受罰過後，仍可以回歸他們的本土(耶四十八47，四十九6、39)。值得留意的是這些經文都沒有交代那些回歸國土的國家有沒有悔改或歸向耶和華，而只說明埃及會因此「知道我【指上帝】是耶和華」(結二十九16)。由此可見，悔改或認信耶和華似乎都不能夠成為他們可以回歸的主要原因或結果，而他們得以回歸純粹是出於上帝的旨意。

列國的回歸是否反映上帝對列國的恩慈？若列國興衰也是在上帝的掌管中，祂在你的生命又佔多少位置？

9.2.2. 列國與選民

無可否認，列國的回歸全是上帝的旨意，但他們回歸的意義並不單在於他們國家的興衰，也與以色列國或以色列的信仰有密切關係。談到回歸與以色列具體的關係，不同的先知有著不同的看法，甚至同一位先知也有多種看法。

第一類的觀點強調列國與以色列的身分的逆轉。列國從前將以色列擄去，以色列人成為列國的擄民，他們要服事列國；但將來以色列歸回故土之時，列國就以僕人的身分將以色列人帶回以色列人的本土(賽四十九22；另參賽六十4，六十六20)。昔日列國欺負以色列人，搶奪以色列民的財物(參哈一6～11)，將來列國的身分逆轉，他們要將財物餽送給以色列，又向以色列人下拜(賽四十五14，六十6～7)。除此之外，列國昔日譏笑以色列人，把以色列民看為羞恥，但將來他們必服事以色列人，又成為以色列人的保障，並以此為

終生委身於基督的人會遭輕看，甚至要為基督而「死」。你仍相信終有一天你會像以色列民般，被上帝高舉，高於所有輕看你的人？

榮(賽四十九23，六十10、12、14，六十一5)。若從這觀點看，列國將來必歸服於以色列名下，而以色列被抬舉，列國要與以色列和平共處。

列國的復興使敬拜上帝的地方從耶路撒冷延展至各國？這對我們今天的信仰有何意義？而以色列的見證如何成為我們今天宣教的動力？

第二類觀點則指出列國會認識或敬拜耶和華。這樣的認識與敬拜可從3方面的層面去闡述。首先，是從錫安這角度去看。錫安是以色列人敬拜上帝的地方(參6.1.2.「主題信息」之「錫安傳統」)，這地方在列國得救上佔有非常重要的位置。將來列國必會去到錫安朝聖，他們要聆聽及領受耶和華的教訓，並且要行在祂的道中。列國不是空手而去錫安，而是帶著他們的禮物，並且是珍寶，使錫安成為一個榮耀之地(賽十八7；該二6～9)。列國之民也與曾經擄掠過的以色列民一同上錫安(賽五十六8，六十1～3；耶三17)。在錫安那裏，一切爭戰，無論來自北國以色列的抑或南國猶大的，都要止息。並且，上帝的子民必向列國「講和平」(亞九10；「講和平」可譯作「宣布和平」，參「新譯本」)。錫安不再成為爭戰的地方，而是以色列民及列國敬拜耶和華上帝，向祂守節的地方(耶三17；亞十四16～17)。

其次，以色列的遭遇成為一個活見證，就像列國的光一般(賽四十九6，六十2～3)，使列國得以認識耶和華，也因此引導列國敬拜耶和華(賽四十五22～23，六十六19；彌四1～4)；甚至有從列國而來的人請求以色列人帶他們去尋求耶和華(亞八20～23)。以賽亞書的結尾有這樣的記載：「素來沒有聽見我名聲、沒有看見我榮耀遼遠的海島；他們【指以色列人】必將我【指耶和華】的榮耀傳揚在列國中」(賽六十六19)。可見，甚至那些從沒聽見耶和華名字的國家，都因以色列而歸向上帝。

第三，有些經文指出列國將會敬拜耶和華(賽二十七13；番三9～10)，並在上帝的聖山獻祭禱告(賽五十六6～7)。除上文所提的，先知書亦有指出當埃及經歷欺壓之後，便哀求上帝，因而認識耶和華，便在他們的本國築壇敬拜上帝。不但如此，埃及又與亞述互通，彼此都在自己的地方敬拜耶和華，以致「以色列必與埃及、亞述三國一律，使地上的人都得福」(賽十九19～25)。西番雅亦指出上帝向列國顯示祂的威榮，而至「列國海島的居民各在自己的地方敬拜他」(番二11，另參三9；瑪一11)。

以賽亞甚至指出耶和華會從列國中間的人民選取祭司及利未人來服事祂（賽六十六18～21），將服事祂的專利從以色列民擴展至列國。

9.3. 總結

在歷史中，以色列從未把自己從列國抽離而獨立存在。所以當以色列先知關注到以色列國的命運時，同時亦以上帝的眼光察看列國的作為。雖然如此，上帝審判列國並非只因為列國侵犯上帝的選民或對其有惡意，列國本身也有觸怒上帝。他們得了地上的權勢後，便驕傲自大，又違反當時列國的慣例而受上帝的譴責。但是上帝不是一面倒的刑罰列國。列國經過刑罰後，上帝也會按祂的旨意使列國命運得以逆轉。祂一方面招聚四散的國民，使他們回歸故土，另方面又使列國與以色列結連，使他們和平共存。以色列在此成為中介者，引導列國的民嚮往走上錫安，聆聽耶和華的教導，又在錫安獻祭禱告耶和華。除了在錫安，列國也有留在本國敬拜耶和華。

值得留意的是先知向列國宣講的神諭的主體，並不在他們的復興。眾多先知書中，最多談論列國得以復興的是以賽亞書，其他書卷如以西結書等，當提及列國，都集中宣講他們如何受審而致滅亡的信息。整體而言，先知書信息的高潮可說是在於以色列的復興。

溫習問題

1. 列國從哪時開始與以色列連上關係？他們大多是和平共處抑或彼此對敵？
2. 綜合先知書的內容，列國受審判的原因是甚麼？
3. 泰爾的自誇與埃及的自誇有何相同之處？列國如何違反國際慣例？
4. 上帝如何藉著審判讓列國知道他們所敬拜的神祇是無能的？
5. 審判列國與以色列民得釋放有何關係？
6. 列國復國回歸故土，與它們亡國前有何分別？
7. 列國回歸後的身分如何與以色列人逆轉？
8. 回歸後的列國如何認識和敬拜耶和華？錫安對列國及以色列國有何特

別意義？

9. 列國歸回後，他們的敬拜生活是怎樣的？
10. 整體而言，列國復興的信息是否屬先知書向列國的神諭的主體？試簡述之。

第十章

拯救與復興

- 人性的轉化
- 社會的轉化
- 世界的轉化

以色列人的信仰蘊含著將來遠景。當上帝賜下應許給他們，他們一直盼望上帝所賜下的應許會在將來得以應驗。同樣地，當上帝賜福給以色列人，他們也期盼這祝福定會實現。所以，當以色列人經歷審判，他們一定相信耶和華是不會停留在審判的刑罰中，也必再次轉向祂的子民。先知不一定認為上帝是會收回所宣告的審判，但卻指出若有拯救，這拯救是必須在審判後才出現。這拯救只能出於耶和華自己，祂這樣行全是因為祂自己的緣故，因為祂要使祂的名在列國中顯為聖（參賽四十三25；結三十六22～23）。以色列人犯罪受懲罰，遭受列國的攻擊。從這角度看，列國以為以色列的上帝不能保護祂的子民，因而遭受亡國之苦。因此，上帝的名在列國中被褻瀆。上帝是信實的，祂要實現所應許的。故此祂要向以色列人施拯救。

這3個轉化的分類及部分內容參自Donald Gowan, Eschatology in the Old Testament, 2nd ed. (Edinburgh: T & T Clark, 2000)。

不同的先知對上帝將來施行的拯救所帶來的轉化有不同的看法，但可**歸納為3類**：人性的轉化、社會的轉化及世界的轉化。以下分別討論這3類。

10.1. 人性的轉化

10.1.1. 赦罪與悔改

你認為離開所犯的罪，回轉歸向上帝困難嗎？原因何在？今天上帝以甚麼方法呼喚人回轉？

先知書多處指出上帝是一位赦罪的神（參彌七18等）。基於這信念，先知鼓勵犯罪的人悔改，得著上帝的赦免。以西結呼籲以色列人「回頭離開所犯的一切罪過」。為免敗亡，以色列人應當「回頭而存活」（結十八30～32）。先知耶利米也曾指出以色列人應當承認自己的罪孽，才能得著上帝的接納（耶三13）。他又呼籲以色列人回歸，並「當自行割禮，歸耶和華」（耶四1～4）。

當先知呼籲以色列人回轉歸向上帝，他們就已假設人是有能力悔改回轉。然而，當先知提到「回轉」這個課題，反而大多指出以色列的不回轉。先知阿摩司就指出縱使上帝刑罰以色列人，他們仍是不回轉（摩四6）。此外，其他先知都類似地指責以色列人即使刑罰過後仍不回轉（耶五3，十五7；何七10等）。何西阿甚至指出以色列的淫心使他們不能回轉歸向上帝(何五4)。更應留意的是，耶利米以古實人不能改變他們皮膚的顏色，以及豹不能改變牠們的斑點，來指出以色列人不能改變他們行惡的習慣(耶十三23)。耶利米的意思是指以色列人本質上是不能行善的。所以，雖然先知呼籲以色列人回轉，但是先知同樣多次指出以色列人不會，甚至不能回轉。若果悔改的心可以帶來上帝的赦免，那麼，當先知指出人不能悔改時，人又可以如何繼續活下去呢？

在此，耶利米書提出一個容易被人忽略的看法。在耶利米書二十九章10至14節，「回轉」這個這個詞共出現3次(參「和合本」10節「回」、14節「歸回、帶回」)，都是指上帝作出的行動，而不是指人的行動。這位上帝使人歸回故土，而人尋求上帝是在上帝使他歸回之後才出現。所以，經文強調的是悔改是赦罪的結果，而不是赦罪的原因。以西結指出上帝重新與以色列人立約後，以色列人就會感到羞愧(結十六49～63)。以賽亞也清楚說明上帝赦免人後，祂就要求他們歸向祂(賽四十四22)。從所列出的經文可見，有些先知指出悔改不是赦罪的先決條件，而是赦罪的後果。

在赦罪與悔改的關係中，先知提出兩種看法。他們一方面指出人是有悔改的能力，他們應先悔改，後才得到上帝的赦免。另一方面則認為人根本不會或不能悔改，是要上帝先赦罪，而人後來才會回轉或感到羞愧。

10.1.2. 新人的創造

提及人是沒有能力回轉這對人性持悲觀的想法，有學者認為這是出於公元前6世紀先知的想法。因為在被擄時期，先知深切體會人性的軟弱，不能自救，人根本無能力悔改，故此人敗壞是必然的事。基於這種看法，他們只能相信惟有上帝施行再造之恩，人性才能得以更新改變，回歸上帝。耶利米書無花果比喻中，先知宣告當上帝賜人認識祂的心之後，人才能成為祂的子民，並一心歸向祂(耶二十四7)。耶利米書又指出惟有上帝才會使以色列人「同心同道」(耶三十二37～41；39節「同心同道」希伯來文：*lēḇ ʾeḥāḏ wəḏereḵ ʾeḥāḏ*，意即「一心一道」)，以致他們能敬畏耶和華。以西結也提到上帝會賜以色列人一個「合一的心」及「新靈」，好使他們可

「心」在此處代表人的意志。「石心」是指一個沒有動力，對上帝無動於衷的意志。「肉心」是指一個願意降服上帝，回應上帝的意志。這肉並不是來自人自身，而是上帝的作為。

以順從上帝的律例及遵行祂的典章(結十一19～20)。這段經文強調上帝要除去人肉體內的「**石心**」，給予人「**肉心**」。人最大的問題是將上帝所賜的心變為石心，而失去對上帝的認識及對祂的敬畏。所以，上帝要將人的心回復為肉心。我們很多時認為「肉」與「靈」是相對的，「肉」是不好的。這節經文就指出並不是這樣。這「肉心」並不帶負面意義，而是正面的，是上帝所賜的。在舊約聖經中，「肉」與「靈」的相對其實只是用來指出受造物與上帝之間的相對。正是因為人是屬肉體的，所以他們的能力遠遠不及屬靈的上帝。上帝只要伸手，人就跌倒滅亡(賽三十一3)。除以上所提的經文外，以西結書三十六章24至32節再次提到上帝除去石心，賜予人肉心及新靈。這新的心與靈可以使人遵守上帝的律例典章，並除去罪污。所以，上帝給予人肉心，是使人能成為上帝所創造真正的人。上帝亦給予人新靈，為要使人能夠遵守祂的吩咐。除耶利米及以西結外，以賽亞及約珥亦有提及上帝賜下祂的靈。以賽亞強調上帝將人的罪性改變，使人以自己是屬於上帝為榮(賽四十四3～5)。約珥則將先知靈感擴展到全以色列人，加強上帝與人之間的關係(珥二28～29)。

我們今天都是活在新約時代。這是否就是指舊約先知所提的新約？兩者之間有何關係？

除了新心新靈外，先知又以「新的約」來表達這個新人的創造帶來上帝與人新的關係。舊約聖經記載的西奈之約屬於「宗主條約」(參2.1.2.「先知與西奈」)。上帝是宗主，以色列人是附庸，他們兩者都有責任遵守盟約所定的規條。從這個條約的要求出發，以色列人便是違約，當受審判。但審判過後，以色列人仍然要面對守約的問題。先知以西結認為其中一個解決方法就是將新心新靈放在人的裏面，使人可以重新守約，如上文所說。但耶利米則以另一角度去描述守約，他提出新約的觀念(耶三十一31～34)。這個新約不是要廢除律法，而是強調它的重要性及基本性。這個新約的特點在於上帝要將律法寫在人的心裏。因著這緣故，人從小就可以認識上帝，而不需要像申命記所強調，人要透過教導才能將上帝的律法內在化(參申四9～10，六6～9)。這個新約並不如舊有的西奈之約般，以色列人可以按己意去遵守或違背它，在新約中，上帝將守律法的行為成為他們人性的一部分。所以人可以很自然的將上帝的要求活出來。

10.1.3. 新人的生活

這個新人的生活第一個特點，是強調人能夠認識上帝。這個認識並不純粹停留在認知的層面，而是帶著上帝與人的關係，他們要成為上帝的子民，而上帝則成為他們的神（耶二十四7，三十一34）。這個新的認識使人可以全心全意歸向上帝。以賽亞又指出上帝是以色列人的教師（賽三十20），上帝會指導他們的道德行為，使他們走在「正路」中（賽三十21～22）。

新人的生活第二個特點，是新人與上帝的關係是一種持久的關係。以賽亞書五十九章21節指出在新的約裏，上帝的靈是不會離開以色列人，祂要將自己的話傳給他們，使他們的口不離開祂的話語，直到永永遠遠。耶利米則宣告上帝與以色列人立了永約，也叫他們永遠敬畏祂（耶三十二39～40）。這個新的關係並不如舊的關係，會因不遵守律法而遭受破壞，而是會持續直至永恆的。

第三個特點是，新人遵從上帝的命令成為必然的事情。這是以西結書經常提及的主題。先知強調因為上帝新的創造，人必然會遵守上帝的律例典章（結十一19～20，三十六26～27；另參三十七23～24）。這點明顯是與從前以色列人無力悔改回轉作出強烈對比。這兩者都有一個必然性，從前的以色列人「必然」行惡，新造的人則「必然」遵命。

第四個特點是，若果新人可以認識上帝，那麼他們便會有一些正面的情感——喜樂——表達出來。以賽亞書三十五章1至10節多次提及上帝對人的復興是會帶來喜樂的生命。這些被上帝救贖的人「必歸回，歌唱來到錫安；永樂必歸到他們的頭上；他們必得著歡喜快樂，憂愁歎息盡都逃避」（賽三十五10）。耶利米書三十一章13節同樣指出上帝使人的「悲哀變為歡喜」，使「愁煩轉為快樂」。以色列的百姓至終都會很開心快樂，從此也不會有哭

從先知的表達，凡新人都有喜樂的表現。但我們往往都不能如此。是否我們的生命缺少了一些原素是我們要努力追求的？

泣聲（賽六十五18～19）。這種喜樂的人生是一個再沒有病痛的人生（賽三十三24）。在此或許會問，既然沒有病痛，為何仍需要上帝的醫治（另參耶三十三6）？這裏的醫治可能不是指將來得到喜樂生命後的醫治，而是比喻以色列人得以回歸故土。這回歸本身便是一種醫治，因為被擄就像被上帝孤立，是帶著無助與創傷的心靈，但回歸便是一種釋放，就像醫治罪惡帶來的傷痛。以賽亞書三十五章5至6節更清楚指出聾子、瞎子、瘸子及啞巴都得著醫治（另參賽二十九18）。以賽亞書這兩段經文的重點可能不在於真正的醫病，而是指出人不再被孤立，無論是哪一類人，都完全被上帝悅納，他們成為一整羣體裏的一分子，可以完全參與在羣體生活當中。

第五個特點是，新人的生命是長壽的。那時不再有出生數天而夭折的嬰孩，也沒有早死的老人，「因為百歲死的仍算孩童」，而未夠百歲就已過世的人就被視為受到咒詛的人（賽六十五20）。這段經文沒有說人不會死，只說人會壽滿而終。這觀念與以色列人對生死傳統的看法有關。他們認為一個人若是早死沒有子裔，死於暴力或不被埋葬，是反映他們的生命受了詛咒。以賽亞書也強調一個滿足的人生，就是在兒孫滿堂的情況下而終，然後回歸到列祖那裏。舊約聖經並不強調人有永生這概念，也極少提及人的復活（參王上十七17～24；王下四19～37，十三21）。在先知書中提到復活的經文就更少了（參賽二十六19；但十二1）。

10.2. 社會的轉化

10.2.1. 回歸應許地

> *耶利米書十六章14至15節提到兩個耶和華，並指出不要向第一個耶和華起誓，而是向第二個起誓。這只是一種修辭方式。作者的目的是要讀者記念後來回歸的事。*

審判過後，人性除了得到轉化，以色列整個社會也有從上帝而來的轉化。以色列人被擄後尤為關心的事情，就是他們日後能否回歸上帝應許賜予他們的地土。將被擄的人帶回故土是耶利米書一個很重要的主題。作者將以色列人**兩個重要時期**作對比。第一個是上帝帶領以色列人出埃及時期，第二個則是以色列人分散後再次進入他們列祖的地土的時期（耶十六14～15；

另參耶二十三7～8）。回歸的人更包括南國及北國的人（耶三18，三十3；另參耶十二15，二十四6，二十九10，四十二12）。

談到回歸，以賽亞書更多次借用出埃及來比喻以色列從被擄返回故土的事件，而四十三章14至21節是其中一個例子。這段經文提到「因你們的緣故，我已經打發人到巴比倫去；並且我要使迦勒底人如逃民」（14節）。這情景有如以色列人出埃及之前。昔日上帝差派「打發的人」摩西，如今這人就是波斯王塞魯士。昔日的埃及人「如逃民」，如今巴比倫人則成為逃民。在回歸的路上，上帝昔日如何在出埃及使「滄海中開道，在大水中開路」（16～17節），如今也要在「曠野開道路，在沙漠開江河」（19節），為要使祂的百姓在回歸的路上有水喝。作者在此加插了一句安慰子民的話，就是「不要記念從前的事，也不要思想古時的事」（18節）。這段回歸的路程有上帝的介入。以賽亞書的作者又勉勵回歸的子民不要著急，也不要害怕，因為上帝昔日如何使「深淵的水乾涸、使海的深處變為贖民經過之路」，如今也必在他們前頭保護他們，也作他們的後盾（賽五十一9～16）。作者也強調這次回歸是屬祂所有子民。祂必招聚四方的子民，沒有一個會被漏掉（賽四十三5～7）。當被擄者回歸時，他們不再蒙羞，並且他們必取回曾經勞碌過的，甚至列國君王及勇士都歸向他們所信的上帝，承認他們所信的耶和華上帝是超越一切的。不過，作者在此仍要提及的是，在歸回的日子還未來臨之先，他們仍要等候上帝（賽四十五14～17，四十九22～23）。

10.2.2. 君王及聖殿

在以色列將來復興的圖畫中，雖然先知對新興起的君王及聖殿的景況的關注不及以色列人回歸這課題，但仍是其中一個需要探討的課題。

這位新的君王是從耶西而出，是大衛的後裔。他身上有上帝的靈，因而充滿智慧及知識，以公義秉政（賽十一1～5，三十二1；耶二十三5～6，三十三14～26）。以西結書稱這位君王為「牧人」及「僕人大衛」（結三十四23～24，三十七22～25）。雖然這個新的君王多次被視為大衛的後裔，但他的角色位置並不突出。先知從沒稱那君王為「救主」，因為在他們的理念中，只有耶和華才是拯救者。即使以西結書多次提及這位將來要統治國家的人，它也沒有稱呼這統治者為「君王」，而只是「領袖」。而且，他的職事基本上是與宗教禮祭有關，卻不是政治管理上（結四十～四十八章）。雖然以賽亞書有提及以色列國復興的內容，但卻沒有談論將來的君王（參四十～六十六章）。所以，這個主題並不如期望般那麼重要。

對被擄前的以色列羣體來說，聖殿可說是他們日常生活及敬拜生活的核心。雖然如此，先知書所描繪的聖殿則多與虛假的敬拜及不公義有關（參賽一11～15；耶七8～11；結八章；摩五21～24）。阿摩司及耶利米甚至質問以色列人在聖殿所行的禮祭是否屬於耶和華信仰的本質（耶七22～23；摩五25；參賽六十六1～3）。所以，雖然聖殿被毀後有先知宣告這殿將再次被建立（賽四十四28），但這並不常見於先知著作中。其中較為關心聖殿的，可說只有哈該書及以西結書。即使在論及耶路撒冷復興的神諭中，也鮮有關注到聖殿的景況（參賽四2～6，六十五17～25；耶三十一23～40；摩九11～15）。亦因為如此，在談論以色列的將來，除了以賽亞書和以西結書，先知也甚少提及祭司這個羣體（參賽六十六21；結四十～四十八章）。也許值得一提的是，新約啟示錄記載新天新地這異象中，是清楚的指出將來是沒有聖殿，「因主上帝——全能者和羔羊為城的殿」（啟二十一22）。

10.2.3. 與列國關係

上文9.2.2.「列國與選民」這一節已提及列國與以色列的關係，這裏只稍作綜合及補充。

在以色列復興的圖畫中，錫安佔有重要的位置（參6.1.2.「主題信息」）。錫安是耶和華作王的地方（賽二十四23，三十三20～22，五十二7；耶八19；俄21節；彌四7），也是列國朝聖之處（賽二2～4，六十1～7；彌四1～4），是列國敬拜上帝的地方（耶三17；亞十四16～17）。此外，以色列人也能與列國和平相處，成為引導他們敬拜耶和華的中介者（賽四十五21～23，六十六19；彌四1～4），也因此與他們有共同的敬拜對象（賽十九19～25）。

10.3. 世界的轉化

10.3.1. 動物世界

綜觀現時所處的世界。人類如何破壞動物界？牠們有沒有與人類為敵？

先知書並沒有特別討論自然界本身的情況。當先知談到自然界，其焦點都是在於自然界與人類的關係。論到自然界與人的關係，第一要關注的是自然界中的動物。除了牲畜以外，人類與其他走獸的生活世界基本上是分開的。所以，當走獸進入人類居住的地方，就是代表著人類世界受到破壞，而這也是上帝對人刑罰之一。耶利米書十五章3節就指出「空中的飛鳥」和「地上的野獸」就是上帝刑罰以色列人的一種工具。以西結承繼這個觀點，並多次以此作為對以色列人的警告（參結五17，十四21，三十三27）。同樣地，當巴比倫受審，「只有曠野的走獸臥在那裏；咆哮的獸滿了房屋。鴕鳥住在那裏；野山羊在那裏跳舞。豺狼必在他宮中呼號；野狗必在它華美殿內吼叫。」（賽十三21～22上；另參耶五十39；何二12；番二14～15）。在先知書中，最突出的就是約珥宣告蝗蟲成為上帝刑罰祂子民的工具，使牠們進入人類世界進行破壞，以致土產盡受毀壞。

在復興以色列人的神諭中，與自然界中的動物有關的經文最為人所知的，莫過於以賽亞書十一章6至9節。這段經文不單指出食肉的走獸可與食草的牲畜同臥，甚至嬰孩可以與虺蛇和平共處（參賽六十五25）。以西結雖沒有以賽亞般強烈對比的敍述，但他也指出上帝會「使惡獸從境內斷絕」，使以色列人可以「安居在曠野，躺臥在林中」（結三十四25）。他指出人類將來的生活世界，不但只在人羣中間，甚至可以居住在基本上沒有人居住的曠野及樹林裏。這樣的描述與以賽亞所說與野獸共處相類似。較早期的何西亞則提及以色列民「與田野的走獸和空中的飛鳥，並地上的昆蟲立約」（何二18），表示人類與動物是可以和睦共處。有趣的是以賽亞書四十三章20節提到野地的走獸、野狗和鴕鳥都尊重上帝。

10.3.2. 植物世界

第二個要關注的，是自然界中的植物。植物土產是以色列人生活的必需品，也是獻祭予上帝其中必需的。所以，當上帝以斷絕土產來審判祂的子民，他們便會陷入飢荒。何西阿稱這為收回五穀新酒及毀壞葡萄園及無花果樹（何二9、12）。以西結就稱這為打斷「糧杖」（結四16，五16，十四13）。

當上帝復興以色列，祂也必使不能耕作的地土轉化，使人可重新從地土中得著豐收。何西阿書二章22節便指出將來上帝使地土再次出產五穀新酒。同樣地，約珥也提及蝗災過後，上帝會補償百姓，「降下甘霖，就是秋雨、春雨，和先前一樣」，以至「禾場必滿了麥子；酒醡與油醡必有新酒和油盈溢」（珥二23～24）。以西結也指出上帝會「使樹木多結果子，田地多出土產」（結三十六30），亦會「叫時雨落下」，使「田野的樹必結果，地也必有出產」（結三十四26～27）。因此，以色列人就得到飽足，不再受飢荒之苦。

10.3.3. 非動、植物世界

第三件要關注的事，就是自然界的非動、植物世界，當中包括山、水、曠野、天象等。當上帝施行審判時，日月變黑，天地震動（參賽四5，十三10、13；珥二1～11）。而地土荒涼，成為曠野亦是以色列所受到的最嚴重警告或咒詛之一（參賽六11；耶九10～11）。耶利米書四章23至26節形容地遭遇毀壞的程度，甚至可以用「空虛混沌」去描述這個情況。這情況可以代表人與自然界疏離的極限。

「空虛混沌」（希伯來文：ṯōhû wāḇōhû）與創世記一章2節的「空虛混沌」原文相同。作者用此詞表示上帝要毀滅這地，使它回復到起初世界還未創造之先。

當上帝的復興臨到，自然界也得著轉化。以賽亞書三十五章提到將來的日子，曠野有很大的轉變。在那時「[6]……在曠野必有水發出；在沙漠必有河湧流。[7]發光的沙要變為水池；乾渴之地要變為泉源。在野狗躺臥之處，必有青草、蘆葦，和蒲草。」（6～7節）不過，作者並沒有指出這些地方將會有人居住，只是說明這地是以色列在回歸之時，必會經過的美地。以賽亞書又記載將來曠野會成為「園囿」，在其上種有「香柏樹、皂莢樹、番石榴樹，和野橄欖樹」，及「松樹、杉樹，並黃楊樹」（參賽四十一18～19，五十一3，五十五13），而且這曠野有道路，可以讓人經過（賽四十3～4）。正如上文所提，以西結指出曠野及樹林會改變，而且可以容讓人安然居住在其中(結三十四25；參10.3.1.「動物世界」)。以西結也指出有水從聖殿流出來，這些水成為河，凡流過的地方，兩岸有極多樹木，並且不斷結果，水又直流至鹽海，使海水變甜，好讓水裏養活各樣的魚，使漁夫多得魚穫(結四十七1～12)。

在復興的日子，日月的光芒都有所改變(賽三十26)，亦有經文指出上帝所發的光可取代日月的光芒(賽六十19)。不過，這裏提及的日、月的光芒可能是象徵性用語。以賽亞書有兩段經文提到上帝會造新天新地：六十五章17節及六十六章22節。不過，第一段經文的重點並不在於描述自然界的改變，而是強調上帝創造了一個新的境況，所關注的似乎是要將過去的社會及政治處境改變，由一個不愉快的狀況變更為一個人人皆歡樂的狀況中(參賽六十五18下～24)。第二段經文則繼續發揮第一段經文的用語，強調所有人都要在耶路撒冷敬拜耶和華(參六十六23～24)。所以，縱然天地真的有所改變，這改變並不單是與以色列人，而是與普世人類有關的。

10.4. 總結

先知書把以色列人的復興作為他們信息的重點，這復興的層面包括人性、社會及自然世界的轉化。雖然不同先知也許對具體的轉化的內容有不同的演繹，但他們都同意這轉化是來自上帝，目的是要復興以色列人，以賽亞甚至將這個復興擴展到全人類。在這些轉化中，先知的焦點仍是放在人性及社會的改變。當談到對自然界的轉化，所關注的是自然界的改變與人的關係之上，甚少強調自然界本身的改變。

溫習問題

1. 先知如何看「回轉」這課題？他們對赦罪與悔改的關係有何不同的見解？
2. 先知如何解釋上帝賜人「肉心」？上帝如何藉著新的約與人重建關係？
3. 先知所指新人的生活有何特點？
4. 先知如何描述回歸地土？它為何是社會的一種轉化？
5. 以色列將來復興之時，世界及自然界是如何轉化？

總結

先知的上帝

最後，筆者以簡述先知眼中的耶和華上帝作為總結。先知眼中的耶和華是一位掌管歷史的神。事實上人可透過歷史看見並知道上帝的作為，只是人察覺不到。先知從歷史事件洞察到上帝的作為，並加以詮釋，好讓聽見信息的人明白這位上帝揀選以色列為祂的子民，並與他們立約，吩咐他們向世界為祂作見證。

這位掌管歷史的上帝，也是一位維持人類公平公義的神。上帝所要求以色列人行公平公義的標準，是適用於列國的。耶和華並非只作以色列的神，也是列國的神。凡違反公義的人，無論是祂的子民抑或外邦人，一律都遭受祂的審判。祂可以使用列國作為懲罰的工具，這表示祂本身也是列國的神，萬國都在祂管治之下，為祂的僕人，被祂所使用。

上帝也可以使用自然界的事物作為審判工具，就如野獸的侵入及天降災禍。這與先知相信耶和華是世界的創造主不無關係。即使世界因罪惡遭受破壞，上帝仍是創天造地的主，將來祂也會再次創造世界，到那時萬物都要更新。正因如此，祂也可以使用自然界的事物作為行事的工具，也可以在復興的日子將自然界轉化。

雖然耶和華上帝可以在歷史中為人所見，但先知亦強調祂是個超越的神。祂是「聖者」，與凡俗的世人絕不相同。世人是屬血氣的，祂是屬靈的。祂的意念遠遠超過人意念，先知甚至稱呼祂為「自隱的上帝」(賽四十五15；「現代中文譯本」譯作「是隱藏自己的上帝」)。祂彰顯自己的方法是十分奧妙，全地要充滿祂的榮耀。凡人都能經歷祂的實在，但不是人人都察覺到祂的作為。凡察覺到祂作為的人都會自慚形穢，在祂面前無不存謙卑敬畏的心俯伏在祂面前。其他的神明在祂面前都是無有，因為它們都只不過是由人手中所造的偶像而已。為此，先知宣稱耶和華是全世界惟一的神。

這位超越而獨特的耶和華，雖有絕對道德準則，但同時也是一位有愛及憐憫的神。祂施行審判，但也賜下救贖。為著自己的緣故，祂復興祂子民及列國。當祂與人的關係遭受破壞，祂又會主動修補這關係。祂使用先知去呼喚人回轉歸向祂。此外，祂自己又賜下新心新靈，將人性轉化，讓人可以再次守誡聽命。祂也是救贖主，親自將自己的百姓贖回。

祂的慈愛從不改變！

在先知眼中，耶和華不單是人類的審判者、君王、戰士，也是丈夫、父親、栽種者、牧者、聖者、創造者及救贖者。

附錄：以色列君王與先知對照表

此表格摘錄自本系列叢書，由羅慶才、黃錫木主編的《聖經通識手冊》頁35～36。表內所列的年份均為公元前；另*表示朝代易轉。凡先知名稱加上括號的，表示真實年份不詳。

以色列國君王◆公元前(年份)◆先知		
掃羅◆1050～1010◆撒母耳		
大衛1010～970◆撒母耳、拿單、迦得		
所羅門◆970～931◆(不詳)		
猶大國君王◆年份	猶大國先知◆以色列國先知	以色列國君王◆年份
羅波安◆931～913	示馬雅◆亞希雅、易多	耶羅波安一世*◆931～910
亞比雅◆913～911	示馬雅◆	
亞撒◆911～870	示馬雅、亞撒利雅、哈拿尼◆亞希雅、易多	拿答◆910～909
	◆易多	巴沙*◆909～886
	(不詳)	以拉◆886～885
	◆耶戶	心利*◆7日
	◆耶戶、以利亞	暗利*◆885～874
約沙法◆870～848	哈拿尼、雅哈悉◆以利亞	亞哈◆874～853
	◆以利亞	亞哈謝◆853～852
約蘭◆848～841	雅哈悉◆以利沙	約蘭◆852～841
亞哈謝◆841	雅哈悉◆	
亞她利雅王后◆841～835	(俄巴底亞)◆以利沙	耶戶*◆841～814
約阿施◆835～796	(俄巴底亞)◆(約珥)	
	◆以利沙	約哈斯◆814～798
亞瑪謝◆796～781	(約珥)◆以利沙	約阿斯◆798～783
烏西雅◆781～740	(約珥)◆(約拿)、阿摩司	耶羅波安二世◆783～743
	◆(約拿)、阿摩司、何西阿	撒迦利雅◆6個月
	◆阿摩司、何西阿	沙龍*◆1個月
約坦◆740～736	以賽亞◆何西阿	米拿現*◆743～738
亞哈斯◆736～716	以賽亞、彌迦◆何西阿	比加轄◆738～737
	◆何西阿	比加*◆737～732
	◆何西阿	何細亞*◆732～723
希西家◆716～687	以賽亞、彌迦◆何西阿	以色列國亡◆722
瑪拿西◆687～642	以賽亞、那鴻	

亞們◆642～640	那鴻、西番雅	
約西亞◆640～609	那鴻、西番雅、哈巴谷、耶利米、戶勒大	
約哈斯◆3個月	哈巴谷、耶利米	
約雅敬◆609～598	哈巴谷、耶利米、但以理	
約雅斤◆3個月	耶利米、但以理、以西結	
西底家◆598～587	耶利米、但以理、以西結	
猶大國亡◆587	但以理	

回歸後猶太人領袖◆年份◆先知
所羅巴伯◆539～515◆哈該、撒迦利亞
以斯拉、尼希米◆539～430◆哈該、撒迦利亞、瑪拉基

推介書目

Blenkinsopp, Joseph. *A History of Prophecy in Israel*. Rev. ed. Louisville: Westminster John Knox Press, 1983, 1996.〔中譯：宋蘭友譯。《先知職在以色列的發展史》。香港：香港公教真理學會，1998。〕

Bullock, C. Hassell. *An Introduction to the Old Testament Prophetic Books*. Chicago: Moody Press, 1986.

Gitay, Yehoshua ed. *Prophecy and Prophets: The Diversity of Contemporary Issues in Scholarship*. Atlanta: Scholars Press, 1997.

Gordon, Robert P. ed. *The Place is Too Small for Us: The Israelite Prophets in Recent Scholarship*. Sources for Biblical and Theological Study 5. Winona Lake: Eisenbrauns, 1995.

Gowan, Donald E. *Eschatology in the Old Testament*. 2nd ed. Edinburgh: T & T Clark, 1987, 2000.

Heschel, Abraham J. *The Prophets*. 2 vols. New York: Harper & Row, 1962.

Jensen, Joseph. *Ethical Dimensions of the Prophets*. Collegeville: Liturgical Press, 2006.

Petersen, David L. *The Prophetic Literature: An Introduction*. Louisville: Westminster John Knox Press, 2002.〔中譯：伍美詩譯。《先知文學導論》。香港：道聲，2007。〕

Rofe, Alexander. *Introduction to the Prophetic Literature*. Translated by Judith H. Seeligmann. The Bible Seminar 21. Sheffield: Sheffield Academic Press, 1997.

Sawyer, John F. A. *Prophecy and the Biblical Prophets*. Rev. ed. Oxford: Oxford University Press, 1987, 1993.

Uffenheimer, Benjamin. *Early Prophecy in Israel*. Translated by David Louvish. Jerusalem: Magnes Press, 1999.

Westermann, Claus. *Basic Forms of Prophetic Speech*. Translated by Hugh Clayton White. Foreword by Gene M. Tucker. Louisville: Westminster John Knox Press, 1991.

______. *Prophetic Oracles of Salvation in the Old Testament*. Translated by Keith Crim. Edinburgh: T & T Clark, 1991.

Wilson, Robert R. *Prophecy and Society in Ancient Israel*. Philadelphia: Fortress Press, 1980.

聖經通識叢書

兼顧學術研究的精確和執著，
並教會信徒生活上的的實踐。

聖經鳥瞰

為您精簡而全面地展現聖經的本體與其來龍去脈

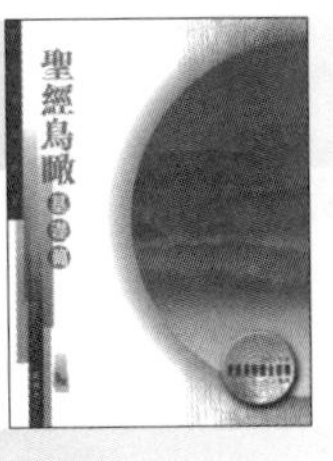

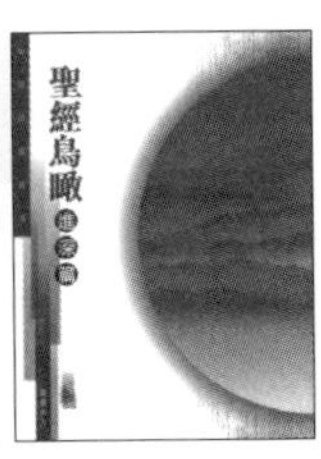

基礎篇 黃錫木 著／HK$93

進深篇 黃錫木 著／HK$68

聖經書卷要領

助您宏觀同類的聖經書卷

舊約先知書要領 黃嘉樑、梁國權、雷建華 著／HK$98

耶穌生平與福音書要領 孫寶玲、黃錫木 著／HK$98

使徒行傳與保羅書信要領 張達民、黃錫木 著／HK$88

希伯來書、大公書信與啟示錄要領 張略、黃錫木 著／HK$78

聖經書卷析讀

助您進深分析個別聖經書卷的內容和信息

在曠野中與上帝同行——**民數記析讀** 黃嘉樑 著／HK$168

建立新世代——**申命記析讀(卷上)** 賴建國 著／HK$138

建立新世代——**申命記析讀(卷下)** 賴建國 著／HK$138

剛強壯膽回應上帝的應許——**約書亞記析讀** 黃嘉樑 著／HK$163

背約沉淪的循環軌迹——**士師記析讀** 吳獻章 著／HK$128

以敬以虔活在當下——**傳道書析讀** 吳慧芬 著／HK$138

愛的審判與生命的應許——**耶利米書析讀** 熊潤榮 著／HK$148

與人同在的彌賽亞君王——**馬太福音析讀(卷上)** 黃漢輝 著／HK$128

與人同在的彌賽亞君王——**馬太福音析讀(卷下)** 黃漢輝 著／HK$128

奔走風塵的僕人——**馬可福音析讀** 張略、黃錫木 著／HK$118

逆轉人生的上帝之子——**路加福音析讀** 孫寶玲 著／HK$118

道成為人的耶穌——**約翰福音析讀** 吳道宗 著／HK$118

風起雲湧的初代教會——**使徒行傳析讀** 張達民、黃錫木 著／HK$98

情理之間持信道——**加拉太書、帖撒羅尼迦前後書析讀** 張達民、郭漢成、黃錫木 著／HK$98

同歸於一得基業——**以弗所書析讀** 郭漢成、劉聰賜 著／HK$128

連於基督走窄路——**歌羅西書析讀** 曾思瀚 著／蘇慧中 等譯／HK$108

僕人領袖的教導與領導——**提多書、提摩太前書析讀** 曾思瀚 著／曾景恒 譯／HK$138

擁抱危機的事奉傳承——**提摩太後書析讀** 曾思瀚 著／曾景恒 譯／HK$98

其他出版

讓您多方、多向，更完整地研讀聖經

憑祢恩言——實用基督徒生活手冊 郭鴻標、黃錫木 主編／HK$108

聖經通識手冊 羅慶才、黃錫木 主編／HK$188

緊扣時代　服事教會

以文字傳揚基督真道

讀者意見表

衷心多謝你購買本社書籍。本社一直致力以出版事工服事教會，幫助信徒扎根於神的話語，促進靈命增長。為使我們的出版更能滿足你的需要，請填寫下列各項資料，並寄回或傳真予本社。

所購書籍：____________________

本書最吸引你的地方：

□作者　□適切性　□文筆　□設計　□實用性

□其他：____________________

購買本書地點：

□基道書樓　□基督教書店　□非基督教書店

性別：□男　□女　職業：__________

信仰：□基督徒　□非基督徒

年齡：□ 16 歲或以下　□ 17～25 歲　□ 26～35 歲

□ 36～55 歲　□ 56 歲或以上

學歷：□中三或以下　□中五　□預科

□大學　□研究院

□我欲更多了解基道出版社的事工及考慮支持，請寄給我下列資料：

□機構簡介　□新書資料　□基道會員通訊

□《基道文字事工通訊》

姓名：________________電話：__________

地址：____________________

傳真：__________　電子郵件：__________

其他意見：____________________

多謝賜教！

意見表可以傳真（2687-0281）或直接郵寄以下地址：
香港沙田火炭坳背灣街26號富騰工業中心1011室
基道出版社編輯部收